敦煌

石窟全集

敦煌石窟全集

敦煌研究院主編

5

阿彌陀經畫卷

本卷主編 施萍婷

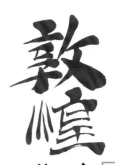

商務印書館

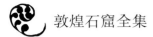

敦煌石窟全集

主編單位 …………… 敦煌研究院

主　　編 …………… 段文杰

副 主 編 …………… 樊錦詩（常務）

編著委員會（按姓氏筆畫排序）
主　　任 …………… 段文杰　樊錦詩（常務）
委　　員 …………… 吳　健　施萍婷　馬　德　梁尉英　趙聲良

出版顧問 …………… 金沖及　宋木文　張文彬　劉　杲　謝辰生
　　　　　　　　　　羅哲文　王去非　金維諾　周紹良　馬世長

出版委員會
主　　任 …………… 彭卿雲　沈　竹　劉　煒（常務）
委　　員 …………… 樊錦詩　龍文善　黃文昆　田　村
總 攝 影 …………… 吳　健
藝術監督 …………… 田　村

阿　彌　陀　經　畫　卷

主　　編 …………… 施萍婷

攝　　影 …………… 孫志軍
線　　圖 …………… 李其瓊　吳小惠　何　靜

封面題字 …………… 徐祖蕃

出 版 人 …………… 陳萬雄
策　　劃 …………… 張倩儀
責任編輯 …………… 楊克惠
設　　計 …………… 呂敬人
出　　版 …………… 商務印書館（香港）有限公司
　　　　　　　　　　香港筲箕灣耀興道 3 號東滙廣場 8 樓
　　　　　　　　　　http://www.commercialpress.com.hk
製　　版 …………… 中華商務彩色印刷有限公司
　　　　　　　　　　香港新界大埔汀麗路 36 號中華商務印刷大廈
印　　刷 …………… 中華商務彩色印刷有限公司
　　　　　　　　　　香港新界大埔汀麗路 36 號中華商務印刷大廈
版　　次 …………… 2022 年 4 月第 1 版第 2 次印刷
　　　　　　　　　　© 2002 商務印書館（香港）有限公司
　　　　　　　　　　ISBN 978 962 07 5280 3

總　論
敦煌淨土變並分卷方法

"淨土"一詞，人們並不陌生，它給人無限美好的聯想。直至今天，許多潔淨、優美、祥和的地方還被譽為"一方淨土"。淨土作為佛教的彼岸世界觀念，隨大乘佛教的興盛而產生的。佛教的淨土很多，充滿十方上下，有阿彌陀淨土、阿閦佛淨土、彌勒淨土、華嚴淨土、密嚴淨土、靈山淨土、文殊淨土等等；唐代李通玄還提出過十種淨土。這幾種淨土中國皆有信仰者，在中國佛教典籍中，有關"淨土"的經、釋、論、讚，不計其數。其中最有名、影響最大的是阿彌陀淨土，亦稱西方淨土。

在中國，至少自唐代以後，就將按佛經改編成的講唱文學叫做"變文"，按佛經畫的畫叫做"變相"，亦叫"變"、"經變"。"經變"一詞，最早見於完成於公元636年的《梁書》卷54，說梁武帝命人"圖諸經變"；而畫家就是"一代冠絕"的張繇（或即畫史上有名的張僧繇）。張僧繇畫的實物早已蕩然無存，所說的經變是否就是我們今天界定的"經變"，不得而知。今天，學術界約定俗成的經變，是專指將某一部佛經的主要內容或幾部相關的佛經組成首尾完整、主次分明的大畫。莫高窟第156窟有"妙法蓮華經變"、"西方淨土變"榜題，第12窟有"法華變"、"報恩經變"、"維摩居士變"等榜題，而且都是首尾完整的大畫。這些榜題，是我們使用"經變"這一概念的依據。

敦煌壁畫研究中，一直沒有把華嚴經變、密嚴經變歸入"淨土變"；莫高窟第332窟東壁北側可能是靈山淨土，但沒有正式定名；阿閦佛淨土、文殊淨土都還沒有對相應的壁畫進行調查。因此，本全集中與淨土相關的兩卷將要介紹的敦煌淨土變，主要包括：

1. 西方淨土變：

　　（1）無量壽經變；

　　（2）阿彌陀經變；

（3）觀無量壽經變

2. 阿彌陀五十菩薩圖

　　以上收入本卷。

3. 彌勒淨土變

4. 東方淨土變：藥師經變

　　以上收入彌勒經畫卷。

敦煌所存以上四類淨土變，多達400餘鋪，是敦煌經變畫中最大的門類；其中的西方淨土與彌勒淨土經變是敦煌淨土經變中的奇葩，無論數量，還是藝術成就，都堪稱淨土經變的代表。

敦煌現存西方淨土變，過去只分兩大類。一類統稱為阿彌陀經變，包括了依據《阿彌陀經》和《無量壽經》繪製的經變；另一類為觀無量壽經變，依據《觀無量壽經》繪製。前一類經變出現較早，而後者則最豐富多彩。本卷首次將無量壽經變從阿彌陀經變中分離出來，做專題研究。

統稱無量壽經變、阿彌陀經變、觀無量壽經變為"西方淨土變"或"西方變"，是畫史常見的情況，如《貞觀公私畫史》、《歷代名畫記》、《圖畫見聞誌》、《益州名畫錄》、《宣和畫譜》等，其中只有《歷代名畫記》有一次記劉阿祖於東都敬愛寺描"十六觀"（即觀無量壽經變）。另有唐段成式《寺塔記》記載，范長壽曾在長安常樂坊趙景公寺三階院西廊下畫西方變及"十六對事"。"十六對事"就是"十六觀"，可以肯定是畫的是觀無量壽經變。

嚴格地說，"阿彌陀佛五十菩薩圖"並不屬於淨土變，但由於此圖的主尊亦為阿彌陀佛，故一並歸於本卷內介紹。目前敦煌能確定的"阿彌陀佛五十菩薩圖"有三鋪。其中莫高窟第332窟的一鋪早為學術界所認識，並有不同定名；第23窟北頂的一鋪，過去沒有明確定名；第171

窟龕內一鋪，則是近年的新發現，此次詳細介紹。

宣傳彌勒淨土的各種彌勒經，到3~5世紀才出現，這已經是阿彌陀淨土傳入一百多年以後的事了。彌勒淨土變，我們習慣稱為彌勒經變，是敦煌經變畫中最多的經變之一，據王惠民統計，共有100鋪（包括五個廟石窟2鋪）。彌勒經變又可分為彌勒上生經變、彌勒下生經變、彌勒上生下生經變。五代時修建的莫高窟第100窟南壁就有"彌勒上生下生經變"題記。實際上，唐以後均不分上生下生，而是融合上生下生二經畫就的彌勒上生下生經變。

藥師經變，亦稱東方藥師變。據研究，印度的藥師信仰資料不多，只在中亞發現過梵本《藥師經》。但在中國、朝鮮、日本，藥師信仰卻很盛行。據《佛說藥師如來本願功德經》上說，藥師佛國在東方，彼佛國土的一切，"如極樂國"，"聞彼世尊藥師琉璃光如來名號故，於命終時有八菩薩乘空而來，示其道徑，即於彼界種種異色波頭摩花中自然化生"。這些記載告訴我們，如把藥師經變某些部分可以與淨土變相似。莫高窟第12窟北壁藥師變的說法會下方至今仍有榜書："東方藥師淨土變"。以上就是我們把藥師經變歸入"東方淨土"類的根據。

由於上述經變的種類多，數量大，需要分成兩卷。分卷時考慮到：西方淨土變所包括的幾種經變，主尊都是阿彌陀佛；"阿彌陀佛五十菩薩圖"的主尊也是阿彌陀佛；其大系都是阿彌陀淨土，所以歸入同一卷，是為《阿彌陀經畫卷》。彌勒經變的主尊是彌勒佛或彌勒菩薩，是"未來佛"；東方藥師變在洞窟中往往與西方淨土變相對，而且其形成晚於西方淨土，而且兩種經變的份量也不少。因此，把二者同放在《彌勒經畫卷》。

目 錄

序論　阿彌陀信仰的發展與西方淨土變熱潮

　　淨土思潮源於印度。出離穢土，往生淨土，是印度大乘佛教的理想。在中國佛教中，最有名、影響最大的是阿彌陀淨土，亦稱西方淨土。本卷所收的無量壽經變、阿彌陀經變、觀無量壽經變都是與阿彌陀淨土有關的經變，附論的阿彌陀佛五十菩薩圖亦以阿彌陀佛為主尊，因此它們都屬於阿彌陀信仰，又稱彌陀信仰。是一種崇奉阿彌陀佛，通過稱念其名號以求死後往生西方淨土的信仰思想，後來發展成中國佛教的一個重要宗派——淨土宗。

名士高僧念彌陀——阿彌陀信仰的傳播

　　彌陀淨土思想的各類經典早在東漢時已傳入中國，東漢、兩晉是彌陀淨土信仰的萌芽期，經過南北朝的發展，隋唐時期達到鼎盛。這一信仰的發揚光大，蔚然成宗，得益於歷代高僧的身體力行。

　　慧遠（公元 334～416 年），晉末（劉）宋初人，是中國彌陀信仰最早的實行者、組織者，宋人視他為中國淨土宗的奠基人。慧遠出家前就博綜六經，尤善《莊》、《老》。後投釋道安出家，是道安最信任的弟子。鳩摩羅什到長安以後，慧遠與他不斷有書信往來，研討佛學。這在當時的通訊條件下，真是不可思議的壯舉！東晉十六國以及南北朝之世，南北對立，慧遠卻得到南北統治者的敬意，更得到文人名士的尊敬。因此，元興元年（公元402年）他在廬山與“同志息心貞信之士”一百二十三人集於阿彌陀像前，發弘誓願，期生西方淨土，影響非同小可。此後，名士高僧普念彌陀，不過，此時仍以坐禪念佛為主，所謂“洗心法堂，整襟清向，夜分忘寢，夙宵維勤”。

　　淨土宗的師承，公認以曇鸞（公元476～542年）為始祖。曇鸞是南北朝時期北朝高僧，專弘淨土，他依《無量壽經》所撰的《禮淨土十二偈》，成為淨土宗的經典著作。他還用龍樹菩薩的“二道”說，創造了“二道二力”說。所謂二道，就是“難行道”和“易行道”；所謂二力，就是“自力”和“他力”。通過自力求佛道，是“難行道”。“易行道者，謂但以信佛因緣，願生淨土，乘佛願力，便得往生彼清淨土”，也就是說，只要你一心願意往生，就可以

"乘佛願力"到淨土世界去。曇鸞的"易行道"是淨土宗歷世不衰的根本。

二祖道綽（公元562～645年），隋唐之際高僧，講《觀無量壽經》二百遍，著《淨土論》二卷。他師承曇鸞，使淨土信仰沿着民眾化的軌道進一步發展。曇鸞開始倡導稱念"阿彌陀佛"，道綽進一步推行，並用串珠記數。中國僧俗手持念珠、口稱"阿彌陀佛"自此始。影響所及，至於日本，直到今天。

三祖善導（公元613～681年），活躍於初盛唐。他慕東晉慧遠結眾念佛的高風，嘗親往廬山尋跡瞻仰。後投道綽門下，聽學問法，專事念佛，得念佛三昧。據說也於禪定中"親見淨土之莊嚴"。到長安以後，曾用布施得到的財物，寫《阿彌陀經》十萬餘卷。善導堅持曇鸞、道綽的"二道二力"說，強調"信心"為本，佛力無邊，稱名念佛，必得往生。淨土宗至善導而成熟。

善導之後，值得一提的是法照。

法照創"五會念佛"之法，被唐代宗尊為國師，世稱"五會法師"。他是中國淨土宗發展史上的一位重要人物，有人認為可以和善導相提並論。其歷史作用，由於敦煌藏經洞出土的文獻，更為人所共識，證明唐末五代直至宋初，法照在敦煌淨土教的地位，在善導之上。

所謂"五會念佛"，過去認為是"五日為一會"的意思。其實不然。法照對五會念佛的解釋是："五者是數，會者集會"。其具體念法是："第一會平聲緩念'南無阿彌陀佛'；第二會平上聲緩念'南無阿彌陀佛'；第三會非緩非急念'南無阿彌陀佛'；第四會漸急念'南無阿彌陀佛'；第五會四字轉急念'阿彌陀佛'。五會念佛竟，即誦《寶鳥》諸雜讚。"由此可知，所謂"五會念佛"，即是做道場時，不同時段用不同的聲調、節奏來念佛；已由單調的稱名念佛，發展成一種音樂演唱；當年一定很精彩。從敦煌文獻上看，法照死後一百多年，敦煌仍流行五會念佛，這在淨土教史上是值得大書特書的一頁。

在眾多高僧的大力弘揚之下，淨土信仰在唐代士大夫乃至宮廷中有很大影響。王維、李白、白居易、柳宗元、李商隱等，與高僧之間都有文字因緣，就連"攘斥佛老"並因向皇帝諫阻迎佛骨而被貶官的韓愈，也寫有著名的《送浮

屠師文暢序》。尤其是白居易，晚年虔誠期生淨土。唐代宗迎法照入禁中，
"教宮人念佛，亦及五會"，可見宮中亦流行"五會念佛"。

法照之後，淨土宗還有"六祖說"、"七祖說"、"八祖說"等等，都是
人為的添加，從略。從敦煌壁畫反映的實際情況看，五代宋以後的西方淨土
變，已是徒具形式，談不上甚麼藝術性了。

阿彌陀佛——善男信女的臨終寄託

在諸種淨土思想中，彌陀淨土思想出現較晚，它吸收了以前諸淨土的精華
並加以發展，因而發展得最為成熟。"阿彌陀"是梵文音譯，意為"無量壽"，
阿彌陀佛是西方淨土的教主，信仰者認為他所統帥的彌陀淨土莊嚴殊勝、條件
最好、成佛最易、往生最保險，是一個氣勢磅礴、巧妙瑰麗的理想世界，吸引
着眾多善男信女。

佛教的修行方法歷來比較繁難，小乘佛教認為一個人即使積善累德，有了
"善根"，要獲得解脫最快也須經過"三生"；大乘佛教宣揚人人可成佛，但
不少流派主張須經累世修行，絕對非一生一世便可修成。而彌陀經典提出了一
個十分簡便易行的"速成"修行法門——念佛。像《無量壽經》便提出"一向
專意，乃至十念，念無量壽佛，願生其國"，也可以往生淨土，雖然沒有那麼
高級。這等於將修行方法簡單化。念佛一法，在具體實踐上有實相念佛、觀想
念佛和稱名念佛之分。其中觀想念佛和稱名念佛都是不需要作哲理性探索的簡
易法門，又以稱名念佛最易行。

稱名念佛即稱念阿彌陀佛名號，期生淨土。北朝高僧曇鸞提出借助"他
力"往生淨土和"稱名念佛"的"易行法"，使得往生淨土的大門進一步打開；
其後的道綽重視觀想念佛，但同時大力弘揚稱名念佛的易行道，並積極身體力
行；至善導最終確立念彌陀名號為正行，以稱名念佛為正業，建立起淨土宗修
行的完整體系，被奉為"阿彌陀佛的化身"。據同時代的道宣記述，善導入長
安以後，大力推行口誦南無阿彌陀佛，"士女奉者，其數無量"；《佛祖統記》

亦載：“從其化者，至有誦彌陀經十萬至五十萬卷者。念佛日課萬聲至十萬聲者”。佛經把“西方極樂世界”描繪得美滿、幸福、極樂無邊，善導再在經疏中肯定“凡夫”臨終皆可入阿彌陀淨土，難怪人們信奉得如癡如醉。到法照時，開創“五會念佛”，入太原，旬日之間，有幾千人願為法照的“念佛弟子”。

修行的簡單化，使得彌陀信仰深入民間。從敦煌藏經洞出土的文物來看，有一種不見記載的民間信仰，至少在五代、宋時候的敦煌很流行。這是一種圖文並茂的印刷品，是專為期願往生西方極樂世界的人而設計的。人們對着“四十八願阿彌陀佛”佛像，如何供養、如何念佛等等都在像下說明，信仰者足不出戶就可以供養修行。

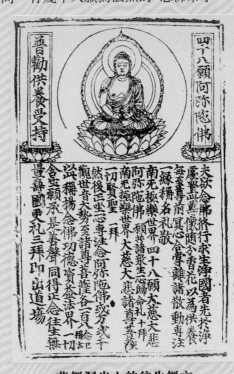

藏經洞出土的往生經文

敦煌藏經洞出土的佚經《佛說山海慧菩薩經》中，還出現了“十往生阿彌陀”，到西方極樂世界的途徑更多，只要做點善事，不念佛也得往生。到明代，成了“家家阿彌陀，戶戶觀世音”。直至今天，人們還以口稱“阿彌陀佛”作為逢凶化吉、遇難呈祥的感嘆詞。

淨土三經的傳入及內容

現存大乘經論中，關於阿彌陀佛及其淨土的典籍，有統計共二百部，約佔大乘經論的三分之一。其中影響最大的是《無量壽經》、《阿彌陀經》、《觀無量壽經》及《無量壽經論》，合稱“三經一論”。

　　《無量壽經》乃"淨土羣經綱要"，東來最早，譯本最多。自漢迄宋凡十二譯，現存五譯，流行最廣的是曹魏康僧鎧譯《佛說無量壽經》。

　　隋代吉藏所撰《無量壽經義疏》，說《無量壽經》的宗致，一是比丘法藏修因感淨土果，二是勸物修因往生淨土。具體內容包括：法藏比丘在"世自在王如來"前發四十八願，後成為無量壽佛，其世界名曰"安樂"；無量壽佛的種種莊嚴；安樂國土，亦即"西方極樂世界"，美妙無比；十方世界的人，有誠心願意到極樂世界去的，可以有"三輩往生"，即上輩往生、中輩往生、下輩往生；捨五惡、去五痛、離五燒而獲五德；往生極樂世界可分"胎生"、"化生"；佛說此經時，三千大千世界，十方佛土，百千音樂自然而作。

　　《阿彌陀經》有二譯，即北朝鳩摩羅什譯於 402 年的《佛說阿彌陀經》和唐朝玄奘譯於 650 年的《稱讚淨土佛攝受經》，均存。

　　《阿彌陀經》主要講：西方過十萬億佛土，有世界名曰"極樂"，其土有佛，號"阿彌陀"；阿彌陀佛國裏的"眾生"，沒有痛苦，只有快樂，故名極樂；極樂國土的種種莊嚴，無與倫比；聞說阿彌陀佛，執持名號，一心不亂，臨終時得往生阿彌陀佛極樂國土。

　　《觀無量壽經》是劉宋時畺良耶舍譯，主要內容包括"未生怨"、"十六觀"，其中十六觀的後三觀為"九品往生"。《觀無量壽經》提出的"十六觀"是淨土宗重要的修行方法，其中的"九品往生"更成為信徒的臨終寄託。《觀無量壽經》的宗旨，善導認為是：以觀佛三昧為宗，亦以念佛三昧為宗，一心迴願生淨土為體。善導之前，甚麼人才能"九品往生"的理論問題還沒有解決。多數意見認為三輩九品都是聖人，只有聖人才能往生淨土，又或者最少犯了某些罪的人不得往生。善導論證，佛為凡夫不為聖人而有九品往生，明確提出"善惡凡夫，同沾九品"，並且反對排斥女人，認為只要誓願往生，到了極樂世界女人即轉男身，因此可以往生。善導把"易行法"發展到極致，強調"信心"為本，這種"信心"不是指相信自己，而是指相信"佛力無邊"，相信佛能滿足一切願望。

唐代的西方淨土變熱潮

唐代是中國佛教發展的鼎盛時期，此時，佛教中國化的過程基本完成，中國佛教的各個宗派相繼建立，淨土宗是當時重要的宗派，彌陀信仰隨之發揚光大。

有唐一代，西方淨土變的繪製盛況空前：唐代畫西方淨土變最多的要數名僧善導，據記載，他曾畫淨土變相三百壁。遺憾的是沒有任何材料記載這些"淨土變相"中有幾種不同形式。學者多認為善導畫如此多的西方淨土變只是傳說，並不可信。日本高僧圓珍的傳，則記載唐溫州內道場德圓曾為武則天繡了四百幅"極樂淨土變"，圓珍得到其中一幅，他還得到一幅"靈山淨土變"。

這些一人主持以百計的畫或繡的淨土變之外，文獻上還曾記載："筆法超妙，為百代畫聖"的吳道子曾於淨土院畫"西方變"，又於安國寺大佛殿畫"西方變"。《歷代名畫記》卷三記載尉遲乙僧在東都洛陽大雲寺畫"淨土經變"；尹琳在光宅寺殿內畫"西方變"；趙武端於雲花寺小佛殿畫"淨土變"等。

著名文人撰寫西方淨土變文章亦很多。《全唐文》收了王維兩則《西方淨土變讚》，王維詩畫俱佳，可惜這幅淨土變是否他自己畫，從行文中難以判斷。李白有《金銀泥畫西方淨土變相讚並序》，則告訴我們這是一鋪用金銀泥畫在絲織品上的絹畫西方淨土變。白居易晚年，信佛彌篤，花俸錢三萬請人畫西方淨土變，並寫了《畫西方幀記》。他還為弘農郡君寫《繡西方幀讚並序》、為范陽盧夫人寫了《繡阿彌陀佛讚並序》，這記載還說明，當時的婦女用自己特長——刺繡來表示敬佛。

唐代敦煌壁畫中的西方淨土經變如奇葩綻放，光彩奪目。僅莫高窟一處就有觀無量壽經變78鋪、無量壽經變和阿彌陀經變共37鋪，可謂獨領風騷。淨土三經創造出的無有眾苦，但受諸樂的理想世界，吸引着眾多善男信女，因而依經變相後，西方淨土變都着重描繪西方極樂世界如何"極樂"，藝術家的想像力和畫功由此得到充分發揮。在畫匠的妙筆之下，極樂世界被描述得華美壯觀，安樂無比，不僅吸引了眾多善男信女，也攀上敦煌佛教繪畫藝術的顛峯，直至今日，許多精美的畫面還令人觀之忘返。在唐代，盛極一時的西方淨土變還深刻影響了敦煌其他經變畫的繪製。由無量壽經變和阿彌陀經變開創的向心式構圖，被其他經變廣泛吸收，逐漸取代早期本生因緣故事畫的長卷式構圖，成為敦煌經變畫的主流。而說法圖佛居核心，宣講佛法這一取自西方淨土諸經變的元素，更成為敦煌唐以後幾乎每鋪經變必有的畫面。

方興未艾的敦煌西方淨土變研究

敦煌西方淨土圖像的研究，始於1900年發現藏經洞之後。此前，雖曾有徐松、蘇履吉、汪隆等記述莫高窟，對其藝術評價很高，但都說不上研究。斯坦因、伯希和從藏經洞得到的絹畫、紙畫中都有西方淨土變。伯希和《敦煌圖錄》發表以後，西方淨土變研究開始蓬勃，特別是日本學者，對敦煌壁畫淨土變研究最詳，而尤其集中於觀無量壽經變。他們自二十世紀三十年代，已詳細介紹壁畫和紙絹畫中的觀無量壽經變，並用佛教美術考古學的方法，把觀經變分型分式，畫了不少示意圖。此後中國學者以地利之便，對敦煌壁畫上的觀無量壽經變研究，亦有創獲。

本卷包括三種經變，到目前為止，這樣的西方淨土變專題研究，尚屬首次發表。筆者勉力在前人研究的基礎上，刪繁就簡，注意出新。

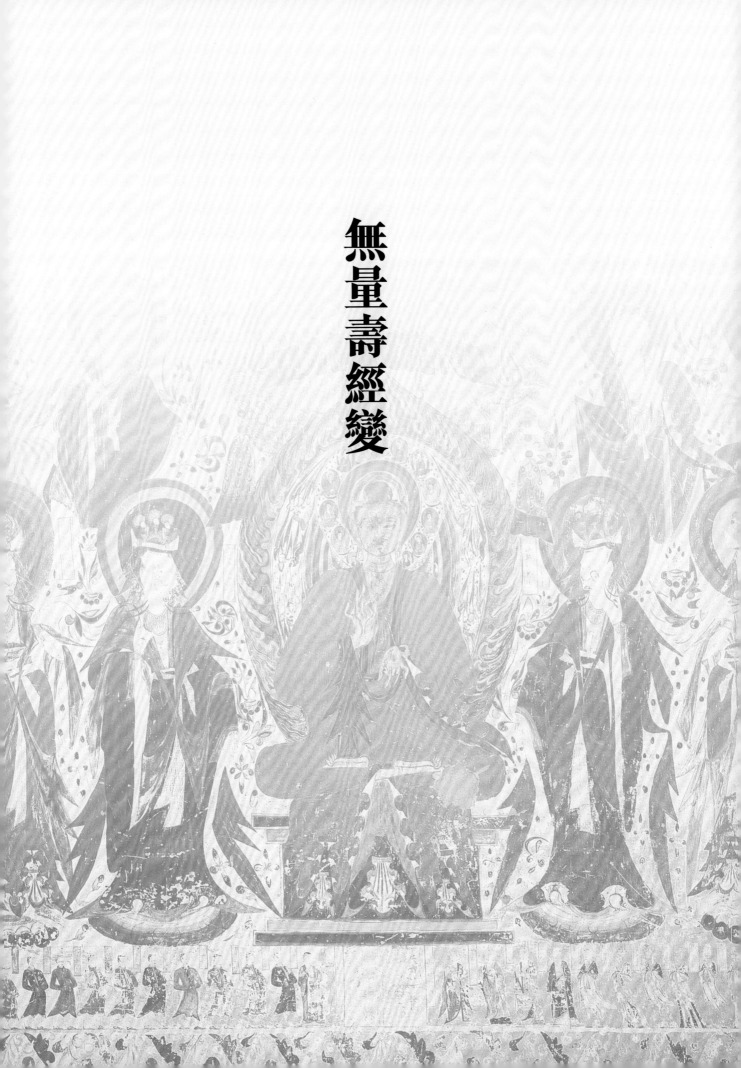

無量壽經變

　　"無量壽"即梵語"阿彌陀"之意譯。因此之故,過去的許多研究中,西方淨土變不分無量壽、阿彌陀,統稱阿彌陀經變。這種統稱,從大的方面說,沒有錯誤,只不過一個是意譯,一個是音譯。但是,從"經"的系統上來說,《阿彌陀經》與《無量壽經》是兩個經系,它們譯者不同,長短懸殊,內容有異;無量壽經系不僅翻譯時間早,而且數量多。隋唐時代的僧尼、文士,對兩經的區別是絕不含糊的。最大的不同是:《無量壽經》提出了"三輩往生"以及如何往生。而其中的"化生"是關鍵,它回答了人們如何到達西方極樂世界的懸念,即"於七寶花中自然化生",我們通俗地把它叫做"坐蓮花而生"。這一"蓮花化生",因應於淨土,給人美妙的聯想,給畫家留下廣闊的創作天地。事實上,在敦煌壁畫中,也存在這種區別。無量壽經變主要攝取經中"安樂國土"與"三輩往生"之說,而阿彌陀經變沒有"化生",因此,"化生"是將無量壽經變從阿彌陀經變中分離出來的主要依據。

　　"無量壽經變"過去之所以從未有人論述,是因為敦煌淨土變資料沒有系統地公佈過,日本30年代以來幾位西方淨土變的著名研究者,都沒有到過敦煌,資料都來自伯希和的《敦煌圖錄》的圖片,並不全面。

　　白居易的《畫西方幀記》提到命工人杜宗敬"按阿彌陀、無量壽二經,畫西方世界一部"。已明確指出按此兩個經"畫西方世界一部",但歷來諸多研究者失察。本卷第一次將無量壽經變從阿彌陀經變中分離出來加以探討,可能問題不少,但它有助於學術研究的深入發展,我想是毋庸置疑的。

　　從現存的敦煌壁畫看,最早的無量壽佛說法圖出現在南北朝時期,到隋代才開始出現比較完備的無量壽經變,初唐即發展到鼎盛,盛唐時代,由於敦煌盛行觀無量壽經變,無量壽經變逐漸被吸納到觀經變之中,漸趨湮沒了。

第一節 從無量壽佛説法圖到經變
西魏至隋（公元 535 - 618 年）

阿彌陀諸經中，《無量壽經》較早傳入中國，最早的譯本《佛説無量清淨平等覺經》出現於公元 2 世紀。由於此經宣揚的教義簡便易行，並且用維妙維肖的筆法形象地描繪了一個美好的天堂——西方極樂世界，所以傳入中土後在信徒間產生很大影響。南北朝時期，彌陀信仰與未來佛彌勒的信仰並行，但彌勒信仰勢力較大，據統計，龍門石窟北朝時有具體年代可考的無量壽佛為八尊，比彌勒、釋迦少得多。直到隋唐時期，彌陀信仰才逐漸取代彌勒信仰。因此，南北朝時期，是彌陀信仰的醖釀時期。最早有關無量壽佛圖像的記載，也出現在這一時期。現存實物最早的是甘肅炳靈寺石窟西秦第 169 窟第 6 號龕（公元 424年），龕內一佛二菩薩都有墨書榜題，分別寫明"無量壽佛"、"觀世音菩薩"、"得大勢至菩薩"。

經變的萌芽——無量壽佛説法圖

説法圖是唐以前敦煌常見的壁畫題材，內容以佛説法為主體，左右有脅侍菩薩、弟子及護法等圍繞聽法，背景通常只有寶蓋和樹木，構圖比較簡單。嚴格地説，説法圖指從畫面上無法判斷是甚麼佛，在甚麼時間、地點演説何法；有明確名稱、內容、對象的説法圖實際上可看作早期經變畫的雛形。説法圖出現於北朝時期，到隋代數量增加，為唐代經變畫的興盛奠定基礎。

莫高窟最早有無量壽佛題記的洞窟是西魏的第285窟。東壁門北有一鋪一佛四菩薩四弟子説法圖，佛身光左上方題"無量壽佛"；四菩薩及弟子均有題名，菩薩自左至右為"無盡意菩薩"、"觀世音菩薩"、"文殊師利菩薩"、"大勢志菩薩"；四弟子自左至右為"舍利弗之像"、"阿難之像供養佛時"、"摩訶迦葉之像"、"目連之像"。由於有明確的題記，此為"無量壽佛説法圖"不容置疑。門南一幅説法圖與此圖幾乎一致，可能也是"無量壽佛説法圖"。此外，此窟北壁還有兩鋪無量壽佛説法圖，施主分別為"滑口安"、"滑黑奴"；前者成於大統五年（公元539年）四月廿八日，後者成於同年五月廿一日。尤其珍貴的是發願文猶存，它是莫高窟現存最早的造無量壽佛資料。兩通發願文除施主名之外，其餘相同，茲錄一通，以饗讀者：

> 夫從緣至果，非積集無以成功。
> 是以佛弟子滑黑奴，上為有識之類，
> 造無量壽佛一區並二菩薩。因斯微
> 福，願佛法興隆，魔事微減；復願含
> 靈抱識，捨三塗八難、現在老苦；往
> 生妙樂，齊登正覺。
> 大代大魏大統五年五月廿一日造記

這裏的"往生妙樂"，就是往生西方極樂世界。

內容完整的早期經變

　　隋代是敦煌壁畫承上啟下的重要時期，壁畫的內容、形式及風格均出現新的趨勢，如開始出現構圖簡單的經變畫。隋代的無量壽經變只有一鋪，畫於第393窟西壁。由於宋代在窟內所塑一佛二菩薩的主尊正好擋住了龕內壁畫主尊，無法看到全貌。茲藉李其瓊先生的白描線圖，予以介紹。

　　佛在雙樹下結跏趺坐，左右二大菩薩。根據"觀音頂戴彌陀佛，勢至冠中有寶瓶"判斷，佛右側菩薩戴化佛冠，應為觀世音，左側的菩薩無特徵。佛、菩薩都坐在七寶池中的蓮花上，是西方淨土無疑。

　　七寶池外，即畫面的中段，有四組一佛二菩薩，這一畫面在敦煌壁畫是第一次出現，也是僅有的一次，又沒有題

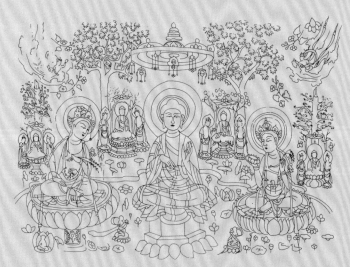

第393窟無量壽經變白描圖

記，其創作的依據，不僅《無量壽經》沒有，其他幾個經中也沒有。不過，有一點可以肯定，即："四"代表東、南、西、北"四方"，也可以代表十方——四方加四維上下。如在"十方諸佛"中找，則無量壽佛前世作比丘時的四十八願中，可以有多種解釋；在描述他成佛以後種種莊嚴的經文中，也可以找到。這一畫面可能取自《無量壽經》："無量壽佛威神無極，十方世界無量無邊不可思議諸佛如來莫不稱嘆，於彼東方恆河沙佛國無量無數諸菩薩眾，皆悉往詣無量壽佛所，恭敬供養，……聽受經法，宣佈道化，南西北方、四維上下亦復如是"，表示十方諸佛前來稱讚。入唐以後，十方諸佛均繪在經變上部表示天空的地方，佛的左右，不是二菩薩，就是二弟子。

　　此畫為了說明所見者為無量壽佛的"嚴淨佛土"，地上滿是蓮花。

無量壽經變之要旨"三輩往生"

　　七寶池中的一佛二菩薩、四個化生、鴛鴦、蓮花，是此鋪經變識別、定名的主要依據。一佛二菩薩處七寶池中，鴛鴦（經中只說"游禽"）戲水，表明是"西方淨土"，而四個化生則是定名無量壽經變的決定性因素。佛座下方左右兩側的四個化生童子，或胡跪於蓮座上，或盤坐於半開的蓮花內，或坐

在未開的蓮苞內。莫高窟北魏時期的洞窟中，已有類似"化生"的形象——蓮花中露出半個人。但在水池中畫蓮花，花苞中坐童子，這還是第一次。這四個化生，就是《無量壽經》的"三輩往生"，畫成四個，可能是為了對稱。胡跪於蓮座上的童子代表"上輩往生"。按經文，上輩往生的條件是：作沙門，發菩提心，一向專念無量壽佛，修功德，願生極樂世界。臨終時，無量壽佛在其身前顯現，即隨佛往生，"便於七寶花中自然化生"。蓮花半開的化生童子，代表"中輩往生"。按經文，中輩往生者，十方世界諸天人民都可以，不一定是沙門，只要至心願生極樂世界，發菩提心，一心專念無量壽佛，多少修善。其人臨終，化佛現身，隨化佛往生。功德、智慧不如上輩往生。蓮花未開中的化生童子，代表"下輩往生"。下輩往生者，十方世界諸天人民，即使不能做功德，只要發菩提心，一向專意，十念"乃至一念"，念無量壽佛，聞法不疑，誠心願生無量壽佛國。臨終夢見無量壽佛，亦得往生。只是功德、智慧又次於中輩往生。

現藏美國的南響堂山石窟第二窟無量壽經變浮雕、現藏印度的藏經洞出土無量壽經變絹畫、日本法隆寺金堂已燒燬的第6號壁原繪的無量壽經變，均與第393窟此鋪大同小異，日本學者中村興二將它們全都定名為阿彌陀淨土變。但同時，又提出中國早期的阿彌陀淨土變，是以《無量壽經》和同系統的"化生情景"作為主要題材來表現的，並認為上述響堂山石窟、法隆寺金堂的阿彌陀淨土變也是依據《無量壽經》創作的。只是他沒有想到，依據《無量壽經》創作的就應該叫無量壽經變。松本榮一把觀無量壽經變從阿彌陀淨土變中分離出來，也注意到七寶池中的"化生"。但他當作《觀無量壽經》的"九品往生"，從而定名為"淨土變形式的觀無量壽經變相"。以上這些，與無量壽經變的定名，失諸交臂，只能嘆為"智者千慮，必有一失"。

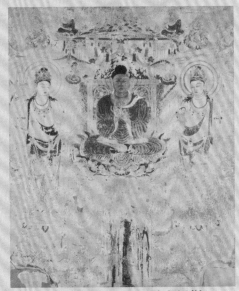

日本法隆寺金堂無量壽經變

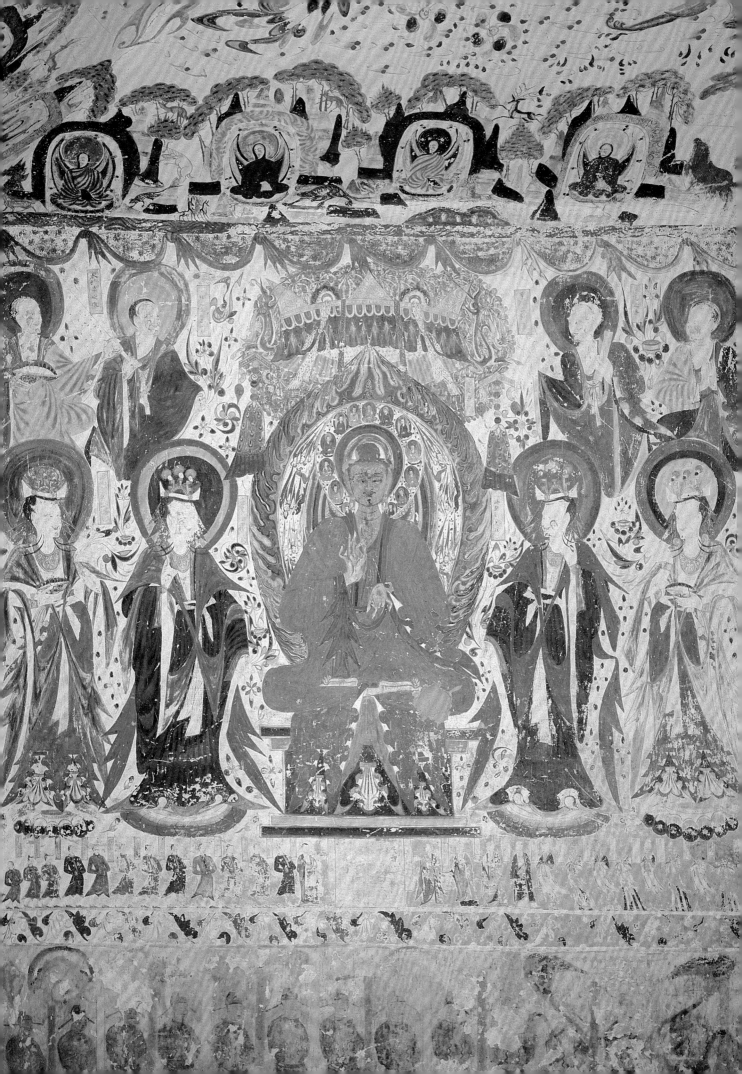

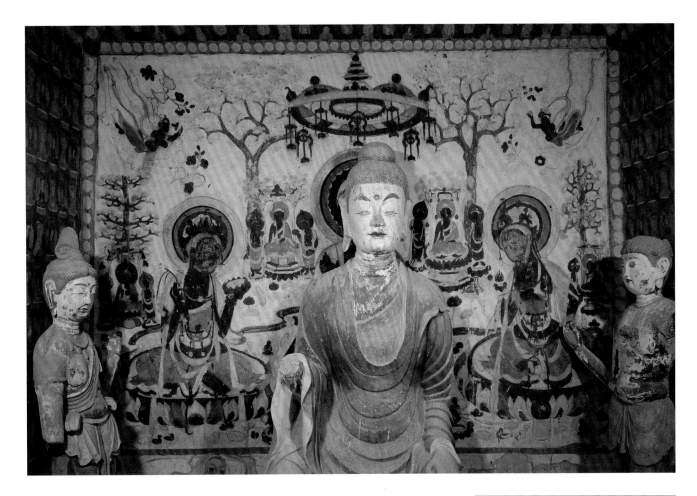

2 第 393 窟西壁内景

壁上即為最早的無量壽經變，惜被宋塑
清修的佛像擋住。此圖為首次發表。説
法圖的上方，正中為華蓋，左右對稱有
菩提樹及飛天，這一部分與開皇年間的
第302、305窟的手法、風格基本一致。
隋 莫393

1 無量壽佛説法圖

此圖約繪於公元538～539年。圖中無量
壽佛結跏趺坐，手結説法印，圓光中繪
有化佛 。菩薩一改裸身跣足的形象，而
似"褒衣博帶"、穿"雲頭履"的達官
貴人，可能是受北魏孝文帝漢化改革的
影響。
西魏 莫285 東壁

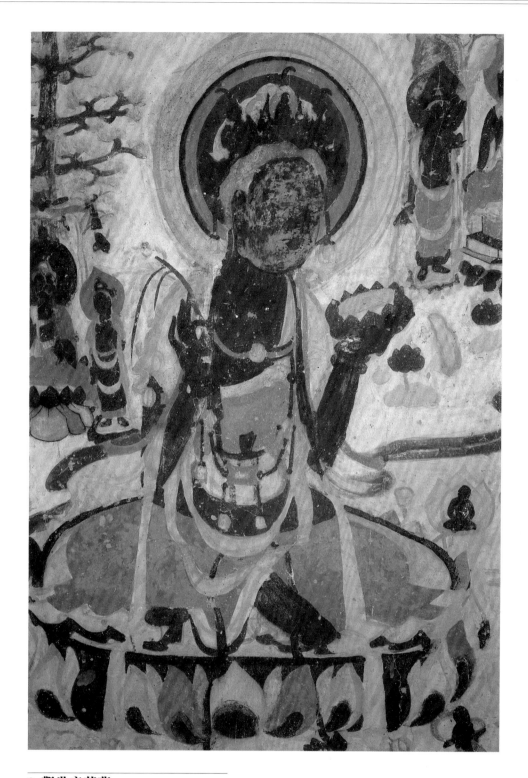

3 觀世音菩薩

此尊觀音頭上有肉髻，天冠上有化佛，
左手托花，右手持楊柳枝，肩披帛，瓔
珞垂胸，飄帶繞臂，坐於"大如車輪"
的蓮花上。由於變色，眉目已不清，但
姿態仍很優美。大如車輪的蓮花，應是
受《阿彌陀經》的影響。

隋 莫393 西壁

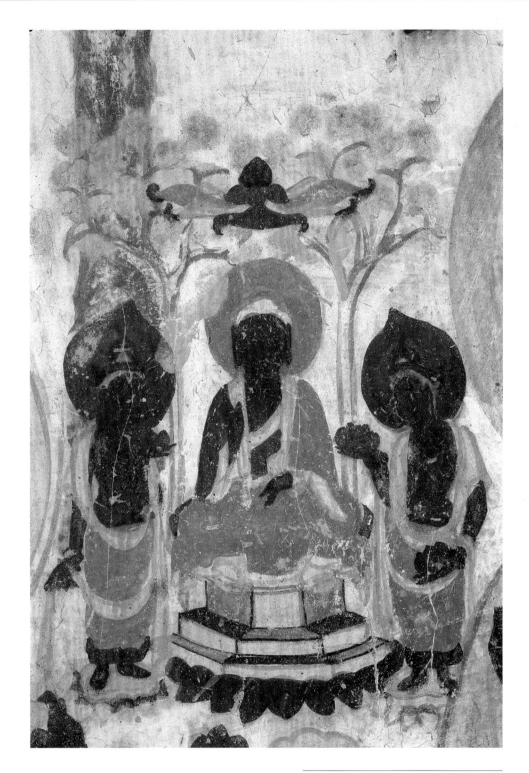

4 一佛二菩薩

《無量壽經》云，無量壽佛講經說法
時，十方（東南西北，四維上下）世界
諸佛莫不稱嘆。此壁的全圖共有四組一
佛二菩薩，表示十方諸佛讚嘆，圖中這
一組位於主尊圓光右側。菩薩上身長下
身短，為隋代造像的特點。

隋 莫393 西壁

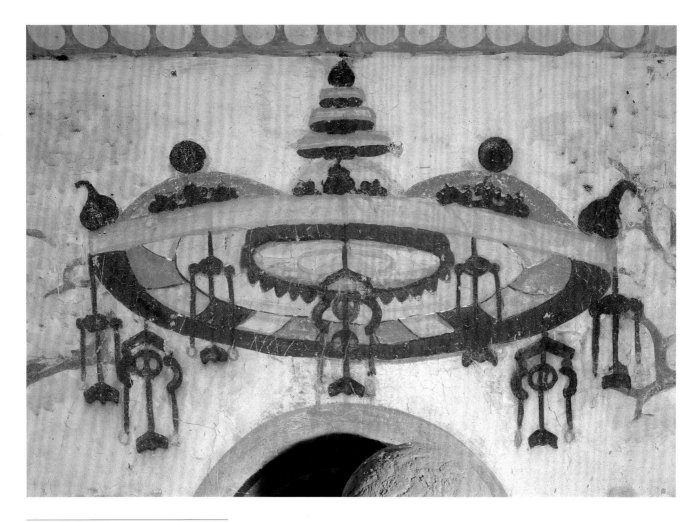

5 主尊華蓋

《無量壽經》云，極樂世界的菩薩用
"非世所有"的花香、珍寶來"奉散"
諸佛，它們在空中"化成華蓋"，光色
昱爍，香氣普熏。隋代的華蓋式樣最
多，大同小異，卻幾無完全相同的。圖
中華蓋頂端用"相輪"作裝飾，與眾不
同。

隋 莫393 西壁

6 繪製簡單的七寶樹

北魏的壁畫有花而幾乎無樹;西魏、北
周的故事畫,多半用山石來隔斷空間,
有樹,但很少;綠樹婆娑自隋代始。
《無量壽經》用很長的篇幅寫"七寶
樹"。但是眼前這棵樹很簡單,離經文
的描寫甚遠。

隋 莫393 西壁

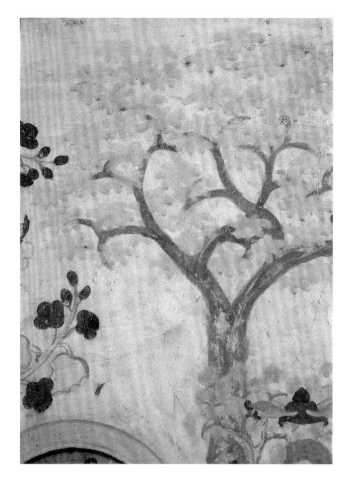

7 虛空中的飛天

此身飛天飄帶從空而下,雖然動態處理
欠妥,但卻符合經文"一切諸天,皆齎
天上百千花香、萬種伎樂,供養其佛及
諸菩薩聲聞之眾,普散花香,奏諸音
樂,前後來往,更相開避。當斯之時,
熙怡快樂,不可勝言"。

隋 莫393 西壁

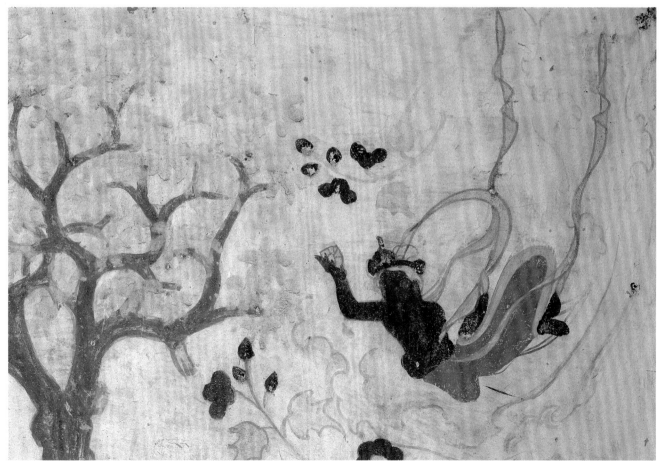

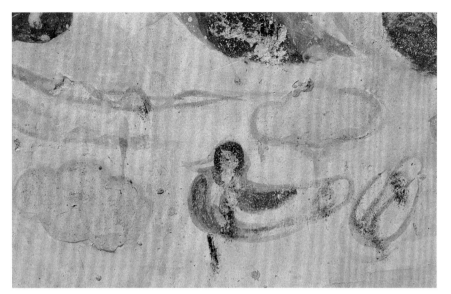

8 七寶池

七寶池是無量壽佛國的"國土莊嚴"之
一。這裏七寶池沒有畫水紋,用蓮花、
化生、鴛鴦來表現,畫得較為寫意。

隋 莫393 西壁

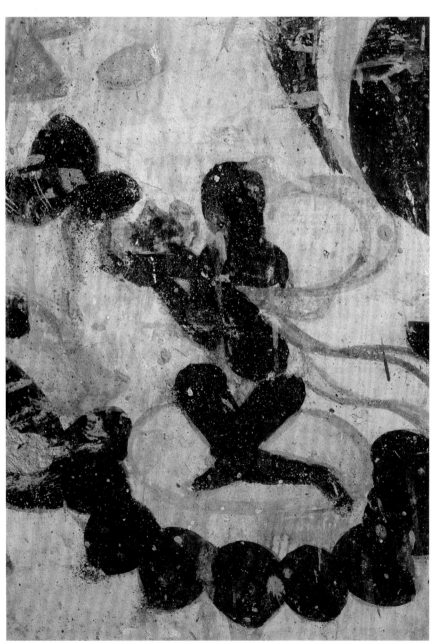

9 上輩往生的童子

此身位於佛座右下方的往生童子,幾乎
全身裸露。手捧供品,胡跪於大蓮花
上,跪姿很美。上輩往生本需很多條
件,此處似乎只取"即隨彼佛往生其
國,便於七寶華中自然化生"這一句。

隋 莫393 西壁

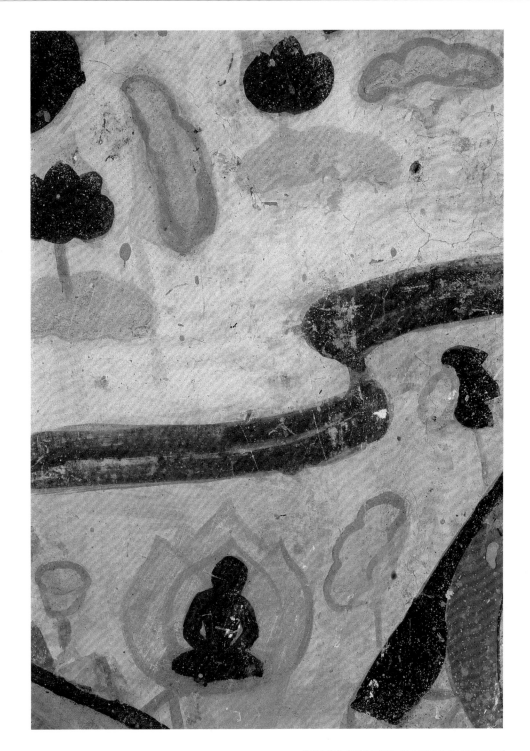

10 池中化生

一條彎曲的黑色帶，表示池岸。一小童
盤腿坐在一朵未開的蓮花內，是"下輩
往生"。

隋 莫393 西壁

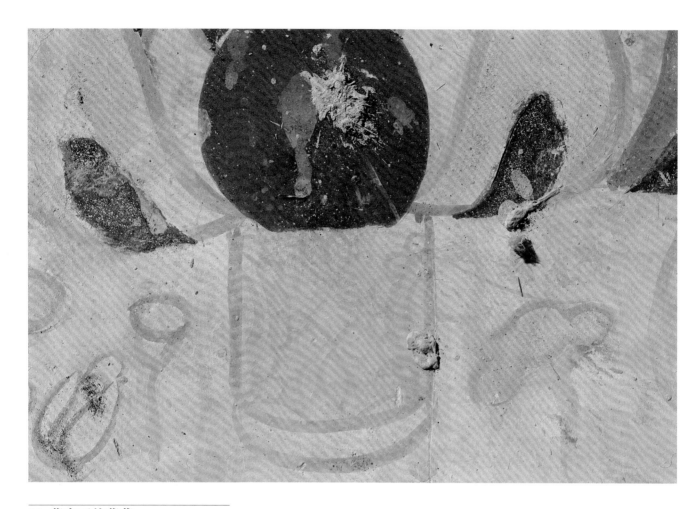

11 蓮座下的蓮莖

為了表示菩薩的蓮座直接出自水中，畫
工特地在菩薩蓮座下畫了一根蓮莖。蓮
花"大如車輪"，所以蓮莖也特別粗。

隋 莫393 西壁

第二節 　　通壁宏幅的高峯期
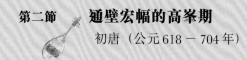

初唐（公元618－704年）

　　唐代是西方淨土經變繪製的高峯時期。有唐一代，敦煌的西方淨土變壁畫激增，出現了許多巨製精品。初唐，開始出現繪製精美的通壁宏幅無量壽經變。代表洞窟有莫高窟第220、321、331、335、340、341、342等窟。其中，最具特色的是第220窟和第321窟。

主要內容——佛國莊嚴和往生

　　初唐繪製的無量壽經變形式多樣，表現互異，沒有固定的佈局。但歸納起來，其內容不外兩項：一是無量壽安樂國土的"種種莊嚴"，一是"三輩往生"。

　　彌陀淨土經典的共通之處，在於為世人描繪了一幅佛國極樂淨土"無有眾苦，但受諸樂"的美好藍圖。《無量壽經》更詳細描述西方極樂世界寶樹遍國；菩提道場有"無量妙法聲音"，"清暢哀亮，微妙和雅"；樓觀欄楯，七寶自然化成；泉池功德，池飾七寶；地佈金沙的美好景象。日本美術史家依照經文，將淨土變分為"虛空段"、"寶樓閣段"、"三尊段"、"寶池段"、"寶地段"、"寶樹段"。初唐的敦煌無量壽經變都基本上完整地表現出各段的主體內容，將極樂世界描繪得金碧輝煌，特別是其中的樂舞場面，突出了極樂淨土的歡樂祥和。

　　一提到敦煌莫高窟初唐壁畫，自然首先想到第220窟。此窟南壁通壁繪無量

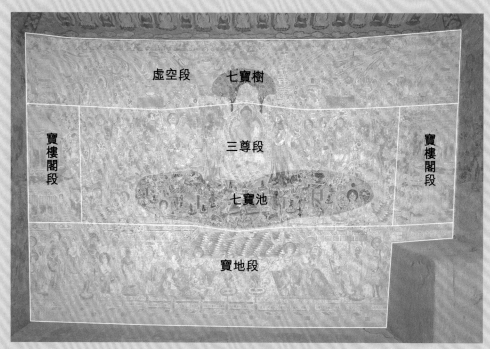

第220窟無量壽經變種種莊嚴

壽經變，是目前所知，初唐敦煌此經變中較早的作品。一堵牆壁只畫一幅經變畫也是始於此窟。雖然隋代已有無量壽經變，但經變應表現的內容、表現的最佳形式，到此窟才算完備，因而第220窟此圖是敦煌無量壽經變的代表作。整個畫面堪稱一幅"極樂世界"種種莊嚴圖，奠定了以後同類經變的基本形制。

除第220窟之外，初唐其他洞窟的佛國莊嚴也各有特色。如第321窟無量壽經變中出現的"不鼓自鳴"樂器達36件之多，樂器14種，堪稱莫高窟之最，是研究古代音樂舞蹈發展的重要史料。

第331窟北壁通壁畫無量壽經變，由於下半部分變色，只可依稀辨認出主要內容。此窟的"淨土"，又有不同，以建築為主體。從未變色的部分來看，當年應是燦爛輝煌。

武則天時期的第335窟，南壁也有一鋪無量壽經變，但變色嚴重。畫面比較值得注意的是，三尊平台前七寶池擴大，池中有十二個化生，均為菩薩坐蓮花上，蓮花沒有半開、未開之別。

"三輩往生"的蓮花化生是無量壽經變的顯著標誌。這一時期的無量壽經變壁畫中，都有頗具童趣的蓮花化生形象。第341窟南壁通壁畫無量壽經變，後代曾為眾多菩薩修改過臉部，唯主尊除手以外基本未變。此畫的最大特點是"化生"多達二十身，而且全部已成菩

薩，坐於出水蓮花上。有趣的是，對面北壁是彌勒經變，也畫七寶池，十九個化生以種種姿態活動其中，似乎這窟的畫師熱衷化生。垂拱（公元685～688年）以後"化生菩薩"尤其多，其原因一則當時臨終往生思想流行，二則出資畫窟的"施主"當然都願意"上輩往生"。

第 220 窟的經典之作

在敦煌壁畫中，第220窟是貞觀盛世繪畫藝術的傑作，全窟最晚於龍朔二年（公元662年）完工，因此南壁的無量壽經變最晚也不過該年。南壁將西方淨土世界描繪得美輪美奐；從圖像上看，它囊括了依據經文為淨土變相所有的主要內容，為此後該類經變的創造奠定規模。這幅"極樂世界"，由上而下，展示的種種莊嚴：

"虛空段"佔畫面五分之一強，描繪的內容有：十方世界諸佛前來讚嘆"安樂國"的種種莊嚴；各種飛舞着的樂器，每件樂器上都拴一條飄帶，表示"十方世界音聲之中最為第一"的"萬種伎樂"，敦煌除飛天飄動之外，樂器也飄動，"百千音樂自然而作"，這種表現手法，人見人愛，歷代不衰；表示"繒、蓋、幢、旛莊嚴之具的四台寶幢；無量壽佛國天人所居住的舍宅、宮殿、樓閣，高下大小，"隨意所欲，應念即至"。

　　"三尊段"是此畫的重點，結合了寶池段，因此人物全在碧波蕩漾的七寶池中。無量壽佛結轉法輪印坐於七寶蓮座上，連同兩脅侍兩上座菩薩，其蓮座、蓮花都與眾不同。這樣華麗的蓮座，只見於此窟及第217窟。上座周圍還有三十三位菩薩，其中一位站在水中，表現了"菩薩入寶浴池"。經云：若入寶池，意欲令水沒足，水即沒足；欲令至膝，即至於膝；這裏的水，"調和冷暖，自然隨意，開神悅體，蕩除心垢"。《無量壽經》用300字描寫這寶浴池，是無量壽佛國種種莊嚴之一。七寶池中最有生氣、最惹人喜愛的是"化生童子"。寶池中有一根蓮花的主莖，首先出現一位菩薩，面朝佛背朝觀眾跪於蓮花上，表示上輩往生者"立即見佛聞法"。從蓮花主莖派生出九朵含苞待放的蓮花，朵朵透明，能看見裏面的化生童子或坐或立，是唐代的兒童形象的生動反映。

　　三尊段的左右兩邊為"寶樓閣段"。樓閣為兩重，每重均有菩薩活動其間而面向着三尊。

　　"寶地段"的正中，靠近寶池的七寶地上站孔雀、共命鳥、仙鶴；下部為樂舞：二人各在圓毯起舞，兩邊共有十六人的樂隊為之伴奏。這一組畫面，結合虛空中飛舞的樂器，應是依據無量壽經系的《佛說阿彌陀三耶三佛薩樓佛檀過度人道經》和《佛說無量清淨平等覺經》畫的。二經都說：佛為阿難顯現阿彌陀佛所居國土時，不僅阿難得見，還使盲者得見、聾者得聽、啞者能語，因而"鐘磬琴瑟箜篌樂器諸伎，不鼓皆自作五音聲，婦女珠環皆自作聲，百鳥畜狩皆自悲鳴。當是時，……諸天各共大作萬種自然伎樂，樂諸佛及諸菩薩阿羅漢。"盲者得見等奇跡雖然無法入畫，但音樂舞蹈禮佛及百鳥合鳴的形象卻被採用。至於用孔雀、共命鳥、仙鶴來表示"百鳥"，可能是受《阿彌陀經》的影響。

　　寶地段的兩側各為一立佛及眾多菩薩。此處的二立佛與寶樓閣段上方的二立佛合起來，應理解為東南西北"四方佛"。若依唐代吉藏的《無量壽經義疏》，佛說無量壽經有"三會"，亦即有三次，可以把下部二佛與主尊結合，成"三會說法"，因為後來大一點的"淨土莊嚴圖"，即過去所說的"說法圖"中，總有三足鼎立式的佛及眾多菩薩聚會。

樂器琳琅的第321窟

　　第321窟略晚於220窟，也是通壁大畫。220窟加上此窟，無量壽佛國的種種莊嚴，於茲完備。有幾點尤應加以介紹：

　　第一，此畫用了三分之一篇幅來描繪極樂世界的蒼穹，除了十身飛天，湛藍的天空中，滿佈三十五件栓着飄帶的樂器，每件樂器乃至最小的鼗鼓都畫了圖案，日本正倉院珍藏的唐代琵琶，與此圖的琵琶儼如同出。《無量壽經》說，無量壽佛講經說法時，"一切諸天皆賣天上百千花香、萬種伎樂供養其佛及諸菩薩聲聞之眾，普散花香，奏諸音樂，前後來往，更相開避，當斯之時，熙怡快樂，不可勝言"；別譯本《無量清淨平等覺經》用將近1500字描寫菩薩散花。

第二，"三尊"不再全在七寶池中，而是在水上平台之上。此後歷代沿用"水上平台"，並發展成二進、三進。佛左右的上座菩薩，花冠並無特徵，因此，此處的三尊，既可以理解為阿彌陀（無量壽）、觀世音菩薩和大勢至菩薩；也可以認為是經中序分：釋迦佛在說無量壽經，其上首菩薩為普賢菩薩、妙德菩薩。

第三，"寶樓閣段"也在七寶池中，與平台之間有橋相連。歇山式的樓閣高二層，深寬都是三間，上下層之間不設腰簷，這種畫法只在初唐壁畫中才能見到。

第四，是七寶池水與藍天相接，池水已成為建築物之間的溪流。水從天上奔流而下，捲起大浪，從大浪到小浪，到微波漣漪，任鴛鴦戲水，蓮花盛開。從伯希和《敦煌圖錄》還可以看出池中有九朵蓮花，有全開，上坐一位有圓光的菩薩；有半開；有未開。這表示"三輩往生"。

第五，"寶地段"上有一羣菩薩，舉着六具長幡，分立左右，表示無量壽佛國的眾多菩薩，持"衣蓋幢旛無數無量供養之具"，往十方世界供養諸佛之後，"忽然輕舉還其本國"。這種表現方法也是獨有的。

第六，全畫共有三十三枝花柱（或應叫花樹？），應是"七寶樹"。《無量壽經》用了390個字描寫十三種七寶樹，不同的樹，不同的葉、花、果。經上說的都是不可思議的樹，也就給畫家留下了異想天開的創作餘地。因此，畫這些花柱沒有一定之規，信手拈來就是一朵，只是顏色搭配須得講究，若干朵花疊在一起就是一株花樹。此後的初唐淨土變中多有此花樹，似乎成了當年的時尚。

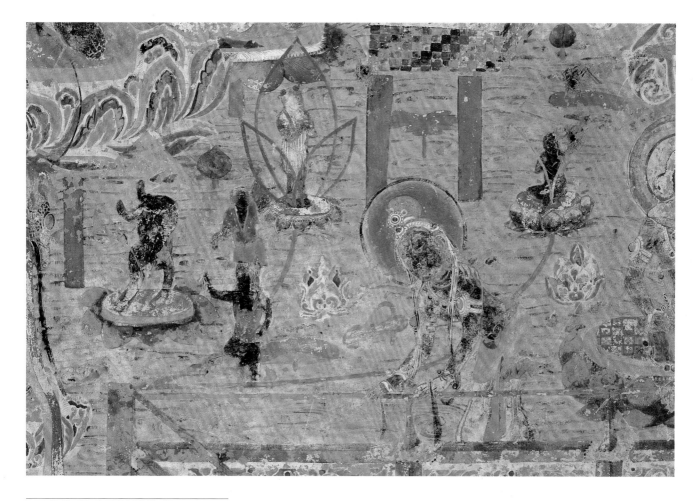

12 化生童子及憑欄菩薩

寶池中一個童子在"拿大頂"，一個梳
雙揪穿背帶褲立於蓮花上，是敦煌壁畫
中最有世俗情趣的化生，也是研究唐代
雜技和服飾的重要資料。一位姿態優美
的菩薩憑欄立於水中，流水跶到她的
腿，形成一個美麗的旋渦。

初唐 莫220 南壁

13 無量壽經變 見下頁 ▶

這是經典的無量壽經變，以通壁畫一幅
經變也始自這窟。最上部虛空中十方佛
及樂器飛揚；正中主尊及眾多菩薩都處
於七寶池中，三輩往生者來到佛前；兩
側是"寶樓閣段"；下部"寶地段"中
的樂舞是敦煌壁畫中的珍品。

初唐 莫220 南壁

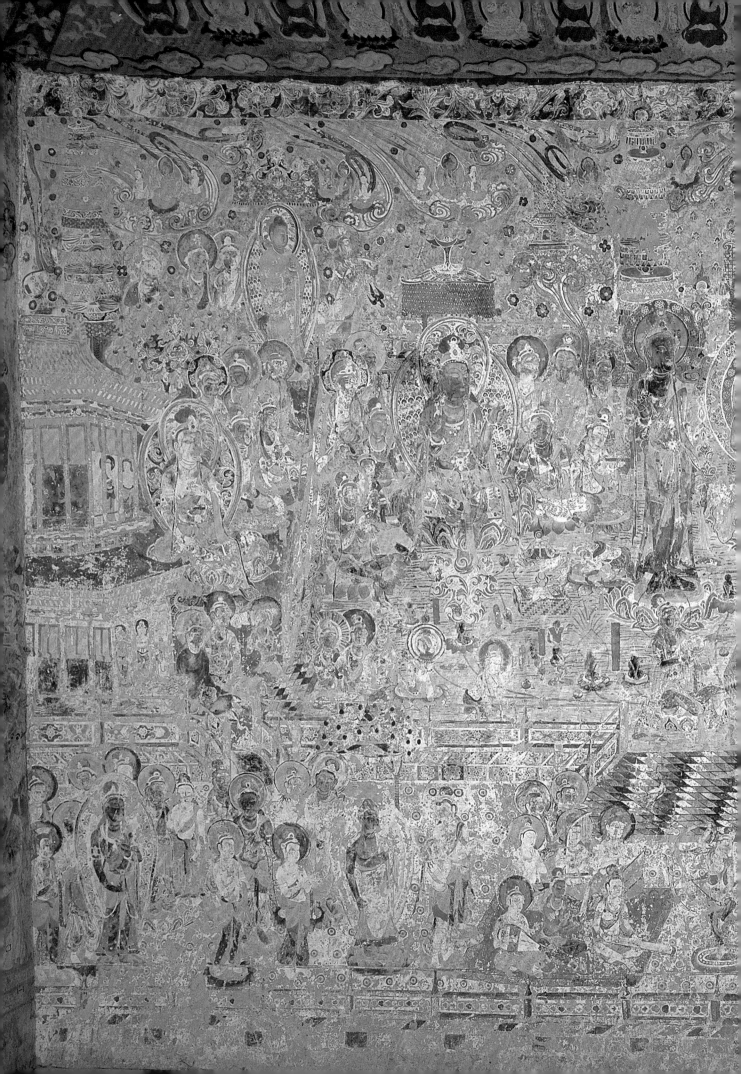

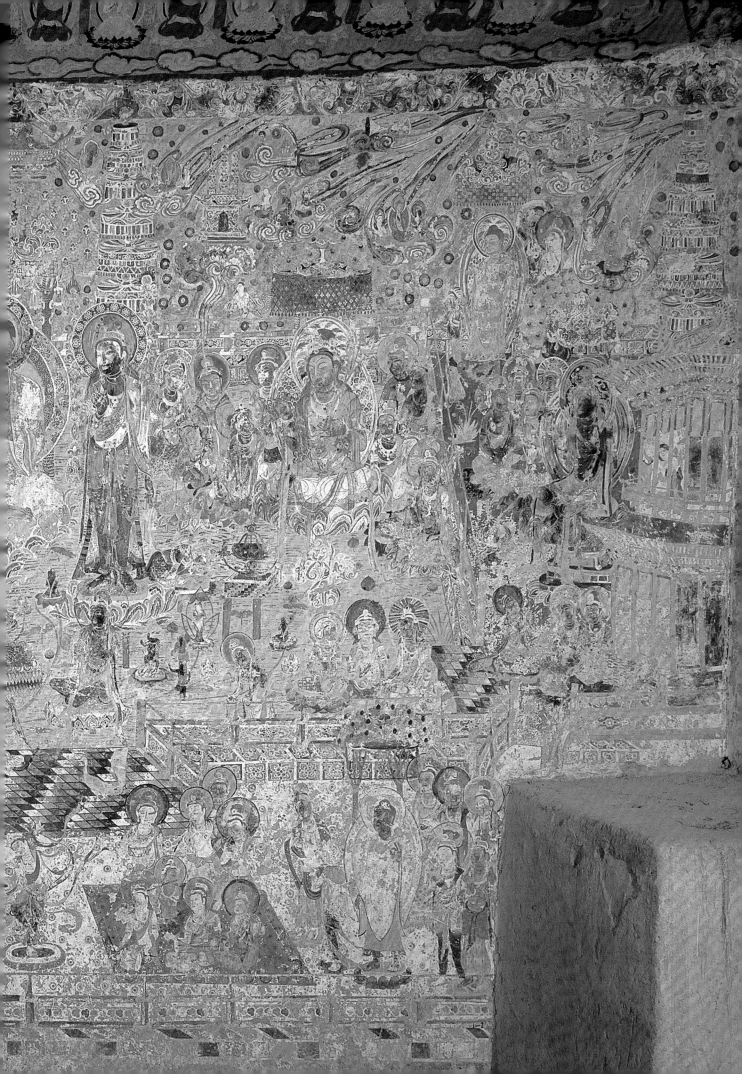

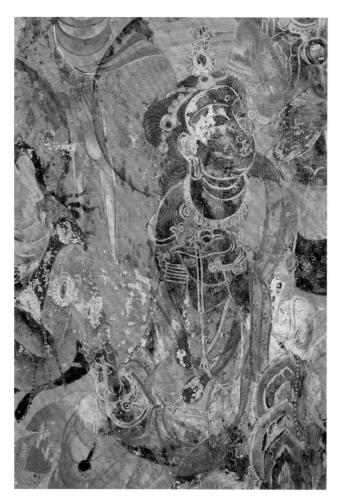

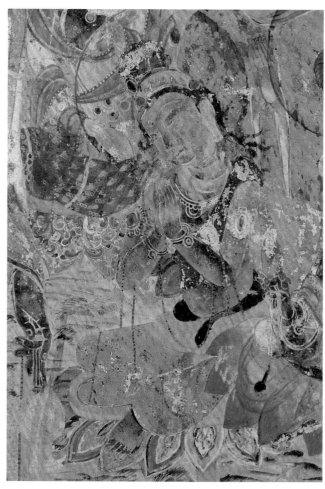

14 供養菩薩

菩薩一頭青髮，珠寶為飾；圓臉修眉、
高鼻小嘴；肩披彩帛，項鏈瓔珞垂胸。
右手拈絲帶置於膝上，左手托絲帶於胸
前；兩腿彎曲坐於蓮花上，動作自然優
美。只是由於年代久遠，黑色定稿線中
的膠起翹，墨線脫落，牆皮白色顯現，
所以菩薩的輪廓線變成白色。

初唐 莫220 南壁

15 供養菩薩

此身菩薩，吊眼、連眉，頭略側，眼微
閉，雙手合十，十分虔誠向佛禮拜。繞
過兩臂而下垂的珠串，已經變成"黑
線"。胳膊的暈染增強了形體的立體
感。

初唐 莫220 南壁

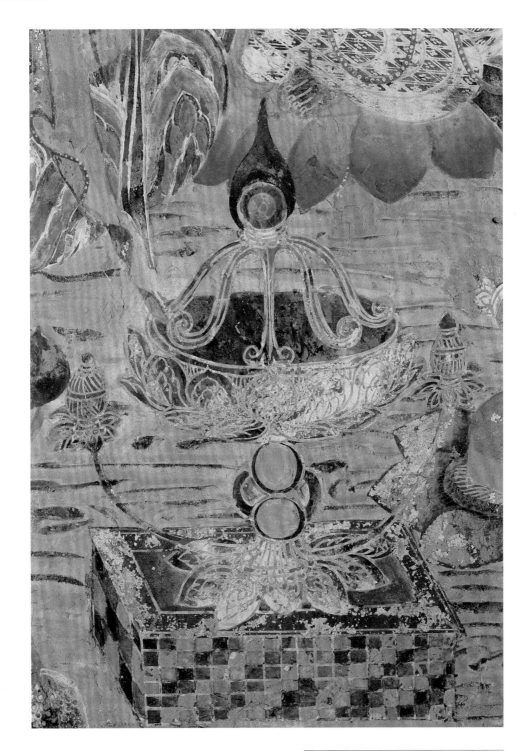

16 "七寶缽"供器

主尊及兩上座面前各有一供器,代表經
文中由金銀、水晶、琉璃、珊瑚、琥
珀、瑪瑙、硨磲製成的"七寶缽器"。
按《無量壽經》,往生者若想吃飯,七
寶缽器自然在前,百味飲食自然盈滿。
但見色聞香,自然飽足。供器器形很
美,與出土文物有許多相似之處,充分
反映出唐代宮廷使用的錯金銀器皿的水
平。圖中為左上座前的供器。
初唐 莫220 南壁

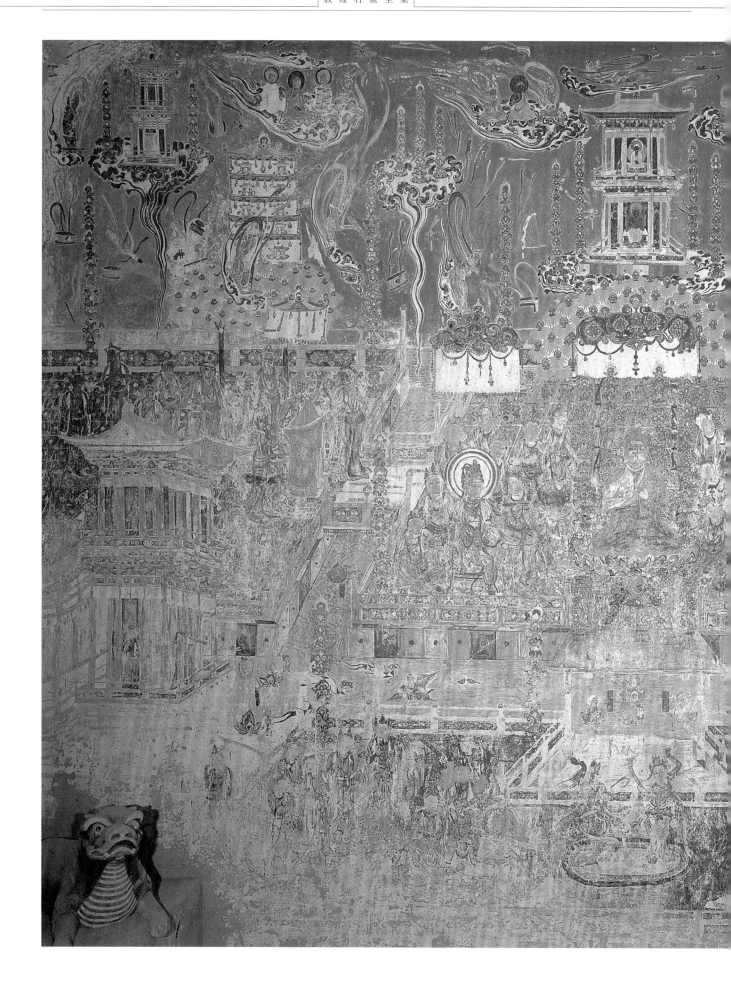

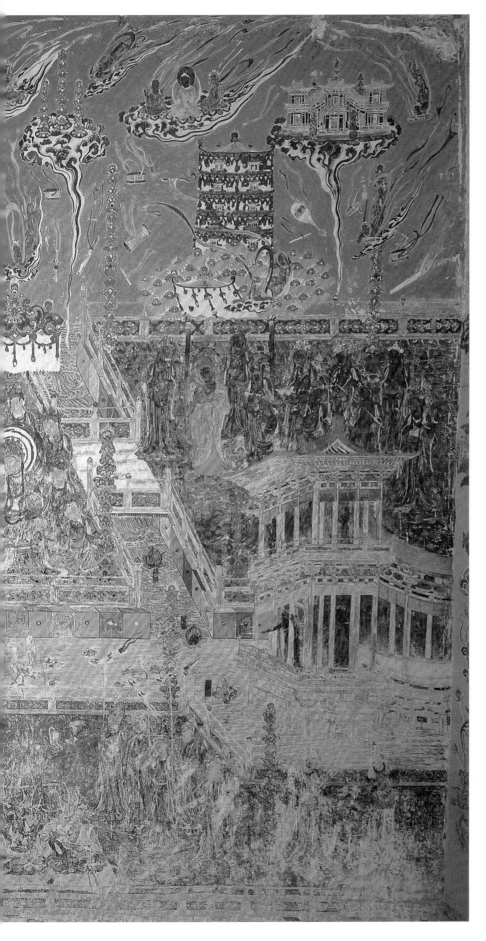

17 無量壽經變

天空佔三分之一畫面，其蔚藍色歷千餘
年而不變。飛天、天樂、赴會的"十方
佛"、彩雲托起的空中樓閣，熱鬧非
凡，使蒼穹顯得生氣勃勃。藍天之下，
水天一色，水上平台、樓閣中，佛與菩
薩聚會一堂，法會在樂舞演奏中進行。
七寶池中有迦陵頻伽、鴛鴦、孔雀。

初唐 莫321 北壁

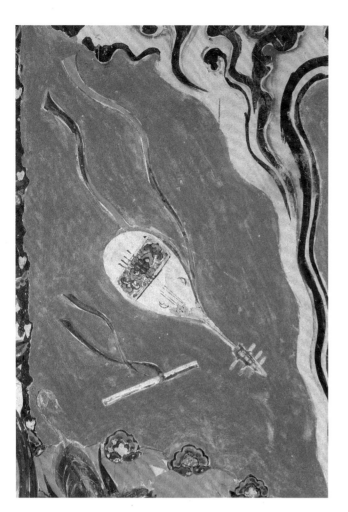

18 天樂

"天樂",隋代智顗解釋為"不撫而韻,弦出無量法化之聲"。此鋪經變共畫樂器35件,迎風飛舞,好像是用空氣的流動來發出妙音。每件樂器上都畫有圖案,堪稱莫高窟之"最"。日本正倉院所藏的唐代琵琶,也是在音箱的正面中部畫有圖案。壁畫與實物正可互相印證。

初唐 莫321 北壁

19 天空中的華蓋、飛天和樓閣

無量壽佛國的菩薩用花、伎樂等等奉散諸佛及菩薩聲聞,在虛空中化成華蓋。此鋪所有華蓋旁各有一飛天,表示華蓋是飛天散的花變成的。又據《無量壽經》,無量壽佛國諸菩薩、阿羅漢所居的舍宅、樓閣、宮殿,高下大小隨其所願。畫面右側彩雲上的宮殿,就是佛經的圖解。

初唐 莫321 北壁

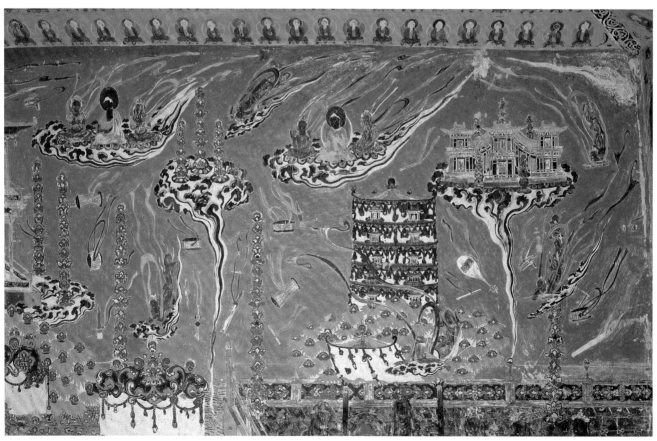

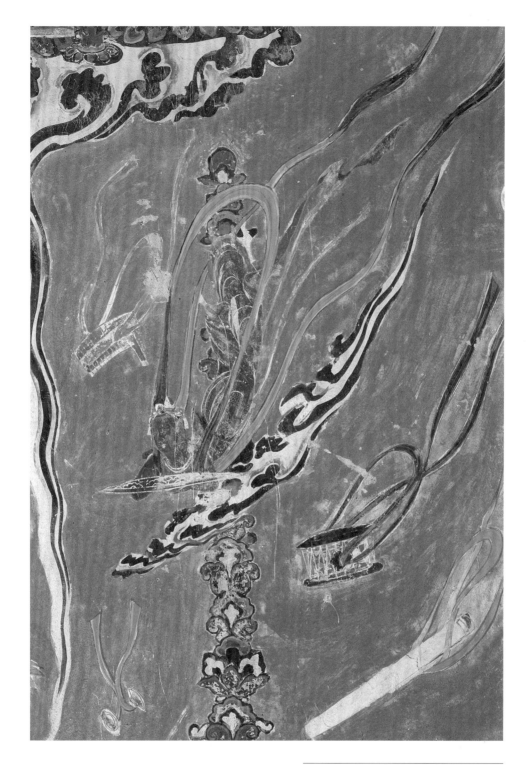

20 飛天與天樂

彩雲上的飛天，手捧玻璃大盤，盤中有
花，是散花飛天。此畫十身飛天中，有
四身雙手捧盛花大盤的飛天，有的已經
散完，有只剩幾朵。圖中的鼓、排簫上
也畫有圖案。

初唐 莫321 北壁

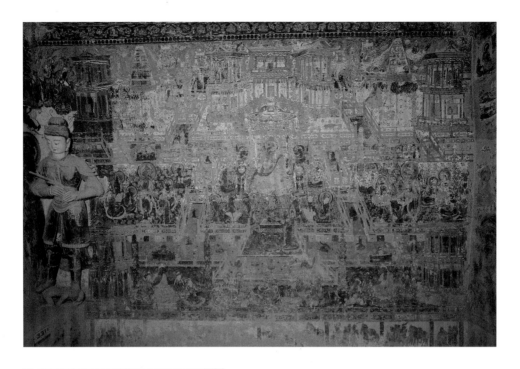

21 無量壽經變

這鋪的淨土世界以建築為主,第一進水
上平台,兩邊有樓閣;第二進全是水上
平台,三尊及其聖眾全在露天平台上;
第三進為樓閣。高聳的樓閣佔據了天空
大部分空間,與321窟形成鮮明對比。眾
多平台有橋相通,畫面處處小橋流水。
七寶池成了溪流,化生不分高低等級,
全部在"河"裏嬉戲。

初唐 莫331 北壁

22 華蓋

華蓋的形狀保留隋代繪製簡單的特點,
並根據《無量壽經》加了一些"七寶"
生成的瓔珞。佛在雙樹下説法,華蓋在
佛頭頂,形成了華蓋與樹冠結合。圖中
沒有反映《無量壽經》中"七寶樹"金
樹銀葉,銀樹金葉,七寶合成的描述。

初唐 莫331 北壁

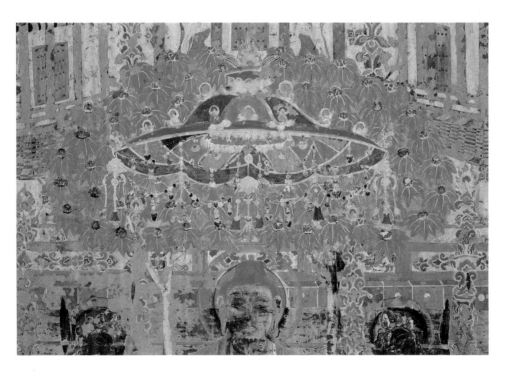

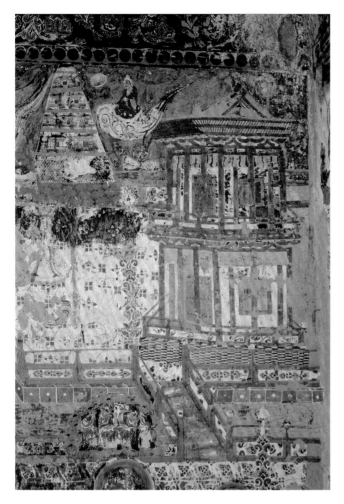

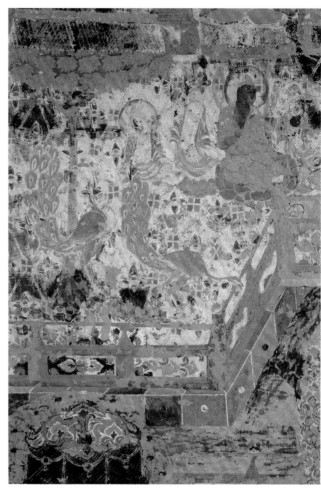

23 寶樓閣

圖中的七寶樓閣實際是唐代建築的反
映,如第一層和第二層之間不出"重
簷",正是初唐建築的特點。畫面左側
的"道場樹",為《無量壽經》特有,
樹上的房屋,代表"諸佛國"。

初唐 莫331 北壁

24 十方諸佛及孔雀

讚嘆無量壽佛"威神無極"的十方諸佛
又稱為"赴會佛",其作用是要證明無
量壽佛國的真實。無量壽經變中本不應
該出現孔雀,可能受了阿彌陀經變的影
響。其中的一隻將頭伸向寶池,與池中
的化生童子相呼應。

初唐 莫331 北壁

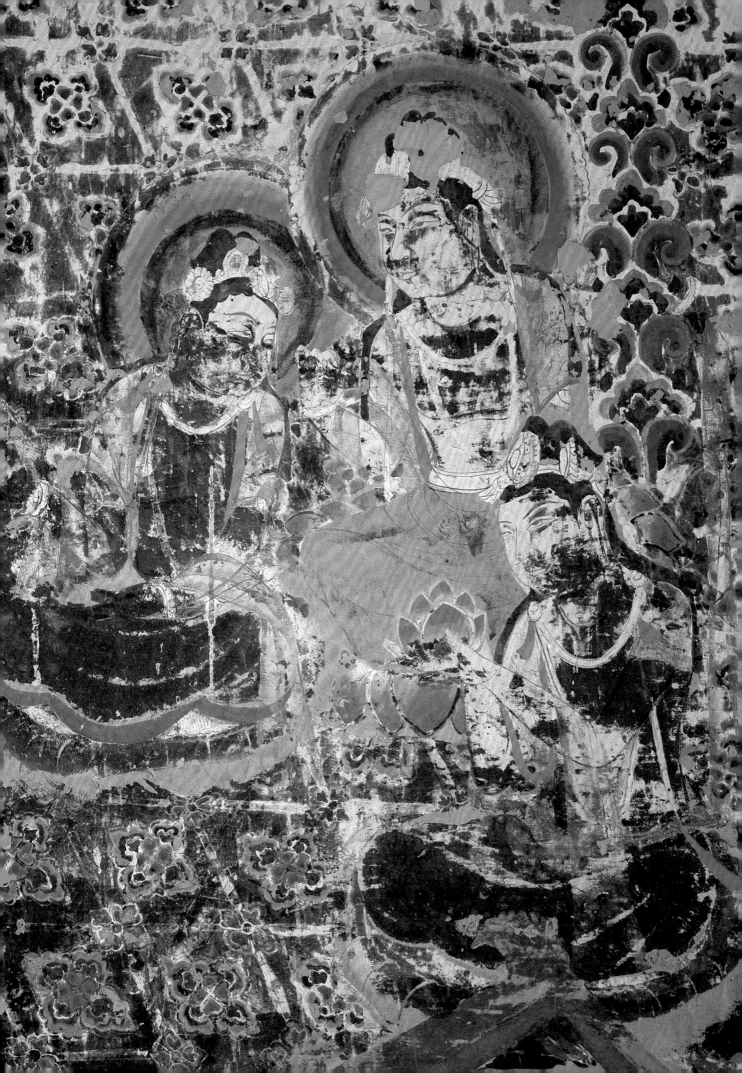

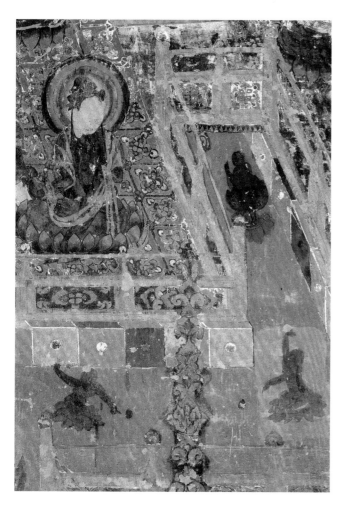

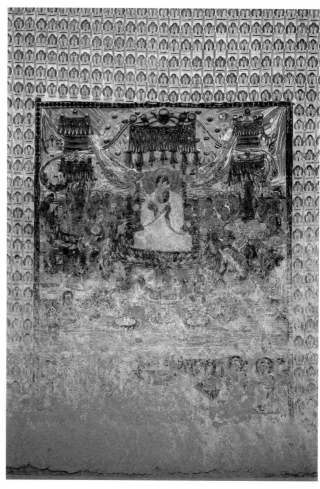

26 菩薩與化生

畫面右下角帶一層薄薄白色的化生，是
膠水塗抹後留下的痕跡。左上角的菩
薩，沒有聽佛講經說法，好像在與寶池
中的化生童子私語，異常生動，其臉部
的白色為後人所加。

初唐 莫331 北壁

27 無量壽經變

此畫為首次發表，篇幅雖小，但無量壽
佛國的莊嚴一應俱全。從上往下，第一
層為華蓋、寶幢、天樂、飛天；第二層
為水池；第三層為三尊；第四層為化
生；第五層為舞樂。水的波紋較粗，波
浪較大，人物都似乎蕩漾在水中，水池
中有菩薩“入浴”；三尊的蓮座“大如
車輪”，化生所坐蓮花也很大。

初唐 莫340 北壁

25 聽法三菩薩

三菩薩所坐的“七寶地”，實際上是唐
代花磚鋪就的地面，現代出土物中還有
這種唐磚。右下角捧蓮花的菩薩，暈染
的痕跡猶存。

初唐 莫331 北壁

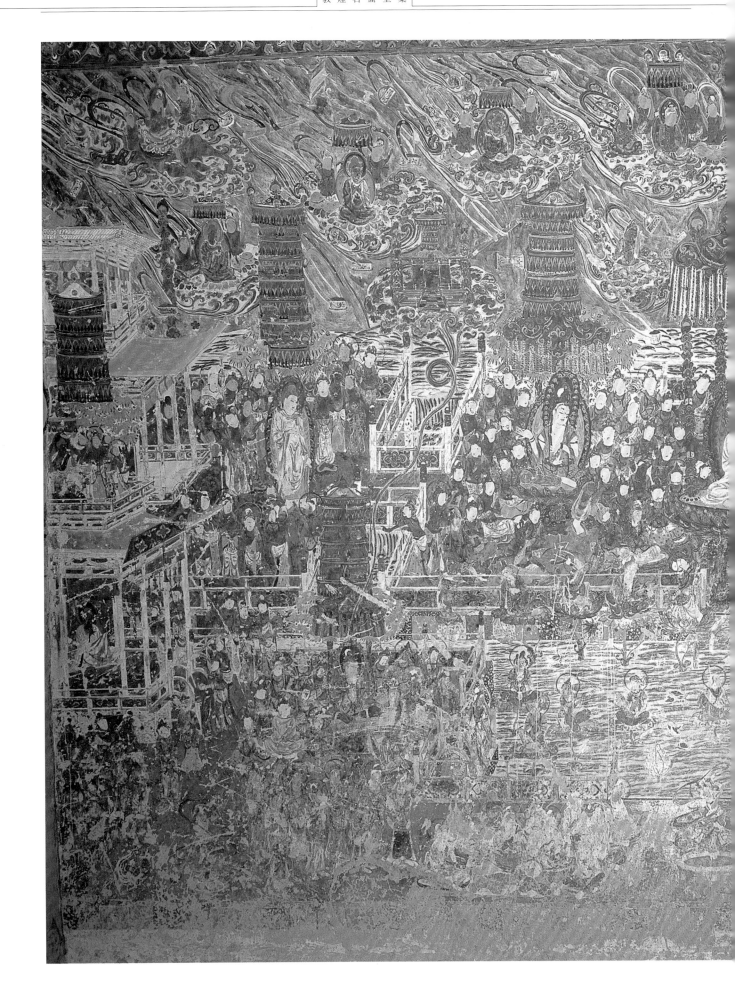

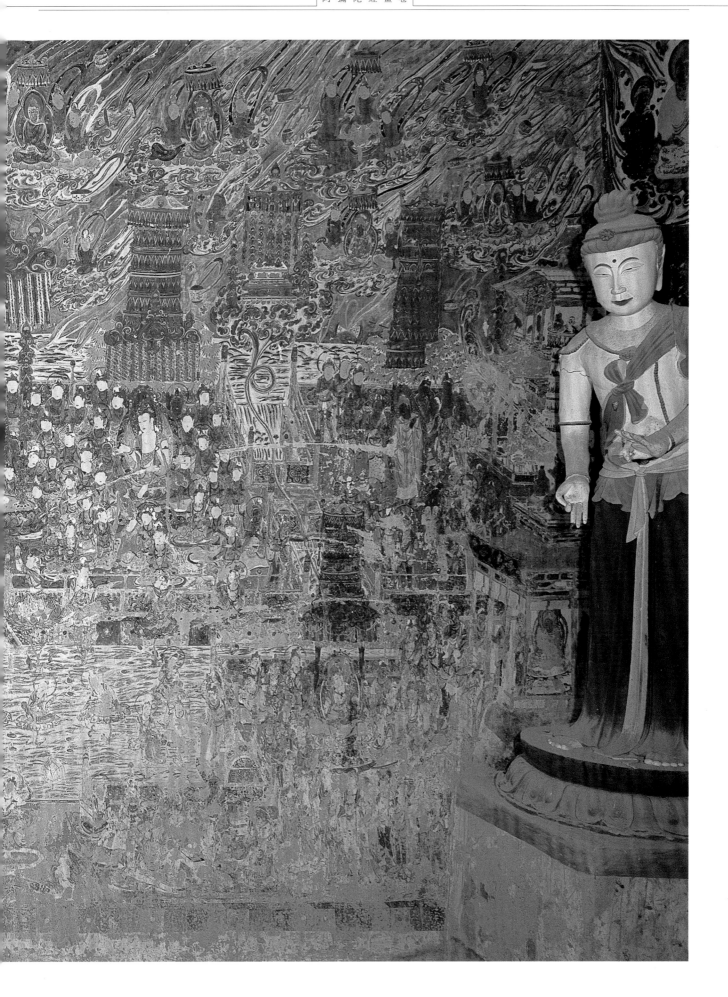

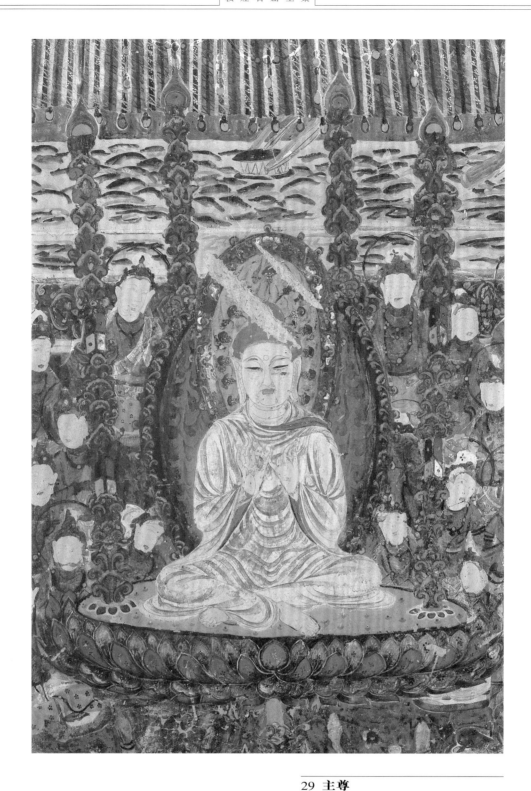

29 主尊
由於變色，後代曾將三尊及諸多聖眾的
臉部塗白，經不起細看。佛右手屈食
指，姆指壓食指，叫做"圓印"。其左
手結的也是圓印。主尊除手足以外，基
本未變。
初唐 莫341 南壁

28 無量壽經變　　　　◀ 見上頁
此畫首次發表。圖中的"虛空"擠着騎
獅的文殊、騎象的普賢、十方諸佛、天
樂、飛天。飛舞的飄帶基本上沒有變
色，與下部變色畫面對比鮮明。下方二
十身化生，全都坐在出水蓮花上。
初唐 莫341 南壁

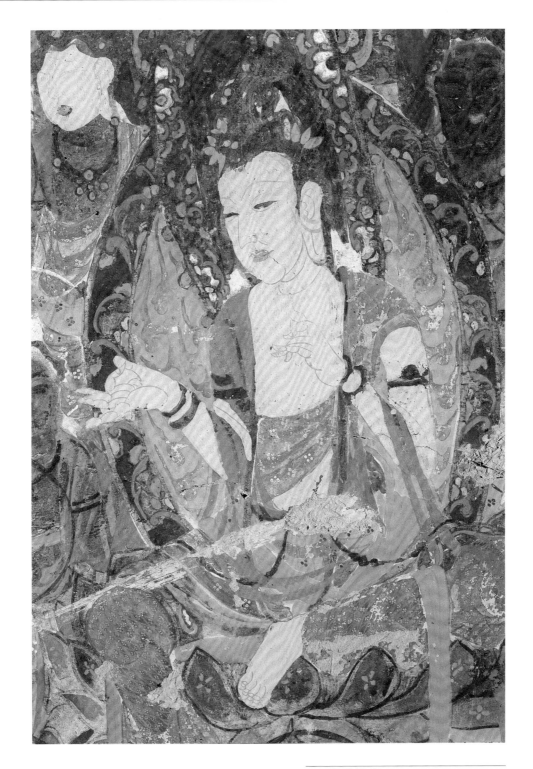

30 菩薩特寫

這身菩薩的肌膚，本來已經變色，臉、
胸部、胳膊、手的白色都是後來重繪。
重繪後的菩薩，鼻子尖尖，不是菩薩的
莊嚴相，而似某位俗人的寫真。

初唐 莫341 南壁

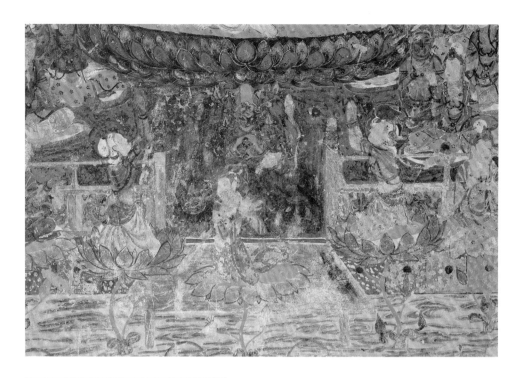

31 出水蓮花並化生

主尊蓮座前，左右兩位化生雙手高舉，
看不清是合十還是捧物，抬頭仰望着
佛；中間一位，側身回首，似在回眸人
間。她們座下的出水蓮莖，粗細適中。

初唐 莫341 南壁

32 無量壽經變局部

圖中佛頭頂與肉髻之間的白點，表示
"頂光"，是根據無量壽經系《阿彌陀
三耶三佛薩樓佛檀過度人道經》中"佛
頂中光明"畫的。佛兩側的上座菩薩，
左上座冠上有化佛，右上座冠上有寶
瓶。上座的華蓋為雙層，而且與一棵大
樹（可能是）相結合，這在經變畫中是
第一次出現。

初唐 莫205 北壁

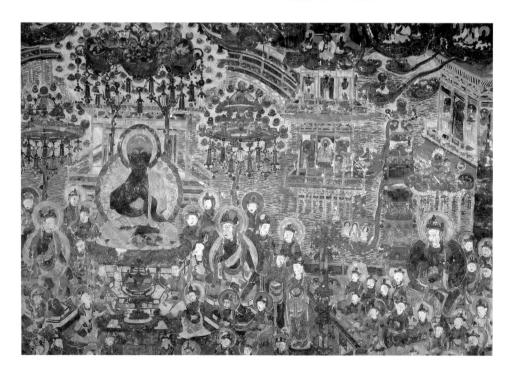

第三節　　淨土三經交錯影響時期
盛唐至西夏（公元 705 - 1227 年）

盛唐時，敦煌由於盛行觀無量壽經變，無量壽經變逐漸被吸納於觀經變之中，數量驟減。現在能確定的，雖只有三個洞窟，其構圖和內容基本與初唐無異，但也不乏有價值之處。綜觀盛唐無量壽經變，內容更加齊全，且以畫面大小而增減取捨。

內容齊備、構圖靈活的盛唐三窟

第124窟是個小型洞窟，且變色嚴重。北壁通壁畫無量壽經變，現存畫面有：主尊"頂光"正在放光，這表示阿彌陀佛"頂中光明"，出自《阿彌陀三耶三佛薩樓佛檀過度人道經》（即《大阿彌陀經》）。該經用很長的篇幅來形容這"頂中光明"，其光勝於日月。據說"諸天人民，蜎飛蠕動之類"見此光明，就能往生西方淨土。左上座為戴化佛冠的觀世音菩薩。"虛空段"如常。由此可以斷定是無量壽經變。

第445窟南壁一鋪通壁大畫，原定名為阿彌陀經變，其實應是無量壽經變。由於整窟被煙薰過，全畫保存得最好的是石綠色作畫部分，所幸中部損害較少。此畫的構圖與初唐大同小異，其小異處有："三尊段"加大，三尊的特點正式出現——阿彌陀佛頭頂與肉髻之間有一圓珠；左脅侍為觀世音菩薩，頭戴化佛冠；右脅侍為大勢至菩薩，頭戴寶瓶冠。觀音、大勢至頭冠的變化是受《觀

無量壽經》的影響。此畫中另有一特殊畫面：中間平台上，主尊的左右，各有大型七重寶幢，下層竟是佛閣式，其斗栱之上本該出簷的地方不出簷，樹立着欄楯，成了第二層陽台，上立六人的樂隊，左右兩具寶幢對稱，共十二人。有學者認為圖中樂伎可能與唐代"立部伎"有關，如若準確，則為十分寶貴的形象資料。

第44窟是一個時代較雜的中型洞窟。北壁人字坡下千佛之中，有一小型無量壽經變。畫面的下部有一塊紅色"榜子"，現存榜書為後人所刻劃，但兩邊跪着十九位僧尼，知其為此畫的功德主。可能因為他們懂得佛經，因而畫雖小，但內容齊全。七寶池中畫了七個化生，最中間一個居然有身光和頭光，以表示"上輩往生"。

盛唐以後趨向簡略的無量壽經變

晚唐咸通六年（公元865年）前後修建的第156窟南壁正中，出現了結合無量壽經變、阿彌陀經變，而題為"西方淨土變"的經變畫，與文獻所記白居易的事相似。白居易曾出錢命人"按阿彌陀、無量壽二經，畫西方世界一部"。他形容的"西方世界"也和第156窟相似："阿彌陀佛坐中央，觀音、勢至二大士侍左右，天人瞻仰，眷屬圍繞，樓台伎樂，水樹花鳥，七寶嚴飾，五彩彰

施，爛爛煌煌。”

第85窟與156窟幾乎同時修造，但
有很大不同。由於基本上沒有變色，人
物、建築等等，全都清晰可辨。此畫有
三點為前所未見：一是主尊“頂光”正在
放光；二是“虛空段”的飛天、一佛二菩
薩等，全是從下往上飛的，這是無量壽
佛國的菩薩往十方諸佛國“恭敬供養諸
佛世尊”；三是左右兩邊的二層樓閣內
均坐一佛，加上“寶地段”上左右二佛，
共十個佛，這不由人不想到這是“十方

諸佛”來讚嘆無量壽佛。從以上三點，
又使人想到此窟的窟主是“都僧統”翟法
榮，熟悉佛經，“依經作畫”，也就順理
成章了。

宋、西夏時代的經變畫，有特色的
本來就不多，無量壽經變就更少。宋代
代表窟有136窟、榆林窟第13窟；西夏
代表窟為莫高窟第400窟。此時，區別無
量壽經變和阿彌陀經變的唯一標誌，也
只剩下有無“化生”了。

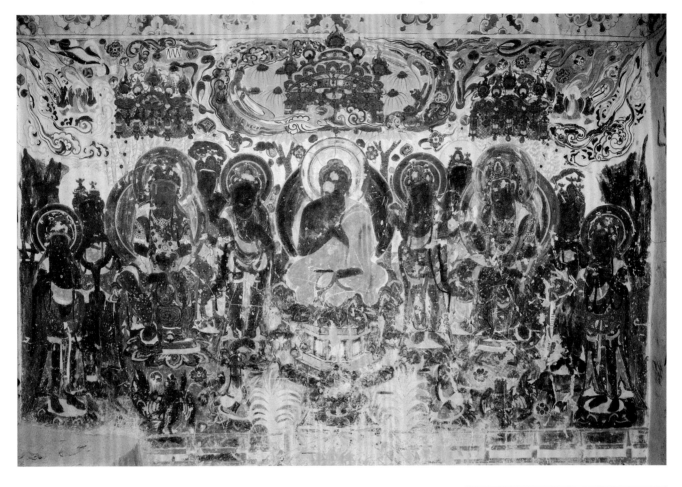

33 無量壽經變

盛唐開始，無量壽佛的"頂光"往往放
光，此畫即如此。上座有化佛、寶瓶。
"淨土莊嚴相"基本承襲初唐，但飛
天、天樂，已是盛唐風貌。此畫下部為
五代供養人。

盛唐 莫124 北壁

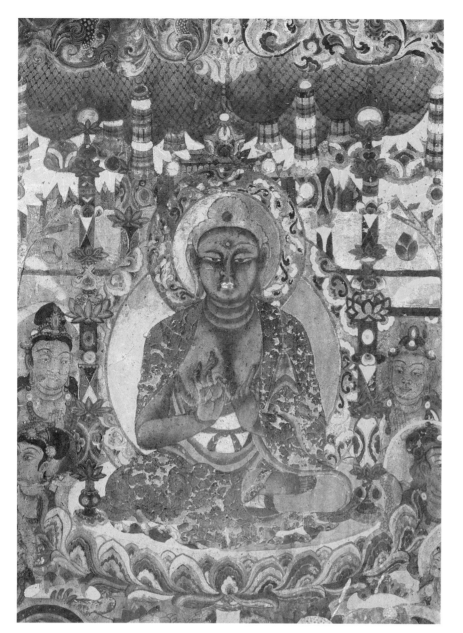

34 主尊

主尊頂光如珠；蓮座造型完美，色彩鮮
艷，不再碩大無比；胸部、胳膊的暈
染，給人以健美之感。所穿袈裟，左肩
上有一繩子把袈裟的一角勾起，這種穿
着是研究當時佛教服飾的寶貴資料。

盛唐 莫445 南壁

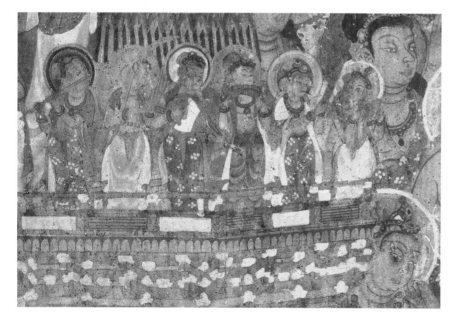

35 寶幢上的樂隊

主尊的左右兩側，有兩座大型寶幢，第
一層與第二層之間的陽台上排列着樂
隊。本圖為佛右側的一組，從左至右依
次為：橫笛、箜篌、琵琶、排簫、笙、
鐃，演奏者全立，是否與唐代的"立部
伎"有關，尚待研究。

盛唐 莫445 南壁

36 無量壽經變

畫面雖小，但有獨到之處：樹有各式各
樣的葉，這和經文相近；沒有樓台亭
閣，但華蓋後面有一大屋頂，表示"講
堂"；有天樂、十方佛、七寶池、化
生。最下邊是供養人，皆為僧尼。

盛唐 莫44 北壁人字坡下

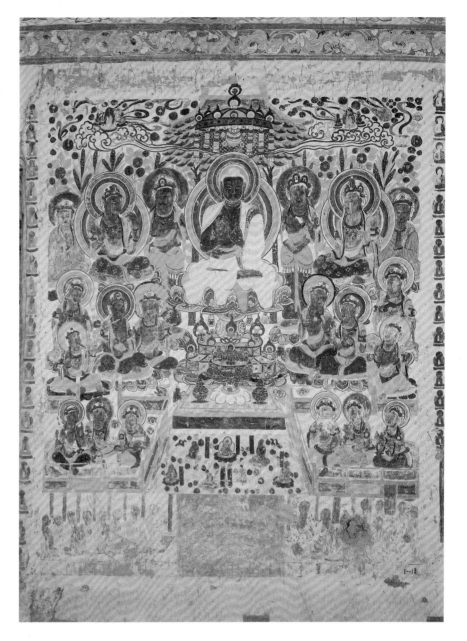

37 化生

七寶池中，荷花朵朵，七個化生都已變
色。正中一位，不僅所坐蓮花比別人的
大，而且有身光、圓光，說明他往生以
後，儼然已是"一生補處"——經過此
生，來世定能在世間成佛。

盛唐 莫44 北壁人字坡下

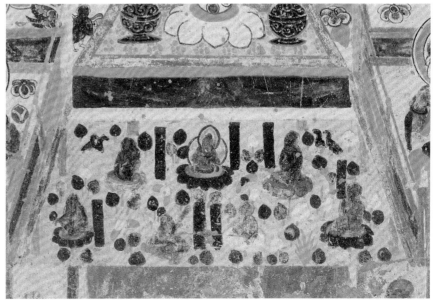

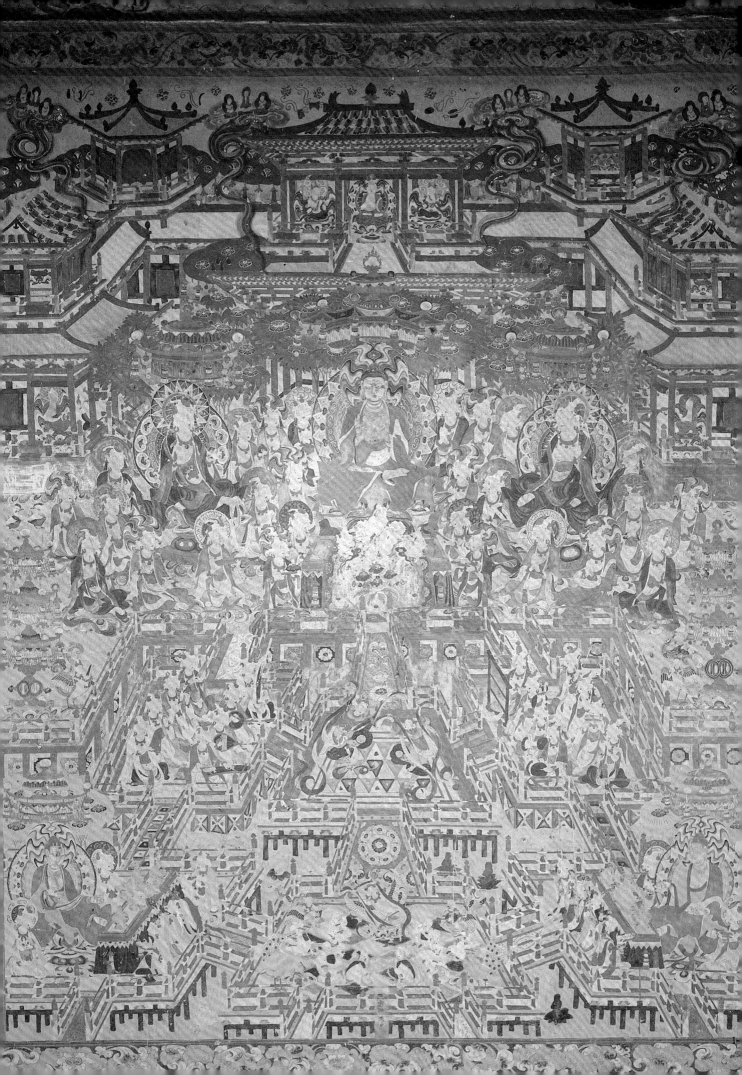

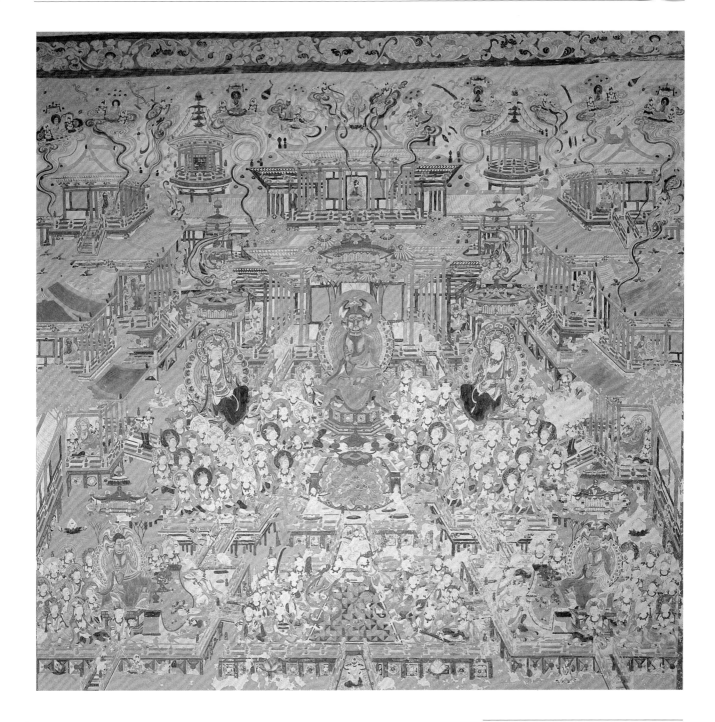

38 題為"西方淨土變"的無量壽經變

下部正中題記"西方淨土變"隱約可辨。上部正中大殿內畫一佛二菩薩,據《無量壽經》,佛講經說法時"悉集會七寶講堂",所以主尊背後緊接主樓大殿。下部七寶池內六個化生,七寶地上迦陵頻伽、孔雀等表示《阿彌陀經》的"鳥宣道品",眾鳥都是阿彌陀佛變化來演唱法音的。整個畫面是無量壽經變和阿彌陀經變的結合品。

晚唐 莫156 南壁

39 無量壽經變

全畫顏色鮮艷。上部的鐘樓內懸掛的鐘,與建築相比,可知為大鐘。天空中的"十方諸佛"、飛天全部往上飛。按照經文,往上飛的飛天表示無量壽佛國的菩薩往十方世界去供養那裏的佛;往上飛的一佛二菩薩,表示十方佛讚歎無量壽佛之後返回本國。

晚唐 莫85 南壁

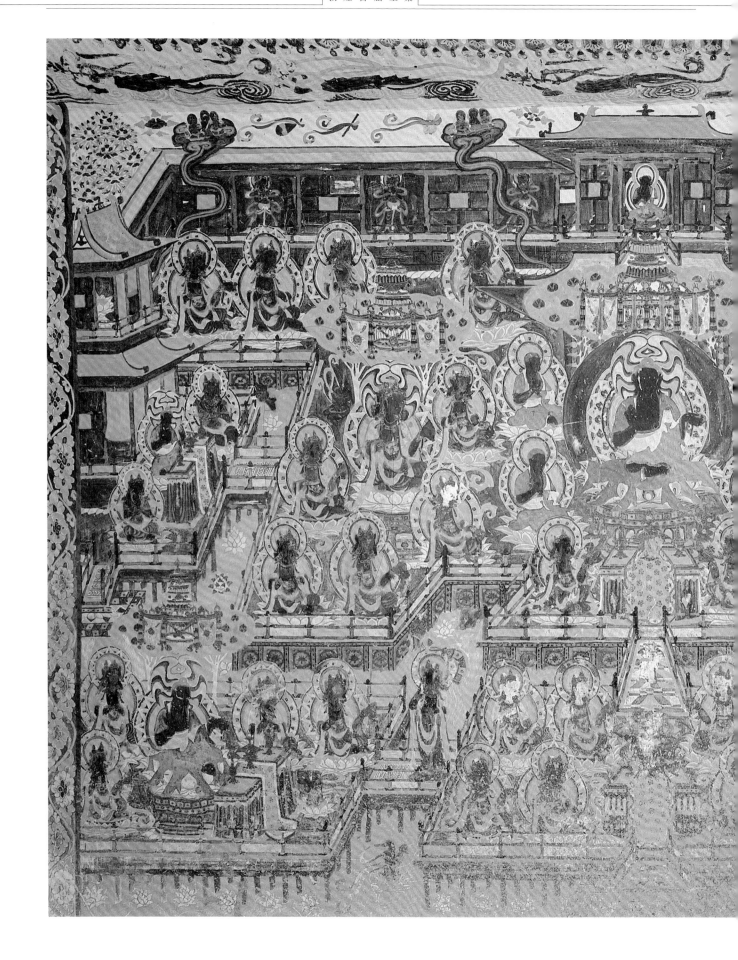

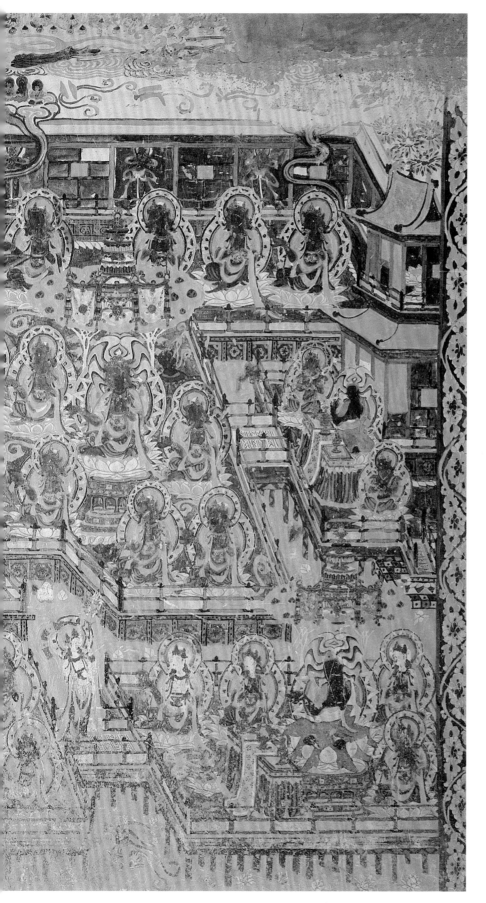

40 無量壽經變

五代之後，莫高窟有一批以綠色為主的
洞窟，其繪製的時代有爭議，本卷採用
《敦煌莫高窟石窟內容總錄》之說。此
畫最下部有兩個化生，動態可愛；下部
過橋上有菩薩持幡而立，"繒蓋幢幡"
《無量壽經》才有；頂部為飛天、天
樂，其中的"鈸"，是敦煌壁畫中最清
晰的一件。

宋 莫136 北壁

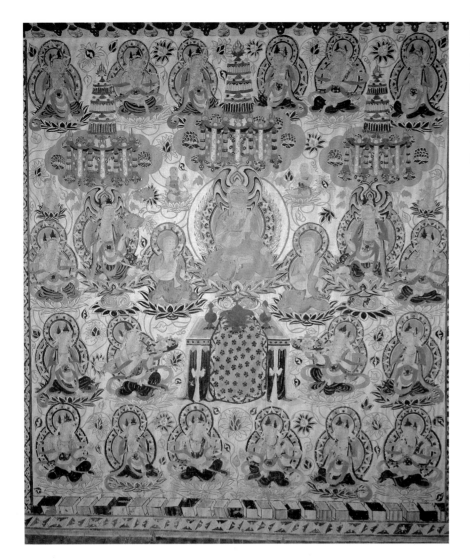

41　無量壽經變

此時的無量壽經變已經沒有水池、樓閣，人物全在蓮花上，這在《無量壽經》的另一譯本上有明確説明。與佛的圓光等齊，並列畫了四個化生童子，其中兩個穿"裹肚"，頭頂留一綹髮，胖乎乎的十分可愛。

宋　榆13　北壁

42　無量壽經變

主尊周圍、平台上、水池中到處都有化生童子，中間平台兩側的化生為菩薩，下部水池中的化生童子正往平台上爬，表現了"童子"的頑皮。圖中白色無畫部分，是王道士當年鑿穿的洞窟"通道"封堵後的痕跡。

西夏　莫400　南壁

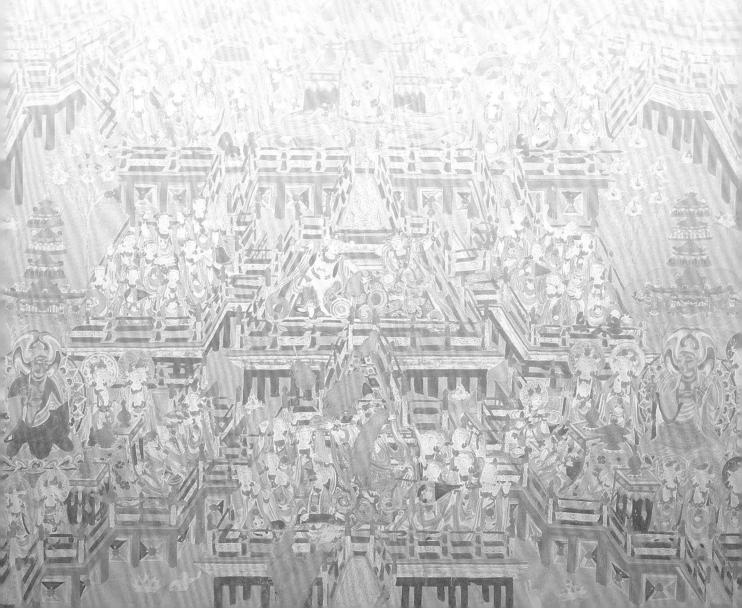

阿彌陀經變

在中國，"阿彌陀佛"這一稱呼，家喻戶曉，婦孺皆知。其實，佛有千佛、萬佛、無量諸佛，光是《佛名經》就有十二卷本、十六卷本、三十卷本。據統計，僅十二卷本就列有一萬一千九十三個佛、菩薩的名字。在無量無數佛中，為甚麼阿彌陀佛如此深入人心？白居易就曾有過"自說自話"式的感慨：

> 諦觀此娑婆世界，微塵眾生，無賢愚，無貴賤，無幼艾，有起心歸佛者，舉手合掌，必先向西方；有怖厄苦惱者，開口發聲，必先念阿彌陀佛。又，範金合土，刻石織文，乃至印水聚沙童子戲者，莫不率以阿彌陀佛為上首，不知其然而然。由是而觀，是彼如來有大誓願於此眾生，此眾生有大因緣於彼國土明矣。不然者，東南北方，過去、現在、未來佛多矣，何獨如是哉！

白居易所謂的"彼如來有大誓願於此眾生"，是指阿彌陀佛成佛前，有四十八願，這些"願"修成了"極樂國"，可以讓所有願意往生極樂國的人，都得償所願。所謂"眾生有大因緣於彼國土"，就是人們臨終前的心願。據《阿彌陀經》所說，往生極易，不論是誰，只要"聞說阿彌陀佛，執持名號，若一日，若二日，若三日，若四日，若五日，若六日，若七日，一心不亂，其人臨命終時，阿彌陀佛與諸聖眾現在其前，是人終時心不顛倒，即得往生阿彌陀佛極樂國土"。白居易不僅說出了普遍信仰阿彌陀佛的原因，還說明了當時用各種手段造阿彌陀像的盛況——不管是銅鑄、泥塑、石刻、刺繡、織錦，甚至兒童遊戲，都以製造阿彌陀佛為"首選"。

在今存的《阿彌陀經》二譯中，從敦煌遺書和敦煌壁畫的情況看，流行的是鳩摩羅什譯的《阿彌陀經》。敦煌壁畫中的阿彌陀經變數量不多，現存共三十八鋪：南北朝至隋出現經變雛形"阿彌陀佛說法圖"，初唐如曇花乍現經歷了短暫的輝煌，之後由於受觀無量壽經變的衝擊，創作漸稀。到五代宋時期，不僅所剩無幾，且帶有程式化的呆板風格。

第一節　綠水蓮花説法圖
北魏至隋（公元 439 - 618 年）

在西方淨土信仰中，阿彌陀佛是"西方極樂世界"的主佛。"阿彌陀"是梵語的音譯，此佛另外還有13個名號，包括無量壽佛、無量光佛、清淨光佛等。雖然，"無量壽"與"阿彌陀"指同一佛，但從早期造像看，西方淨土信仰經歷了從無量壽到阿彌陀的過渡。

有明確紀年或題記的阿彌陀佛形象的出現較晚。龍門石窟有很多紀年、題記。據統計，有紀年的"阿彌陀佛"，北朝只有武平（公元 570～575 年）一件，隋竟一件也沒有，唐代卻猛增到147件。儘管阿彌陀就是無量壽，但龍門石窟有北朝造"無量壽佛"題記8件，而入唐以後竟然再沒有出現，説明北朝時期，信仰的主要還是"無量壽佛"，阿彌陀佛的

稱號尚不流行；而且，許多早期信徒還誤以為無量壽與阿彌陀是兩個佛，並非一佛的不同稱呼。這種情況亦與敦煌石窟中的壁畫題材變化——入唐以後才有真正的阿彌陀經變吻合。

麥積山第127窟的北魏晚期西方淨土變，是中國現存最早的阿彌陀經變。敦煌壁畫從北魏開始，有的説法圖處於綠水之中，佛、菩薩或坐或立於出水蓮花之上，主尊華蓋兩旁有飛天飛翔，我們把這部分畫稱為"早期淨土變"。如北魏第251、435窟，西魏第249窟，隋第401窟等。唯是第251窟兩鋪大同小異的"説法圖"，南壁該鋪主尊右側不是菩薩而是天王，不知其為甚麼淨土。

我們直稱隋以前這些説法圖為"阿

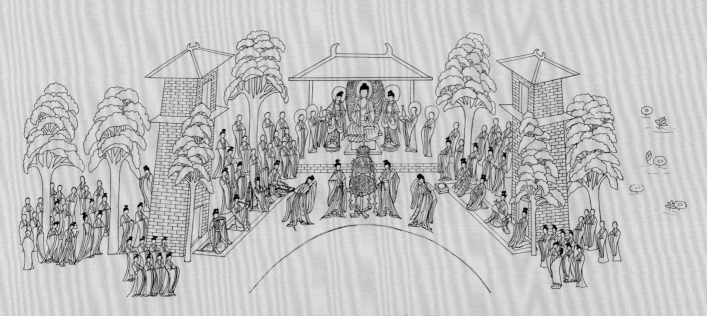

麥積山第127窟西方淨土變

彌陀經變"的雛形。主要因為《阿彌陀經》很短，只有1858字，講"其佛國土功德莊嚴"的只有453字，而其中形容"七寶池"、"八功德水"、"池中蓮花"的就佔了141字。説法圖處於出水蓮花上，就表示阿彌陀佛在西方極樂世界説法；再者，飛天表示"彼佛國土常作天樂"，也與《阿彌陀經》一致。

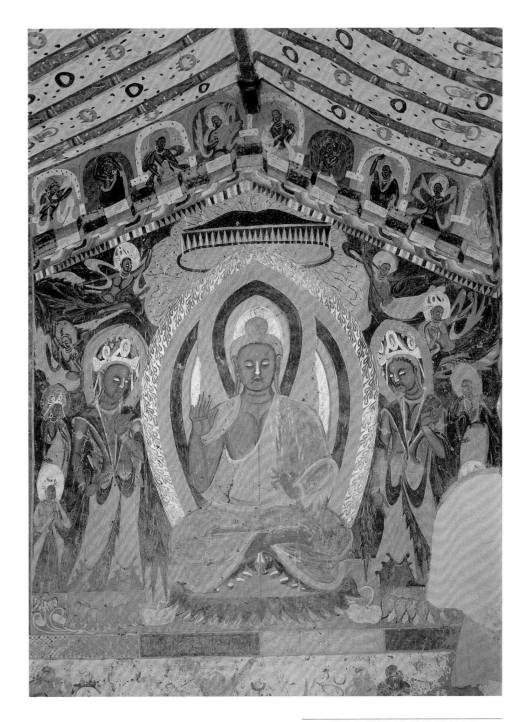

43 "淨土變"雛形的説法圖

說法圖的下部為綠水、蓮花、荷葉，主
尊、菩薩或坐或立於蓮花上。七寶池、
八功德水、蓮花大如車輪都是《阿彌陀
經》中所謂"功德莊嚴"的主要內容。

北魏 莫251 北壁人字坡下

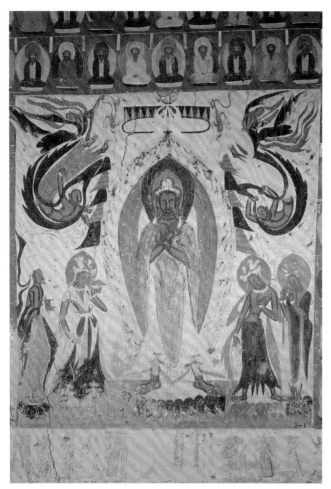

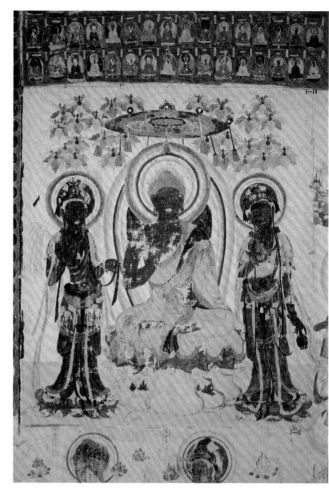

44 説法圖

佛和四位菩薩全站在出水蓮花上，淨土
三部經中，《阿彌陀經》明確指出四位
與會大菩薩是：文殊、阿逸多、乾陀訶
提、常精進。因此，此圖或是阿彌陀淨
土的雛形。華蓋旁有龍頭長幡，但不是
一塊塊方形絲織物拼接，而有點像"旌
節"的"節"。

西魏 莫249 南壁

45 説法圖

出水蓮花上坐一佛，二菩薩立侍左右。
華蓋、雙樹仍為隋代典型，但菩薩的形
象已脱離隋代蕭穆端立的姿態，而代之
以扭腰、出胯、長裙曳地的婀娜多姿，
因而也有學者認為是初唐作品。此畫乃
初次發表。

隋 莫401 東壁北側

第二節　　觀經變大盛下的稀少精品

唐代（公元618－907年）

　　唐代是西方淨土信仰弘揚壯大時期，在莫高窟，入唐以後，很快受到中原狂熱信仰《觀無量壽經》的影響，故敦煌現存唐代阿彌陀經變不多，大致可分為前後兩期，分別包括初、盛唐和中、晚唐。

氣派非凡的前期阿彌陀經變

　　《阿彌陀經》主要講：釋迦牟尼佛在舍衛國祇樹給孤獨園主動說法。說法內容可概括為兩部分，一是"極樂國土"的"功德莊嚴"；一是"六方護念"。從經變畫來看，描繪的主要是極樂國土。初唐、盛唐時期唐帝國國力強大、文化藝術蒸蒸日上，此時的敦煌壁畫氣勢恢宏，畫工精美，體現出大唐王朝的非凡氣派，堪稱敦煌壁畫精品輩出的藝術創作繁榮期。初、盛唐阿彌陀經變雖然數量不多，但都帶有金碧輝煌的時代風貌。

一、緊扣經旨的第329窟

　　大約修建於貞觀年間的329窟，南壁通壁繪阿彌陀經變，雖然已經變色，但不失為唐代最典型的阿彌陀經變。30年代松本榮一從伯希和《敦煌圖錄》中一見此畫，就明確指出這是"唐代阿彌陀淨土變相"。

　　上部的天空，由於空間留得太少，加上變色，很容易被忽略。其實天空中有飛天、各種樂器，這就是《阿彌陀經》中的淨土莊嚴之"天花、天樂映顯妝飾"。

　　此圖現存畫面最清楚的是水。在廣闊的水域上，有兩進水上建築：第一進為三座並列平台，中間平台上是主尊及脅侍菩薩、供養菩薩，觀世音、大勢至及諸菩薩各在左右平台上，三座平台之間有橋相連；第二進也有三座平台，中間平台之上為兩座巍峨的樓閣及一座大殿，左右平台各一座樓閣及一株"七重行樹"。這就是《阿彌陀經》所說"極樂國土"的"功德莊嚴"中的"七重欄楯、七重羅網、七重行樹皆是四寶周匝圍繞"。需要說明的是，"七重行樹"的圖像，從一開始就受到《無量壽經》的影響。《無量壽經》上說，"風吹寶樹，演出法音，遍佈諸佛國"。用寶樹上畫樓閣來代表法音遍佈各佛國，表現了畫家豐富的想像力。

　　平台之間，綠水環繞，微波蕩漾，隨處有鴛鴦戲水，佛的左右下方還有迦陵頻伽各一。這是功德莊嚴之"鳥宣道品"。《阿彌陀經》云："彼國常有種種奇妙雜色之鳥，白鶴、孔雀、鸚鵡、舍利、迦陵頻伽、共命之鳥，……是諸眾鳥皆是阿彌陀佛欲令法音宣流，變化所作"。按佛經，八功德水中沒有鴛鴦。淨土變中所以往往有鴛鴦，一是這種成雙成對的動物為人喜愛；一是可能和智顗對佛經的解釋有關，他認為佛國的

"雜色之鳥"就是人世間的"水禽之類"，鴛鴦正好是水禽。

畫面的最下部：正中為舞樂，左右各一佛、一樓閣。下部二佛和上部左右二佛，應統一考慮為"六方護念"。所謂"六方護念"，就是東、南、西、北、上、下六方都有佛，這些佛都在其國號召所有"眾生"應當相信阿彌陀佛的功德，相信阿彌陀經。 西方淨土諸經中，其佛國土，《無量壽經》說是"七寶為地"；《觀經》亦是"七寶地"；《阿彌陀經》則說"黃金為地"。但是，當這些經文變成畫時， 卻往往與"時尚"有關，初唐用"花磚"來表現，盛唐用"珍珠、瑪瑙"來表現。花磚的表現法最寫實，往往與墓葬出土物相合。

關於此畫，應特別指出的是：整幅畫是一個寬廣的水域，但卻沒有一個"化生"。反而此窟西壁，龕外畫四個非常可愛的兒童。不畫化生的原因很簡單，施主要畫的就是阿彌陀經變。

二、 初盛唐其他代表洞窟

初唐洞窟中，有一部分早期洞窟仍循隋代舊式，滿壁千佛，南北兩壁下部中間畫說法圖或小型經變，第334窟就是如此。其北壁畫阿彌陀經變。此畫的人物、八功德水均已變色。畫面雖小，但除缺少樓閣外，其餘以三尊為主的飛天、天樂、六方護念、舞樂等等，一概不少。向以漂亮菩薩聞名中外的第71窟

北壁的阿彌陀經變，是從被煙薰黑的壁畫中清洗出來的。畫面的右部已不能窺其全貌，好在以主尊為中軸左右對稱，從左半而知右半。原畫為"海天一色"，蔚為壯觀，天空飛着樂器、飛天、六方佛；海水（八功德水）進入寶池處，洶湧而下，浪花飛濺；平台兩進，第一進為三尊分坐三座平台上，兩邊為樓閣，第二進平台上有"六方護念"之佛及開屏的孔雀、正在起舞的迦陵頻伽。三尊分坐比較特別：阿彌陀佛結跏趺坐於"大如車輪"的蓮花上，兩旁沒有脅侍，而是坐着姿態萬千的供養菩薩。

盛唐是觀無量壽經變的鼎盛時期，《阿彌陀經變》只有第225窟一鋪，繪於南壁龕頂。位置特殊，全圖都處於彩雲之上。畫面雖然不大，但不失為盛唐氣派：天上"天花亂墜"，箜篌、腰鼓、圓鼓、古琴、排簫、琵琶等樂器迎風奏鳴，白鶴、孔雀、迦陵頻伽全都展翅飛翔；三尊及眾多菩薩坐於珍珠鋪就的寶地上，其身後的大殿連接迴廊、樓閣；七寶池內蓮花盛開；大殿兩側，七重行樹與七重羅網結合。全畫色彩濃艷。尤其值得一提的是，飛翔的白鶴等飛禽，動作很大，給人以"鳴叫"的感覺。頗似唐代做道場時的《寶鳥讚》所寫：

極樂莊嚴見雜寶，實是希奇聞未聞。
寶鳥臨空讚佛會，哀婉雅亮發人心。
晝夜連聲無有息，文文句句理相同。

或説五根七覺分，或説八聖慈悲門。

或説散善波羅蜜，或説定慧入深禪。

或説長時修苦行，或説無上菩提因。

菩薩聲聞聞此法，處處分身轉法輪。

願此法輪相續轉，道場眾等益長年。

眾等迴心生淨土，手執香花往西方。

創作漸稀的唐後期阿彌陀經變

中唐以後，敦煌經變畫有的向闡明義理方面發展，如法華經變；有的內容更加完備，如彌勒經變；有的更接近民間信仰，如藥師經變。西方淨土變中的觀無量壽經變有所發展，而阿彌陀經變在中唐數量日少，且幾無佳作，只有第386窟南壁西側一鋪阿彌陀經變可資代表。386窟原修時代為初唐，未完工而中輟，中唐續繪，目前部分壁面已因壁畫表層太薄而脱落。

第196窟是晚唐時代敦煌的大型洞窟，窟主是何法師。窟內的塑像、壁畫都是晚唐代表作，可惜南壁的阿彌陀

經變大半已塌掉。現存的七寶池及第一進平台中台，色彩基本未變，形象清晰。在大型的七寶池中沒有一個"化生"，這是典型的阿彌陀經變。七寶鋪地的"寶地"上面站着"種種奇妙雜色之鳥"：白鶴、孔雀、迦陵頻伽、共命鳥。關於"共命鳥"，智顗曾作解釋："共命，兩頭而同一體，生死齊等，故曰

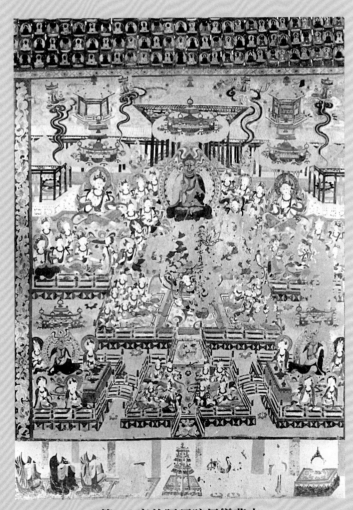

第386窟的阿彌陀經變摹本

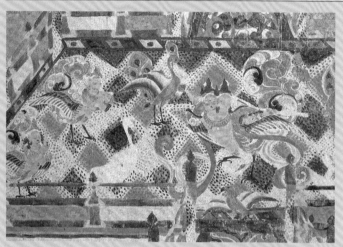

第196窟鳥宣道品

共命"。畫中的共命鳥與記載完全相
符。更有趣的是，共命鳥正在"反彈琵
琶"，四隻迦陵頻伽也各持樂器正在奏
樂。這就是"是諸眾鳥，皆是阿彌陀佛
欲令法音宣流，變化所作"經文的最好

的解釋。真不愧是"何
法師窟"！

第107窟北壁西側
畫阿彌陀經變，雖許多
畫面已經剝落，仍可看
出在畫面縮小的情況
下，畫家經營的用心：
極樂世界的樓台亭閣不
少；"六方護念"改在虛
空；三尊莊嚴而與左右
下方的一佛二菩薩成
"鼎足而三"的佈局；這種佈局，初唐的
彌勒經變中已經出現，應是受其影響。
尤其值得指出的是，畫面不大卻為"鳥
宣道法"留下足夠的空間。

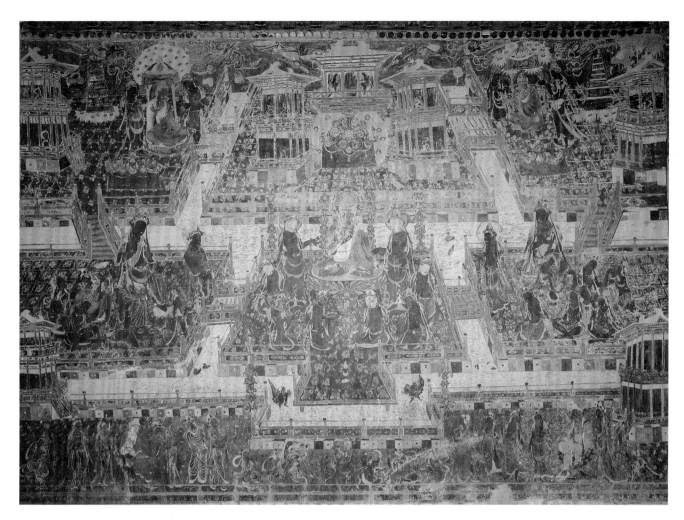

46 阿彌陀經變

這是典型的阿彌陀經變。上部,水天相
接,可惜綠水盡頭處,藍天已經變色,
所有的樓閣、平台都在七寶池、八功德
水上。樓閣在平台之上,由於周圍空間
較大,給人以開朗之感。平台與平台之
間有階梯相連。右上角大樹,由於其他
顏色變黑而僅存石綠,恰好成了"七
重"分明的七重行樹。

初唐 莫329 南壁

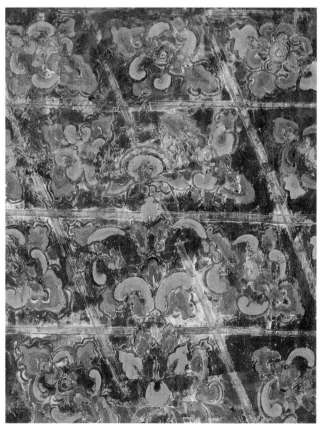

47 花磚

佛經上說"極樂世界"是七寶鋪地。
"七寶"有兩種,其中之一是金、銀、
玻璃、琉璃、珍珠、瑪瑙、琥珀。此圖
所選的花磚,意為"七寶鋪地",實際
上是唐代當年的花磚,考古發掘中不乏
此物。

初唐 莫329 南壁

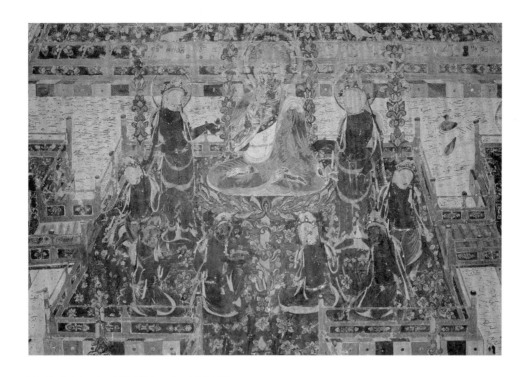

48 阿彌陀佛及聖眾

佛坐在"大如車輪"的蓮花上。有一根
粗壯的綠色蓮莖,花草纏繞,承托着佛
坐的蓮花,表明他是西方淨土中的阿彌
陀佛。由於變色,後人曾將人物臉部塗
改過。

初唐 莫329 南壁

49 "六方護念"之一

"六方"指東、南、西、北、上、下,
"護念"就是證明佛所説的"法"是真
實的。圖中的佛屬於哪一方,不得而
知。圖中人物當年定稿的紅線或黑線,
隨時間的推移,因脱膠而呈白色,使畫
面黑白分明。

初唐 莫329 南壁

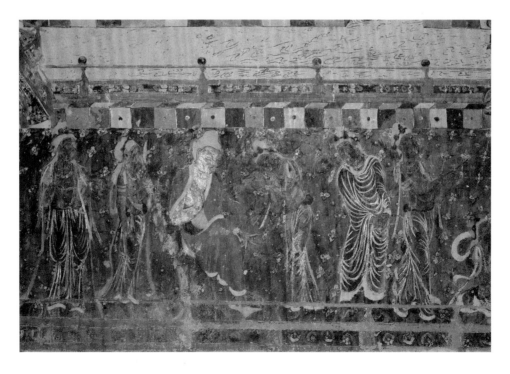

50 阿彌陀經變

畫面虛空段幾佔三分之一，從上往下
為：藍天、樂器、四方飛來之佛；七寶
池；三尊所處水上平台、鳥宣道品；舞
樂。阿彌陀三尊比較特殊：佛全袒右
肩，這一形式入唐以後並不多見；菩薩
的圓光成橢圓形。作為阿彌陀經變，缺
少寶樓閣，但仍可確定是阿彌陀經變無
疑。

初唐 莫334 北壁

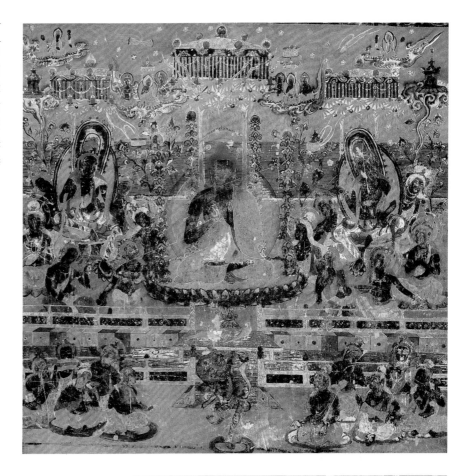

51 水中湧出之寶幢

初唐 莫334 北壁

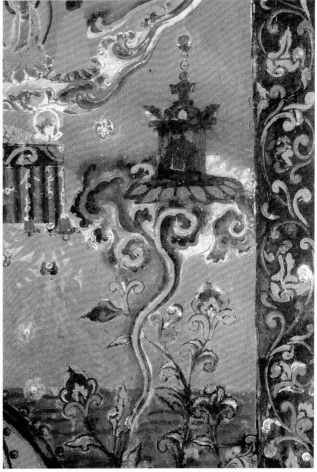

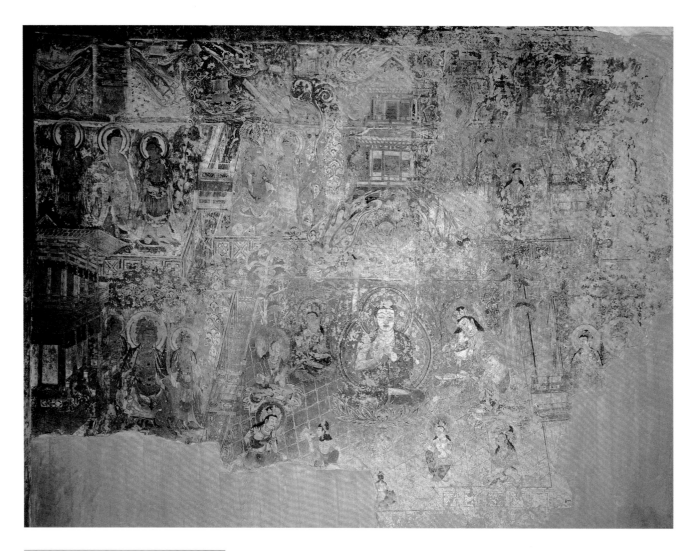

52 阿彌陀經變

此畫下部已殘,內容不得而知。據現存
的畫面定名為阿彌陀經變。上部正中一
座狹長的寶樓閣,下部左右兩邊各一座
寶樓閣,形成三足鼎立;主尊跟前只有
寥寥的九位供養菩薩,而上座被擠在樓
閣前。這樣的構圖,只此一幅。九位供
養菩薩都是傑作。

初唐 莫71 北壁

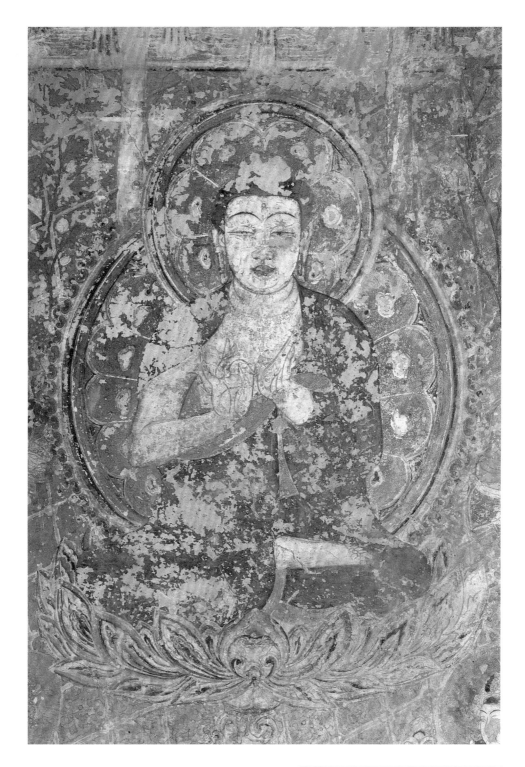

53 主尊特寫

此圖雖是從黝黑的壁面中清洗出來的，
但色彩如新。佛的身光、圓光都用飽滿
的蓮瓣來裝飾，比較少見。

初唐 莫71 北壁

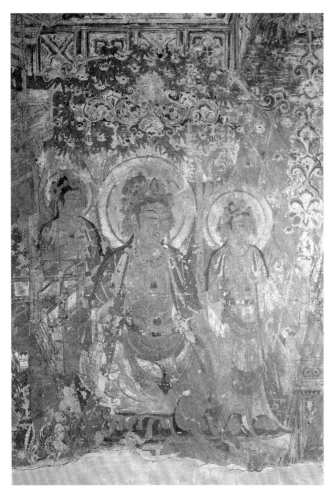

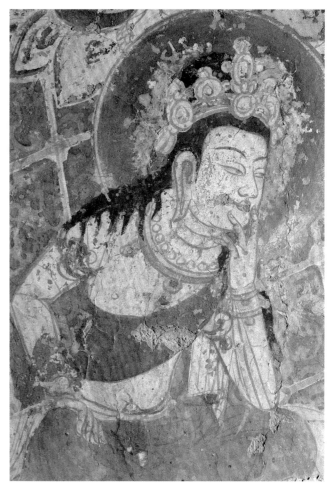

54 右上座菩薩

按常規，上座菩薩的周圍應有不少菩
薩，但由於此圖上座的空間太小，故周
圍只有兩位菩薩。而且，其中一位甚至
只露出半個身子。此上座雖着菩薩裝，
眉如彎月，看起來頗似一位男子。

初唐 莫71 北壁

55 供養菩薩特寫

菩薩戴花冠，秀髮垂肩，臂釧、項鏈、
手鐲為飾，左手支頤，上身略為前傾，
裝束、動態全為女性，然而面部表情卻
似一位深思熟慮的男子。畫家在用墨線
定型時，在眉目傳神上非常用心，眉
毛、上下眼線，都是神來之筆。

初唐 莫71 北壁

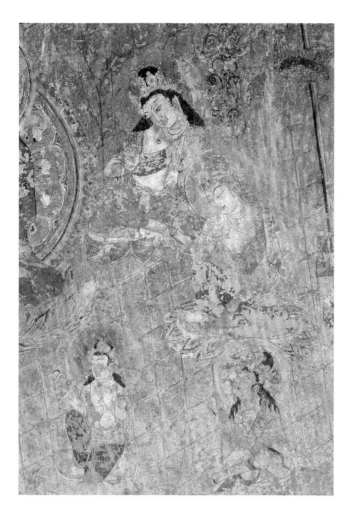

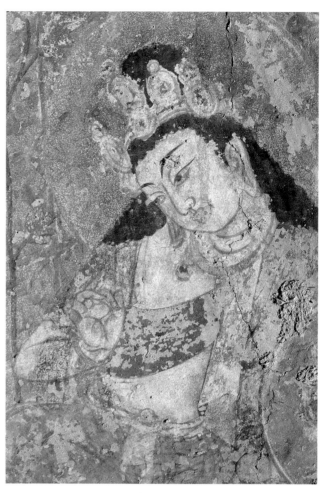

56 寶地上的供養菩薩

地面花磚表現的是"金繩為界",界線
都有立體感。四位供養菩薩髮式不同、
姿態各異:或胡跪持花,或合十盤坐,
或盤腿支頤深思,或看自己的手印;不
同的表情,似寄託着畫家的種種思緒。
上數第二位菩薩容貌尤其美麗。

初唐 莫71 北壁

57 菩薩特寫

她梳高髻、捲髮垂肩,側着頭,正看着
自己的手而走神。她的神情可以令人作
種種聯想,百看不厭。如仔細觀察,畫
家改畫過的痕跡猶存。

初唐 莫71 北壁

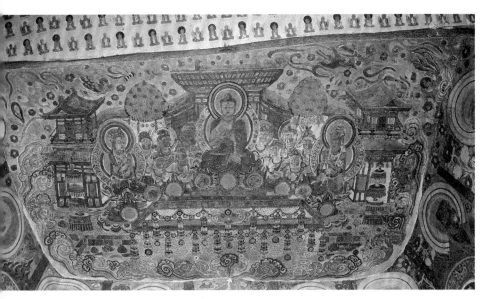

58 阿彌陀經變

受龕頂空間的限制，畫家撮取《阿彌陀經》最主要的內容：寶樹、寶池、寶樓閣、天花、天樂、寶鳥以及三尊等內容。此畫需特別指出的是：天空中有孔雀、白鶴、迦陵頻伽等在飛翔，這就是唐人做道場時唱的《寶鳥讚》中的"寶鳥臨空讚佛會"。這在敦煌壁畫中是第一次出現。

盛唐 莫225 南壁龕頂

59 阿彌陀經變

全畫剝落嚴重，但七寶池尚好。七寶池成圓拱形，很特別。池中有迦陵頻伽正在演奏琵琶，有共命鳥、孔雀。用這麼大的水池來畫這些，說明作者很強調"鳥宣道品"。

晚唐 莫107 北壁

第三節　以簡單淨土變為主導的創作

五代、宋（公元 907 - 1036 年）

在敦煌，五代、宋時期為曹氏歸義軍統治時期。此時中原大亂，敦煌卻相對安定。從藏經洞出土的寫經來看，信仰比前代複雜得多，甚麼天曹地府、五道大神，都有信徒；從敦煌藝術來看，繪畫顏色的色種減少，但經變畫的種類卻有增無減，如梵網經變、佛頂尊勝陀羅尼經變、大悲心陀羅尼經變等，都是曹氏歸義軍時期才出現的。更有可稱道者，這時有官辦的畫院，有官員開鑿的第 98、61、55 等大型洞窟。

據敦煌研究院畫家的研究，畫院設立初期，在線描造型上頗有魄力，豪放、豐潤、富於變化，特別在人物面部塑造上，筆力勁挺，神采奕奕，具有內在的力量。但到曹元忠以後，線描變得柔弱無力，藝術修養不足，而整體效果卻表示了畫院的統一。榆林窟在曹氏歸義軍時期有長足發展，多數洞窟開鑿於曹氏時期，內容、形式自有其獨領風騷之處，但阿彌陀經變卻大不如前，其中五代畫阿彌陀經變 8 鋪，宋畫 13 鋪。從藝術上說，個別洞窟如第 19 窟還有唐代餘風以外，其餘的格式化嚴重，甚麼樓台亭閣、七重行樹、鳥宣道法等都不見了，只有滿壁坐在蓮花上的菩薩。第 26 窟北壁的一鋪可作代表，畫中的飛天還比較生動，主尊身光後面像"背屏"一樣的裝飾，花紋很複雜、精美，兩頭為龍頭。莫高窟宋以後的阿彌陀經變也是如此，我們把這種經變畫叫做"簡單的淨土變"。

畫院風格濃重的五代第 61 窟

第 61 窟古稱"文殊堂"，是莫高窟少數幾個大型洞窟之一。南壁正中的阿彌陀經變，在氣勢上給人以"西方極樂世界"的感受。內容比較完整：虛空段所佔的空間不大，這是阿彌陀經變的普遍現象，但表示"天樂"的樂器並不少；所有的建築都在碧綠的七寶池中，"七重欄楯"重重疊疊，遠處還有鐘樓、鼓樓對稱相應；所有的建築物都有佛經稱"階道"的樓梯相通，上面站着各種姿勢的菩薩；每座樓閣內坐有佛，共四個，可以與下部左右二佛合起來，考慮為"六方護念"；天空有六組一佛二菩薩，也可以理解為"六方護念"；主尊左右有二弟子，比較少見；三尊周圍聽法菩薩眾多，場面宏偉；下部正中為迦陵頻伽組成的音樂舞蹈隊，既活躍了氣氛，又突出了"鳥宣道法"。藏經洞出土原已失傳的《淨土五會念佛略法事讚儀》，其中專門有《寶鳥讚》。創五會念佛的法照國師的《淨土樂讚》中讚寶鳥，讓我們感到濃厚的佛教意旨：

> 西方異鳥數無窮，白鶴孔雀及迦陵。
> 鸚鵡頻伽說妙法，聲中演出大乘宗。

全畫安排了三大塊榜書，正中的一塊題曰"淨土彌陀經"，接着照抄了《阿彌陀經》的"序分"；左側的一塊，寫極樂世界的"功德莊嚴"，右側的一塊寫經文中"鳥宣道法"的一段，三塊榜書使全畫更臻完善。

"一筆界畫"正畫史

畫院對敦煌藝術的貢獻，對照中國美術史，有兩點可以稱道：一是折枝花卉，一是界畫。"折枝花卉"與本卷無關，不贅。至於"界畫"，是中國畫的一種，指以宮室、樓台、屋宇等建築物為題材的繪畫。元朝湯垕在《畫鑒》裏論述了界畫之不易，並説"古人畫諸科各有

其上，界畫則唐代絕無作者，歷五代始得郭忠恕一人"，認為在五代以前，精通此畫法的人寥寥無幾。其實，在敦煌，早期壁畫中大量的天宮欄牆便採用了界畫技法，入唐以後，隨着各種淨土變的流行，樓台亭閣增多，界畫技法日臻成熟，五代第61窟已有"一筆界畫"，即一筆就畫成了樓閣中的一根柱子，等等。五代第146窟南壁西起第二鋪阿彌陀經變，不僅色彩如新，也是界畫的代表作。由此可見，敦煌壁畫不僅可以印證畫史，補足畫史，乃至可以更正畫史的誤載！

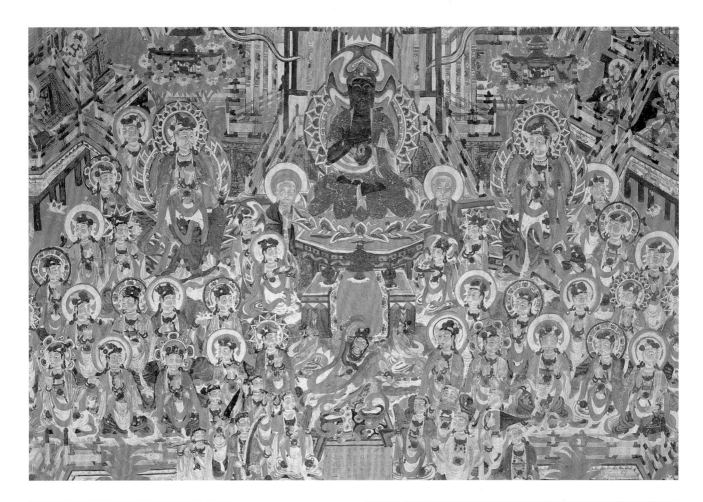

60 蓮花會

唐代宗時候的國師法照,在淨土五會念
佛讚中,把佛説阿彌陀經的場面稱作
"蓮花會"。此鋪蓮花會人物眾多,連
"階道"上都站着菩薩,且集中、整
齊,給人以濟濟一堂之感。

五代 莫61 南壁

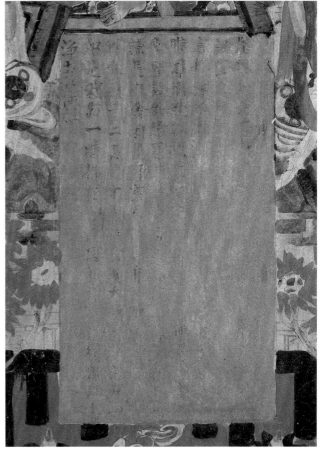

61 榜書特寫

榜書題曰"淨土彌陀經",實際就是
《阿彌陀經》。榜書所錄經文內容為佛
説阿彌陀經時與會的弟子、菩薩等。

五代 莫61 南壁

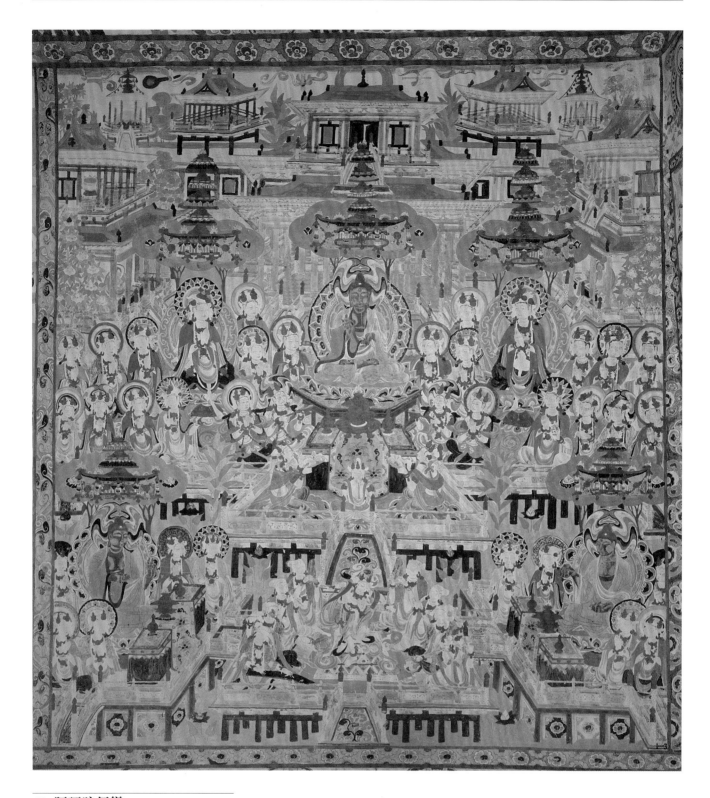

62 阿彌陀經變

七寶池、八功德水、七重行樹、寶樓
閣、天樂、蓮花會,一應俱全,唯獨沒
有鳥宣道品,可能這位畫家不擅長翎
毛。全畫以石綠色為主,加以土紅,均
為不變色的顏料,因而至今色彩如新。

五代 莫6 南壁

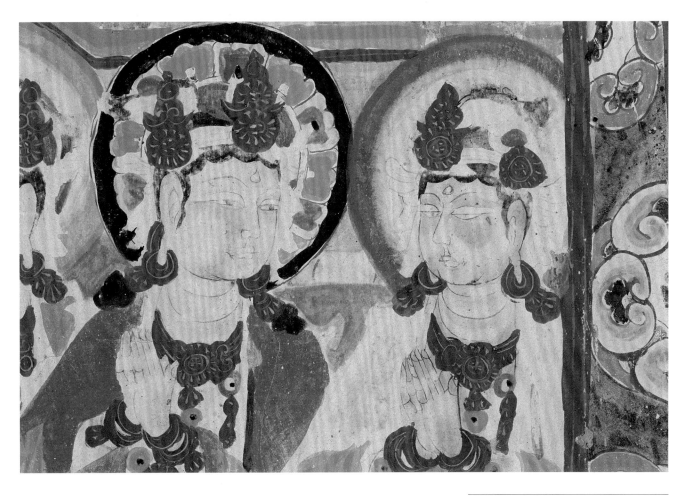

63 供養菩薩

此畫雖然顏色未變，但色種明顯貧乏，
這與當時中原混亂，曹氏歸義軍與中原
的往來時斷時續，繪畫顏料缺乏有關；
人物線描規整，但力量不足。

五代 莫6 南壁

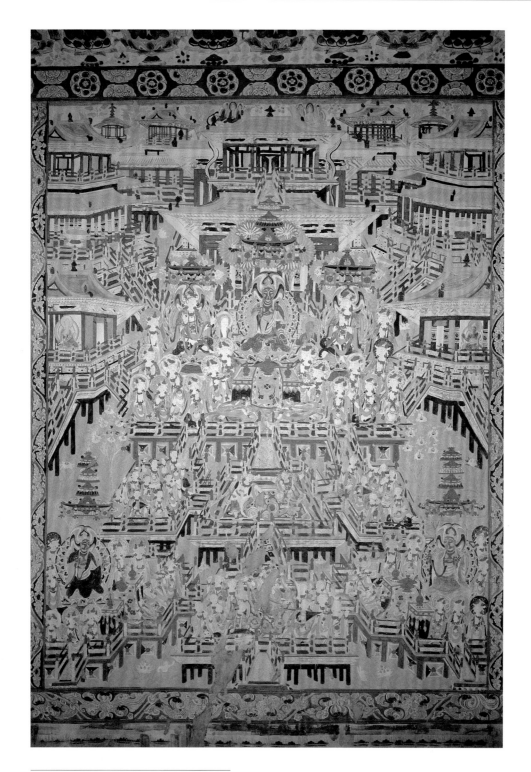

64 界畫樓台

此鋪淨土變以“界畫”取勝。全部水上
建築有五進平台、樓閣，各幢建築物均
有“階道”相連，共十二座。“一筆界
畫”的技法，看其一筆畫成一根柱子，
有很好的體現。

五代 莫146 南壁

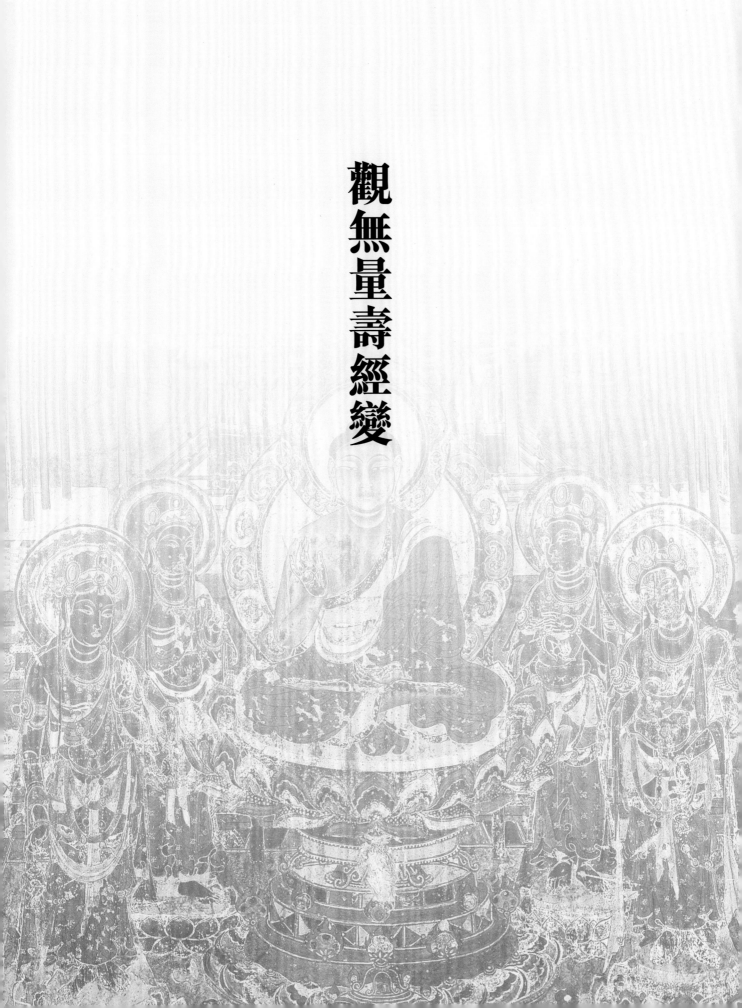

觀無量壽經變

　　觀無量壽經變（以下簡稱"觀經變"）是敦煌壁畫最重要的經變之一。就
數量而言，共計89鋪，僅次於藥師經變和彌勒經變，居第三位；與故事情節
豐富的諸經，如《妙法蓮華經》有28品，《報恩經》有9品，《維摩詰經》有
14品等相比，《觀無量壽經》（以下簡稱《觀經》）內容不多，只有一個"未生
怨"故事，但最多竟畫出32個畫面。

　　與無量壽經變和阿彌陀經變相比，觀經變初唐才出現，時間較晚，但它一
出現就相當成熟，到盛唐便已高潮迭起，在短時間內迅速步入顛峯。不僅數量
激增，而且內容完整，形式多樣，迅速取代前述兩種西方淨土變，成為敦煌西
方淨土變相的主體。在內容上，觀經變有未生怨和十六觀，特徵鮮明，因此，
敦煌西方淨土變研究中，觀經變定名最明確、研究最早、成果也最豐富。

　　觀經變在唐代異軍突起，與當時淨土宗的發展有密不可分的聯繫。唐代是
中國彌陀淨土思想發展的高峯和淨土宗形成的時期，許多中國最具影響力的淨
土高僧都活躍於此時，其中不少專弘《觀經》。《觀經》所宣揚的三福、十六
觀成為往生淨土的重要法門 ；"善惡凡夫同沾九品"觀念的出現，更使西方
淨土的信仰達到狂熱。敦煌觀經變的發展成熟，與高僧善導的《觀無量壽佛經
疏》有密切的關係，至於是否與該經其他疏也有關，有待進一步研究。

　　觀經變在五代、宋數量突然減少，至西夏只剩一鋪。

敦煌觀無量壽經變數量統計表

時代	洞窟號			合計（鋪）
	莫高窟	榆林窟	西千佛洞	
初唐	431			1
盛唐	45、66、91、103、113、116、120、122、148、171（東、南、北）、172（南、北）、176、194、208、215、217、218、320、446			22
中唐	7、20、44（南、北）、92、112、117、126（南、北）、129、134、141、144、145、147、154、155、159、160、180（東、北）、188（南、北）、191、197、199、200、201（北、南）、231、232、236、237、238、240、258、358、360、370、379、449、473	榆25		43
晚唐	8、12、15、18、19、111、132、177、195、337、343		西18	12
五代	22、205、334、468	榆35、榆38		6
宋	55、76、118、454			4
西夏		榆3		1
合計	84	4	1	89

第一節　西方三聖與未生怨觀想往生故事

隋至初唐（公元518－714年）

《觀經》是敍說如何觀想阿彌陀佛極樂世界，以求往生的經典。該經譯本雖然出現較晚，但倍受淨土高僧的尊崇奉持，經文所宣揚的觀想念佛往生極樂的法門日漸弘通。

最早的觀經變，幾年以前，首推河南安陽小南海石窟中的北齊石刻，刻有"九品往生"、"十六觀"的榜書。1999年，在張掖民樂童子寺第1窟發現了西魏時期的供養人，雖然供養人以上的畫面不清楚，但從幾則供養人題記："上品

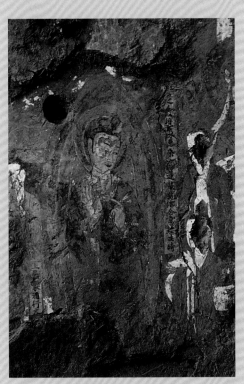

民樂童子寺壁畫

眾修行六（下缺）"；"上品□之念持戒□德乘□蓮華見佛合掌往生時"，已知

與《觀經》有關。隋代的敦煌莫高窟第379窟北壁有一幅小型說法圖，佛及聖眾處於蓮花池中，主尊左側菩薩戴坐化佛冠，右側戴寶瓶冠，寶瓶是後來改畫過的。天冠上有立化佛、肉髻上有寶瓶，《觀經》才有明確記載，前者為觀世音菩薩，後者為大勢至菩薩，該經並講明，觀音在左，大勢至在右。第379窟此圖雖不能稱為"觀經變"，甚至不是嚴格意義上的無量壽佛、觀世音菩薩，但與《觀經》有關，該不成問題。

《觀經》的緣起"未生怨"

敦煌壁畫中，直到初唐才出現真正具備規模的觀經變，且只有一鋪，畫於431窟下部。這是敦煌最早的觀經變，在壁畫形式和內容的安排上比較成熟，不僅緊扣《觀經》，更開盛唐觀經變的先河。

此鋪經變形式仍沿用早期壁畫的長卷式構圖。整幅畫從北壁開始，下轉西壁，再轉南壁，每壁均以獨幅的形式出現，各有重點，連起來有首有尾，構成完整的故事。很明顯，這幅觀經變仍未擺脫北朝時長卷式本生因緣故事畫的窠臼，這種長卷觀經變，盛唐以後再未出現；主要內容包括未生怨故事和十六觀，與阿彌陀和無量壽經變截然不同。

一般佛經都包括三部分，即序分、正宗分、流通分。序分是開首部分，講

全經的緣起；正宗分即經中敘述主要內容的部分；流通分是最後部分，講述弟子表示對該經要"信守奉行"。初唐時《觀無量壽經》疏釋方興未艾，《觀經》本身是壁畫繪製的主要依據，因此有唐一代的觀經變，以第431窟最忠於原經。

《觀經》"序分"的主要內容，是未生怨故事。說印度摩揭陀國國王頻婆娑羅有一太子，名阿闍世（意譯為"未生怨"），他聽從佛教叛徒提婆達多的教唆，幽閉自己的父親，想餓死他，奪取王位。阿闍世的母親韋提希夫人，為拯救丈夫，沐浴乾淨後，用酥、蜜調和麵粉，抹在身上，借探視之機，偷偷送給國王吃。過了些日子，太子見國王仍未餓死，很奇怪。當知道是母后每天偷偷送食物給父親後，阿闍世大怒要殺母親，被大臣阻止。太子將韋提希夫人也幽閉起來。韋提希夫人在幽禁中頌禱佛陀，佛陀在王舍城靈鷲山得知，便顯靈通來到她身邊，為她講述了如何觀想西方極樂世界。"未生怨"寓意阿闍世太子未出生前，即與國王結怨，但如何結怨，該經並未說明，後人在經疏中才作

詮釋。

第431窟北壁的"序分"，用很大篇幅畫故事發生的王舍城，人物全部活動其中。畫面上耆闍崛山中的王舍城，高高的城牆，雄偉的城門樓為磚石建築，城內滿地鮮花盛開；城內有城，院中有院；綠樹參天，牙旗獵獵。遺憾的是，由於褪色，現在能解讀的畫面只有阿闍世囚禁國王、欲害其母、韋提希請佛、佛演說佛法、遍現十方淨土、韋提希求往生西方淨土之法等六個情節。唐代善導在疏中將以上情節分別名為禁父緣、禁母緣、厭苦緣、欣淨緣、散善示觀緣、定善示觀緣。又由於"定善示觀緣"和十六觀有關，才安排畫面由北壁接轉西壁。這種與內容緊密結合的畫面佈局，只有深諳此經疏者才能為之。

《觀經》及觀經變的核心——十六觀

《觀經》的"正宗分"即"十六觀"，系統提出往生淨土的觀想法門，講述佛告訴韋提希"如何觀於西方極樂世界"。其中第一觀至第十三觀，介紹西方極樂世界之美妙及"西方三聖"（阿彌陀佛、

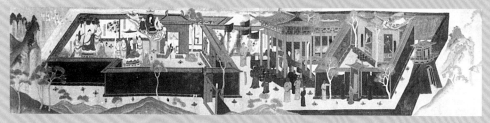

第431窟北壁觀經變"未生怨"摹本

觀世音菩薩、大勢至菩薩）的各種功德與妙相；第十四觀至第十六觀，講九品往生。前十三觀的內容為：

一、日想，名為初觀。

二、水想，冰想，琉璃想。

三、地想。

四、樹想。

五、八功德水想。

六、總觀想（即寶樓觀）。

七、華座想。

八、像想。

九、遍觀一切色身相（觀無量壽佛身相光明）。

十、觀觀世音菩薩真實色身相。

十一、觀大勢至菩薩色身相。

十二、普觀想（見無量壽佛極樂世界）。

十三、雜想觀（一丈六像在池水上）。

以上十三觀是按經文列出的名目。習慣上我們稱之為"日想觀"、"水想觀"、"地想觀"……。每一"觀"應是甚麼樣，經文有所解釋，畫家又有自己的想像。

十六觀的後三觀，為"三輩生觀"。往生淨土者依其因，而有上中下三輩，三輩復分上中下三品，總為九品。"三輩開而為九，九品合而為三"，故又稱為九品往生。

十四、上輩觀，又作上品生觀、上輩生想。

十五、中輩觀，又作中品生觀、中輩生想。

十六、下輩觀，又作下品生觀，下輩生想。

十六觀是淨土宗主要修行方法之一，它不僅是《觀經》的核心，亦成為判別觀經變的標誌。把十六觀繪成壁畫，自初唐至宋均以一位夫人跪地觀看十三種或十六種場景來表示。

第431窟西壁畫十六觀的前十三觀。整個畫面作上下兩排處理，"觀"的次序基本上為"蛇行"走向。由於這是敦煌最早的觀經變，因此也是首次出現的十三觀，幾乎每個畫面均為後世的楷模，但也有一些畫面處理方法為此窟僅有，如：日想觀只畫夫人跪地而不畫落日；水想觀在水池四周畫出"寶幢"；第八觀為"像觀"，畫佛坐在池中大如車輪的蓮花上，佛的左右有兩朵蓮花，如按經文，左蓮花上應有觀世音菩薩，右蓮花上應有大勢至菩薩觀，但此圖卻有花無人，如此表現經文只此窟一例。

南壁緊接西壁，畫"九品往生"。以九扇屏風並列的形式，一扇屏風畫一品，有充分表現九品往生的空間，用屏風畫來表現"九品往生"在敦煌壁畫中也是孤例。由於"九品往生"都是"臨終"前的事，如何往生也都有經文依據，所以九扇屏風畫粗看都差不多：一座房子，內坐"行者"，房前有人來接，房頂

《觀無量壽佛經》的九品往生説

內容 種類	行者往生之因	來迎的神祇及方式		往生方式及往生得果	
		神祇	方式	方式	得果
上品上生	發三種心：至誠之心，深信之心，修持功德回施眾生之心。	西方三聖、化佛、比丘、聲聞、諸天	觀音執金剛台，阿彌陀放光，一起迎接。	乘金剛台，隨佛後往生彼國。	立即見佛聞法，悟無生無滅的道理。供奉諸佛，得無量持善總法門。
上品中生	未必讀經，但善解佛經義理，深信因果，不謗大乘。	西方三聖諸眷屬	持紫金台，至行者前，與千化佛一起伸手引導其入淨土。	坐紫金台，生彼國七寶池中。	過一夜紫金台綻開。七日得不退轉果位。經一小劫，悟無生無滅的道理。
上品下生	信因果，不謗大乘。雖信根不深，但仍立下求無上菩提之心。	西方三聖與諸眷屬	持金蓮花，化作五百佛來迎接。	坐金蓮花上，花即閉合。隨佛後往生七寶池。	一日一夜花開，七日見佛。經三小劫，得智慧法門。
中品上生	受持五戒、八戒，修諸戒，不造五逆惡業。	阿彌陀佛諸比丘、眷屬	佛放金光，至其人所，演說苦空無常無我，讚嘆出家。	坐蓮花台，往生極樂世界，	蓮花開放，應時得阿羅漢果位，得六種神通和八種解脱方法。
中品中生	持一日一夜的八戒齋或一日一夜的沙彌戒或一日一夜的具足戒，不失威儀。	阿彌陀佛與眾眷屬	放金光明，持七寶蓮花，至行者前。空中自然發聲讚頌。	坐蓮花上，蓮花即合，往生西方極樂世界寶池中。	經七日蓮花開。聞佛法，得須陀洹果位，經過半劫修成阿羅漢。
中品下生	孝養父母，行世仁慈。臨終遇好老師，為其詳說極樂世界種種快樂及法藏比丘四十八願。			命終即生西方極樂世界。	經七日，聞法得須陀洹果位，過一小劫，成阿羅漢。
下品上生	不誹謗大乘經典，但作眾惡業，無有慚愧。臨終聞十二部經的經名，並稱名念佛。	化佛、化身觀世音、大勢至		坐寶蓮花，隨化佛後生七寶池中。	經四十九天，蓮花乃開，聞大乘佛法。經十小劫，得初地菩薩的智慧。
下品中生	不守五戒、八戒、具足戒，偷盜僧祇物，不淨心説法，以惡業為榮，應墮地獄。但臨終聞大智者，聞法除罪。	化身佛、化身菩薩		須臾間往生七寶池中蓮花內。	經六劫蓮花開。聞大乘佛法，即發無上菩提心。
下品下生	作五逆十惡，應墮惡道，歷經多劫，受苦無窮。臨終遇好老師，教其念無量壽佛的法門。			見金蓮花，停於面前。於蓮花中，一念頃往生極樂世界，	滿十二大劫，蓮花方開。聞法即發菩提之心。

有人乘彩雲而去。實際上"九品往生"很嚴格。甚麼人由甚麼品往生，需要甚麼條件；臨命終時有誰來迎接；到西方極樂世界的快或慢；到了以後蓮花開得快慢；花開以後得甚麼樣的"果"等等，都有規定。敦煌藏經洞出土的現藏天津藝術博物館306號寫經，有一則永淳元年（公元682年）的題記，説到施主的願望："願亡考妣、己身等，生諸佛國，蓮花受形寶座之上。"所謂"蓮花受形寶座之上"，就是願意"上品上生"的意思。

據經文，佛説完十六觀以後，韋提希夫人與五百侍女"應時即見極樂世界廣長之相，得見佛身及二菩薩"，"發阿耨多羅三藐三菩提心，願生彼國，世尊悉記皆當往生。生彼國已，獲得諸佛現前三昧，無量諸天發無上道心。"一般觀經變都不畫這一部分，此窟卻有，即南壁"九品往生"之後的一鋪小説法圖。

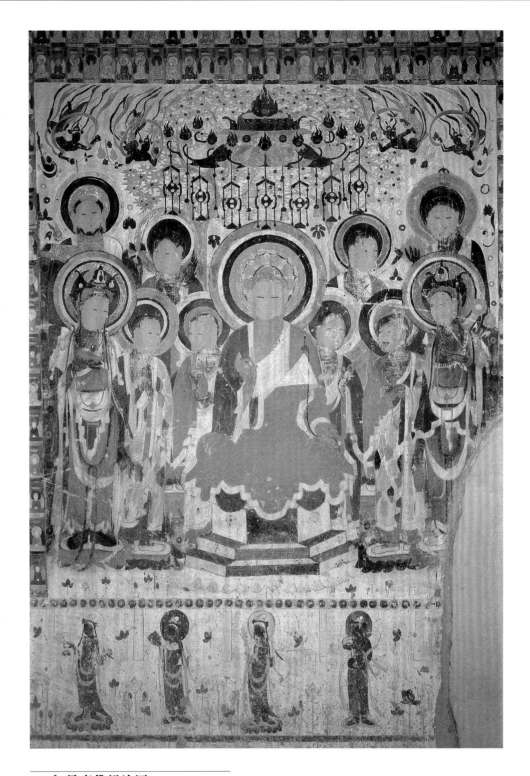

65 無量壽佛說法圖

如按經文，無量壽佛頭光中應有化佛，
頭上應有"頂光"，此圖主尊卻沒有；
但其左側菩薩戴"化佛冠"，右側菩薩
戴"寶瓶冠"。雖然不是嚴格意義上的
三尊，但與《觀無量壽經》有關，當無
大謬。

隋 莫379 北壁

66 大勢至菩薩

此菩薩像因變色而被後代局部重新上色,臉部已經面目全非,但隱約可見原畫的眉毛、上眼瞼變成的白線。其寶冠上的寶瓶,經重繪後,成為莫高窟最清晰的"寶瓶冠"。

隋 莫379 北壁

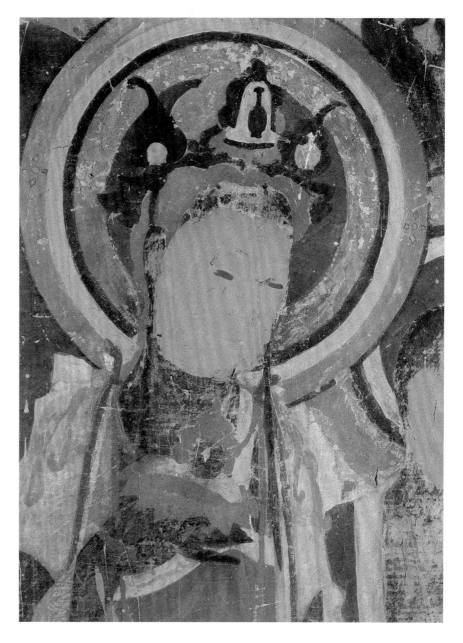

67 華蓋

隋 莫379 北壁

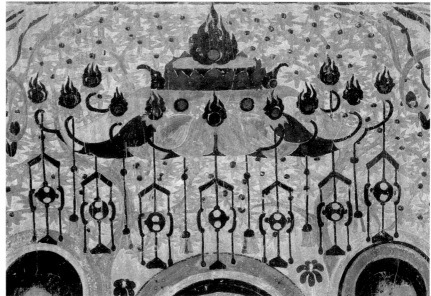

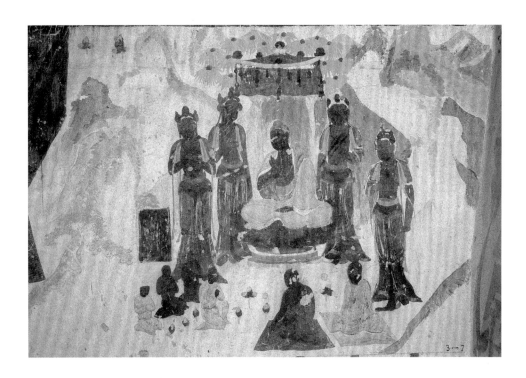

68 佛在靈鷲山說《觀無量壽經》

畫在未生怨前面,圖解式地畫成四周是
山,佛結跏趺坐於崇山峻嶺中,正在說
法,四菩薩侍立左右。佛的右下方,四
人跪地合十禮拜(最前者胡跪);佛的
左下方,二人坐在小方毯上聽法。從服
飾來看,下跪四人是"俗人",似與經
文不合。但合於善導要強調的"但此
《觀經》,佛為凡說,不於聖也。"

初唐 莫431 北壁

69 未生怨之囚父

畫面中的王舍城氣勢宏偉,內中一院,
守衛森嚴。國王坐在屋中,屋頂上,目
犍連"如鷹隼飛"來。對應經文中阿闍
世太子幽禁國王於七重室內,目犍連
"疾至王所"為國王授八戒的內容。
"七重室"環境的描寫以此鋪最佳。

初唐 莫431 北壁

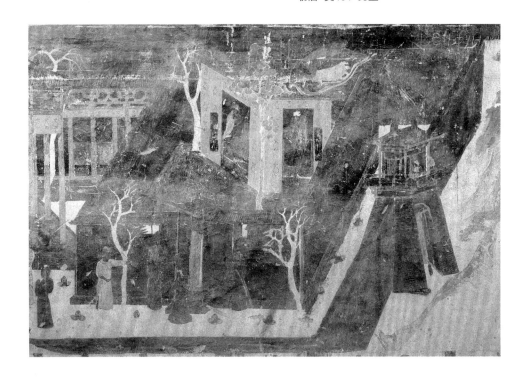

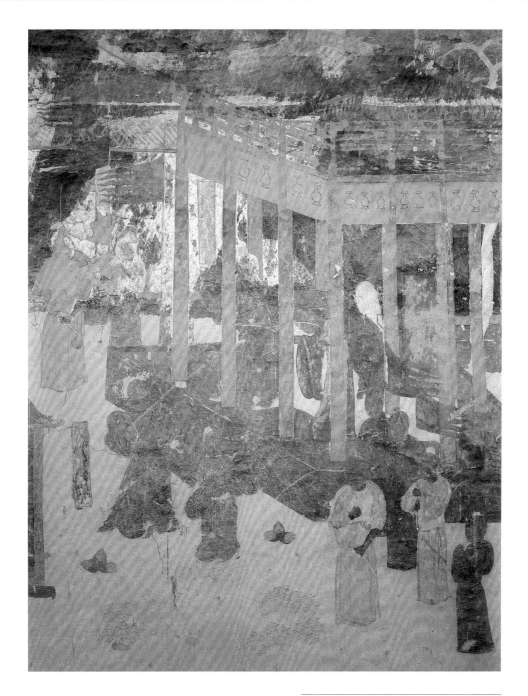

70 未生怨之欲害其母

這一組畫面變黑，似為阿闍世太子審問
守門人之後"即執利劍，欲害其母"的
場景。屋內太子似舉利劍，屋外站侍衛
大臣，其中兩人佩劍，應是勸阻太子的
大臣月光與耆婆。

初唐 莫431 北壁

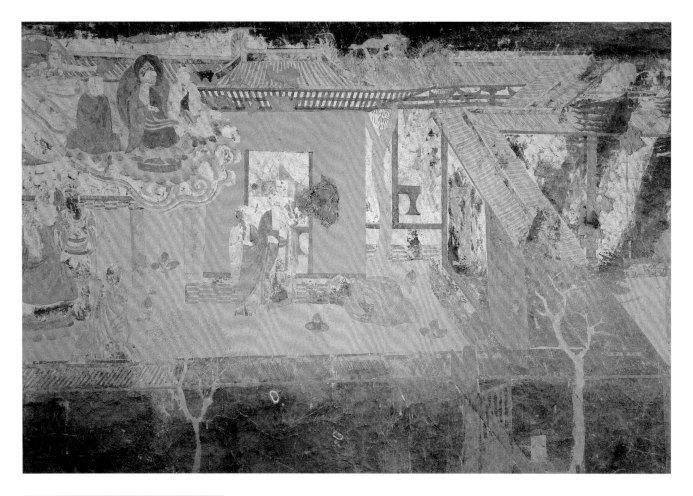

71 未生怨之韋提希請佛

韋提希夫人被幽閉以後，遙向耆闍崛山
請佛。禮拜後即見釋迦牟尼坐蓮花，目
犍連侍左，阿難侍右，在天空中出現。
韋提希"舉身投地，號泣向佛"，請教
她與逆子的因緣。

初唐 莫431 北壁

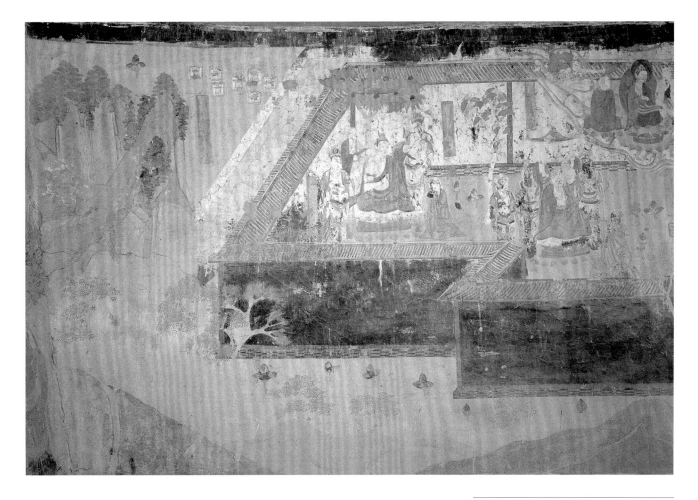

72 未生怨之現十方淨土

畫面上兩組一佛二弟子二菩薩，前跪韋
提希夫人。城牆與大山之間的十個格狀
畫面，代表佛讓韋提希看的"十方淨
土"。

初唐 莫431 北壁

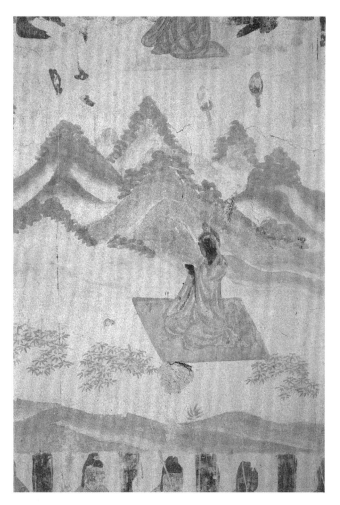

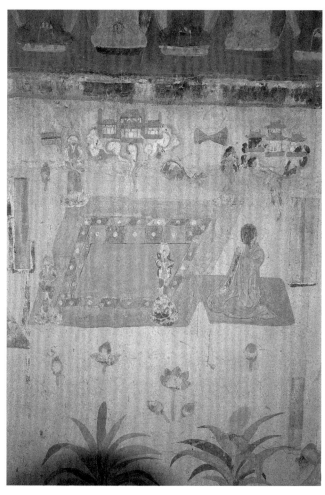

73 日想觀

日想觀要求"正坐向西,諦觀於日沒之
處。令心堅住,專想不移。見日欲沒,
狀如懸鼓"。後來的日想觀都畫太陽,
此處未畫,是取材於"諦觀日沒之
處"。全畫意境幽靜。

初唐 莫431 西壁

74 水想觀

一個七寶水池,四角各一"金剛七寶金
幢",上方有"光明台"、樓閣、"無
量樂器"。這一畫面,幾乎把有關"水
想"的經文表現無遺。水想觀畫得這樣
複雜的,只此一例。

初唐 莫431 西壁

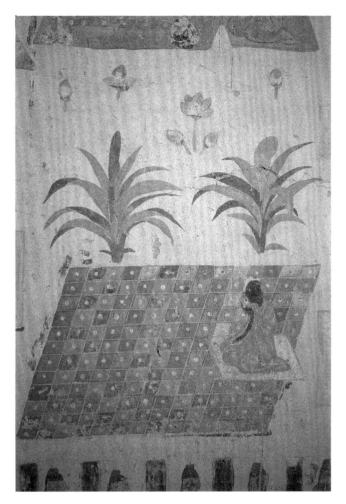

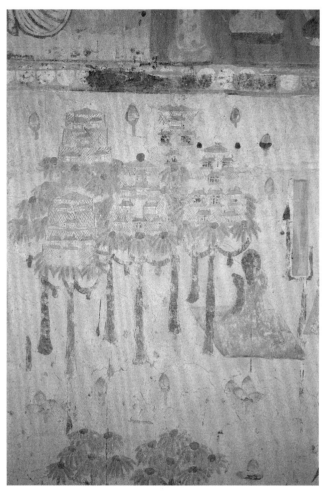

75 地想觀

具體觀法是：看見水，想到冰；看到
冰，想到琉璃；想到琉璃，就見到琉璃
地。"琉璃地上，以黃金繩雜廁間錯，
以七寶界，分齊分明"。此圖畫的七寶
地，實際上就是唐代花磚地面。

初唐 莫431 西壁

76 寶樹觀

觀寶樹就是觀想西方極樂世界七寶合成
的花樹。經文說："一一樹上有七重
網，一一網間有五百億妙華宮殿"。圖
中樹上的小房子象徵宮殿，成為敦煌藝
術中"寶樹"傳統表現模式。有趣的是
畫家筆下的"七重行樹"，竟是七棵樹
幹，五棵樹冠。

初唐 莫431 西壁

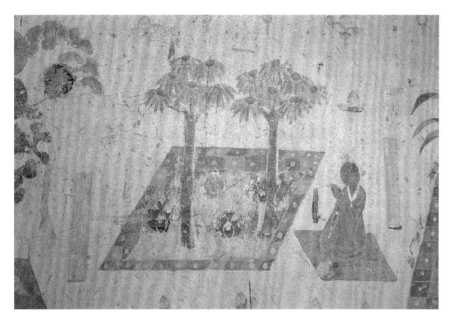

77 八功德水想

此圖取材於"八功德水想"的經文中，
"一一水中有六十億七寶蓮花……其摩
尼水流注花間，尋樹上下，其聲微妙，
演說苦空無常無我諸波羅蜜"。畫面為
水池中有蓮花、寶樹。盛唐以後的八功
德水想，大都是畫八個水池。

初唐 莫431 西壁

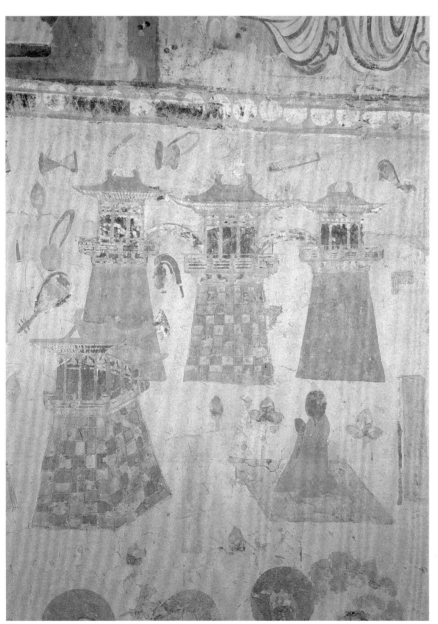

78 寶樓觀

極樂世界的眾寶國土，一一界上有五百
億寶樓，其樓閣中有無數天人"作天伎
樂"，又有樂器懸處虛空，不鼓自鳴。
畫面忠實於經文，為了在有限的空間內
表現樓閣之多，畫家畫了形如"闕"的
樓閣。其中一座透視處理不當。

初唐 莫431 西壁

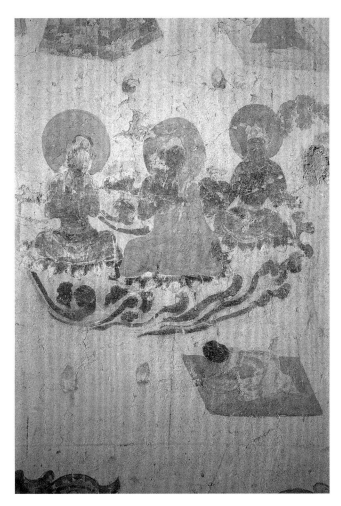

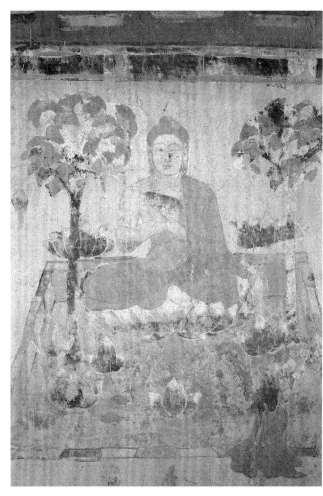

79 華座觀

演說"華座觀"之前，佛告韋提希夫人
和阿難，將為其分別解說"除苦惱
法"。經云，此時"無量壽佛住立空
中，觀世音、大勢至，是二大士侍立左
右。"因此圖中一佛二菩薩乘彩雲而
來。其餘各"觀"的韋提希夫人只是跪
地禮拜，此處作"五體投地"是根據善
導的《四帖疏》而畫。盛唐以後此觀多
只畫一座蓮台。

初唐 莫431 西壁

80 像觀

為何要想佛？因為"諸佛如來是法界
身，入一切眾生心想中"。觀想時，先
想坐在蓮花上的阿彌陀佛，然後想佛左
右的觀世音菩薩和大勢至菩薩。圖中佛
身後左右各有一朵大蓮花，但花上無菩
薩。可能畫家熟悉經文，考慮到後面還
有專門觀此二菩薩的"觀"，這裏只
"點到為止"。

初唐 莫431 西壁

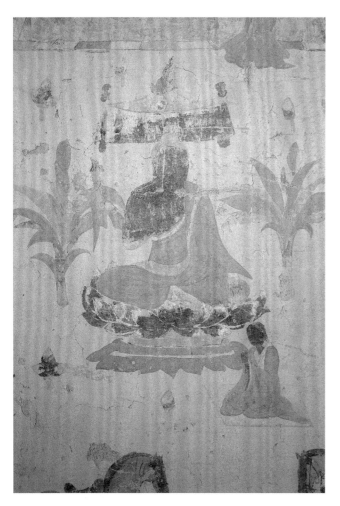

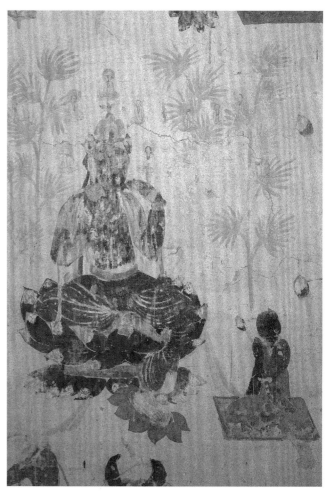

81 遍觀一切色身相

善導稱此觀為"真身觀",慧遠稱之為
"佛身觀"。其實,佛經指明是觀無量
壽佛。此"觀"為何畫得如此簡單,未
明。

初唐 莫431 西壁

82 觀世音菩薩觀

此觀全稱"觀觀世音菩薩真實色身
相"。相關的經文,比觀無量壽佛還
長,最主要的特徵是"其天冠中有一立
化佛"。畫面中觀音的天冠上隱約可見
站立的化佛。又,其坐式作一腿下垂於
花上,是依據經文"下足時,有金剛摩
尼花佈散一切"。這種坐式,初唐時最
為流行。

初唐 莫431 西壁

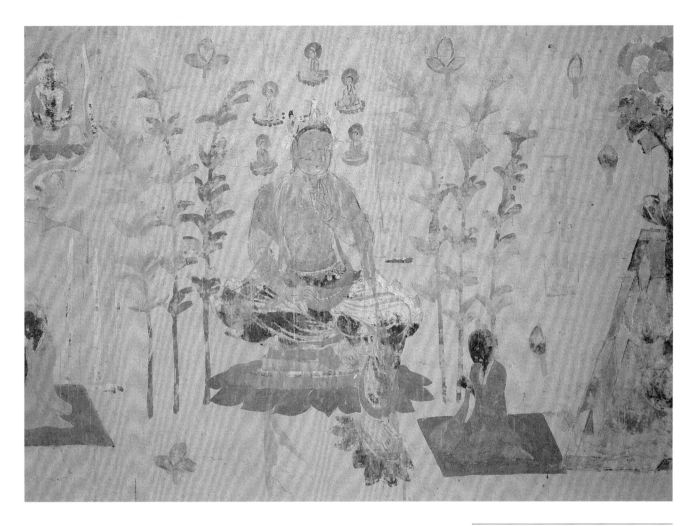

83 勢至觀

此觀全稱"觀大勢至菩薩色身相"。據
說此菩薩以智慧之光普照一切，令人遠
離三塗（地獄、餓鬼、畜生），"得無
上力"，所以叫"大勢至"。此菩薩的
特徵是肉髻上有寶瓶。畫與經文相合。
觀音、大勢至菩薩頭部周圍有化佛，也
是取自經文。

初唐 莫431 西壁

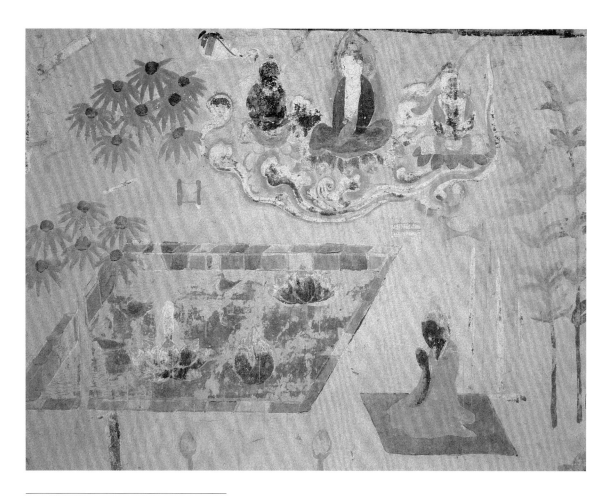

84 普想觀

這一觀想，主要觀想蓮花開、合。想着
蓮花開時空中有佛和菩薩，水鳥、樹林
都在演說妙法，就是見到了無量壽佛極
樂世界。畫面完全忠實於經文。

初唐 莫431 西壁

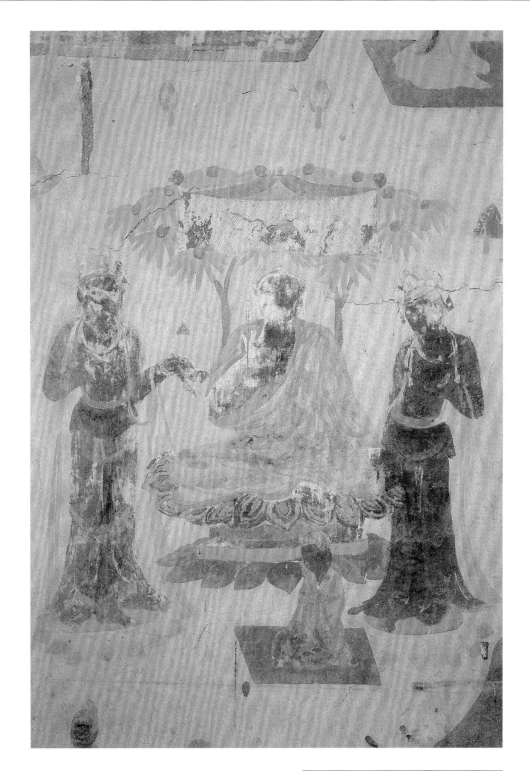

85 雜想觀

如按經文，對於一心想生西方者，可以
觀"一丈六像在水池上"，也可以觀阿
彌陀佛左右的觀世音和大勢至菩薩。顯
然，本圖同時畫一佛二菩薩是重複出
現。慧遠注疏說：向前所辨佛菩薩觀，
怕"凡人"不能理解，所以重說一次。
盛唐以後，此"觀"多畫一立像，有的
加上榜書："佛身丈六觀"。
初唐 莫431 西壁

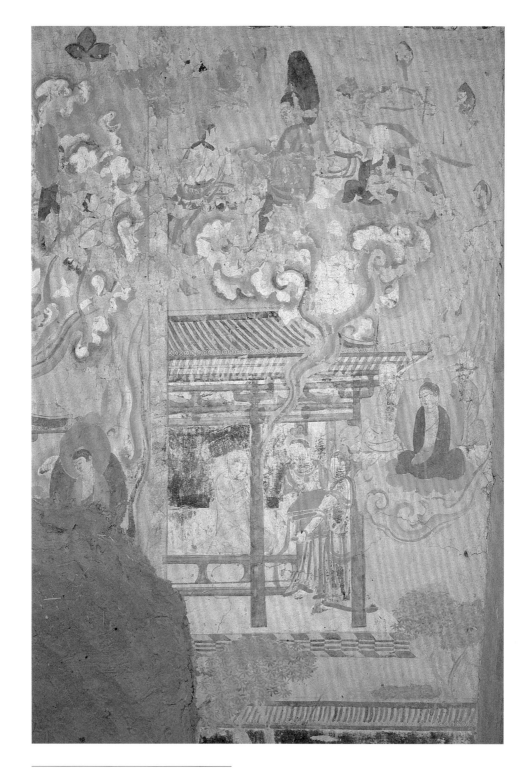

86 上品上生

"九品往生"緊接西壁，一"品"一幅
畫，由西向東依次排列。畫面描述了上
品上生全過程：佛與弟子乘雲飛來；行
者（即善男信女）下跪禮拜；床前，觀
音、大勢至菩薩正抬一座"金剛台"來
接行者；上方，行者隨佛等往生極樂世
界。

初唐 莫431 南壁

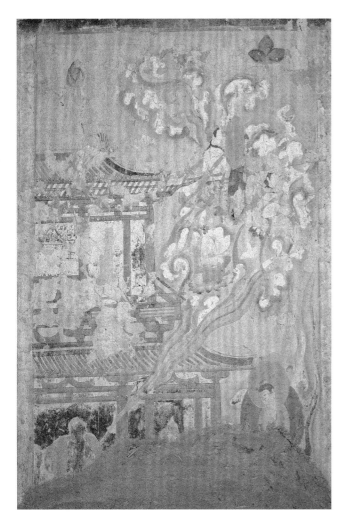

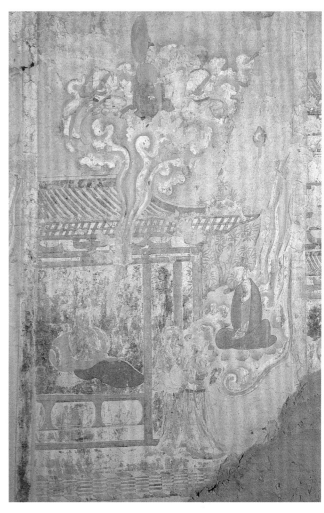

87 上品中生

此畫下部已殘。畫面左側一樓閣的下層
房內，臨終之人背靠枕頭而坐；右側下
部有佛及菩薩來迎，上部畫"行者"坐
紫金台隨佛往生。往生的場面保存如此
清晰者很少。

初唐 莫431 南壁

88 上品下生

圖中一佛二菩薩來迎，菩薩抬一朵大蓮
花來到行者床前。表示往生的畫面中，
飛往西方極樂世界的雲上，沒有坐蓮往
生的行者形象，其原因不得而知。畫中
的枕頭，形如腰鼓，大且有花紋，為我
們保存了初唐枕頭的形象資料。

初唐 莫431 南壁

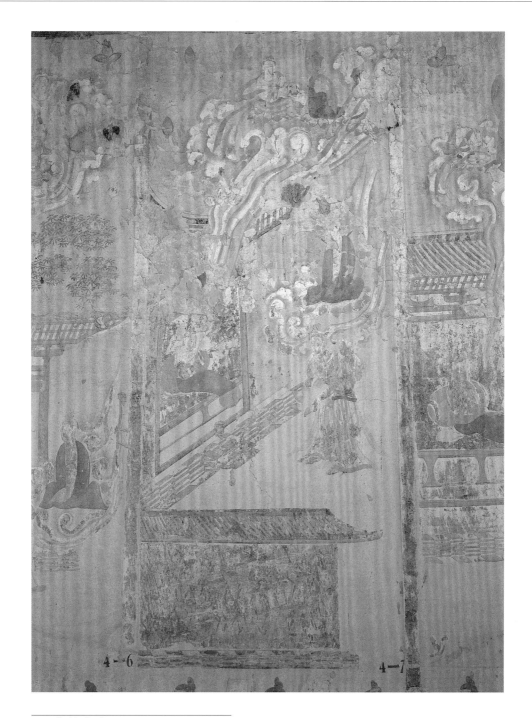

89 中品上生

按經文，中品上生者，阿彌陀佛與比丘
來迎，但畫面仍為一佛二菩薩來迎。行
者坐蓮花隨佛、菩薩之後乘雲飛往極樂
世界。畫面基本與經相合，遺憾的
是，此畫下部有一房子已經變色而不知
其上所畫內容。

初唐　莫431　南壁

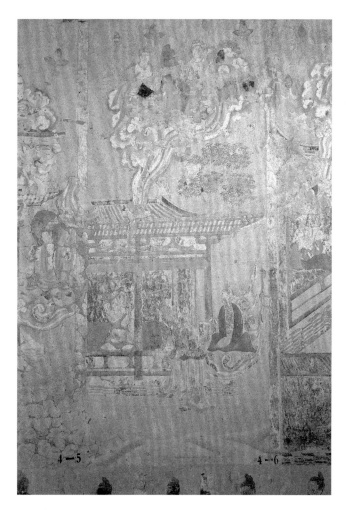

4—5

4—6

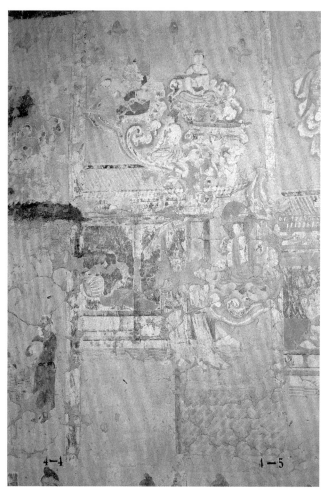

4—4

4—5

90 中品中生

畫面上的行者已不可辨，來迎者仍為一
佛二菩薩。由於此窟原為北魏開鑿，整
個觀經變的下面都有北魏時的原畫。此
中品中生的上部，部分壁面上層已脫
落，露出了下層壁畫的顏色，因而乘彩
雲飛去的人物，有的已分不清。

初唐 莫431 南壁

91 中品下生

按經文，中品下生沒有人來迎，但畫面
如前品。值得一提的是行者往生的形象
保存尚好，窄衫小袖長裙，跪於彩雲
上。枕頭也畫得很好。

初唐 莫431 南壁

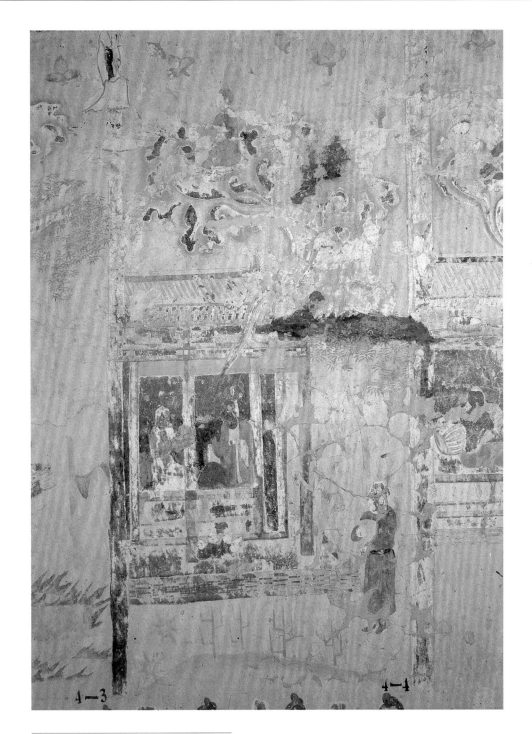

92 下品上生

畫面為：門外有"劍樹"、鐵蒺藜（這
是地獄才有的東西，與經文不符）；階
下講經者來給行者講經；上升的彩雲
上，坐着行者。這一畫面很重要，它宣
傳的是有罪之人也能往生極樂世界。

初唐 莫431 南壁

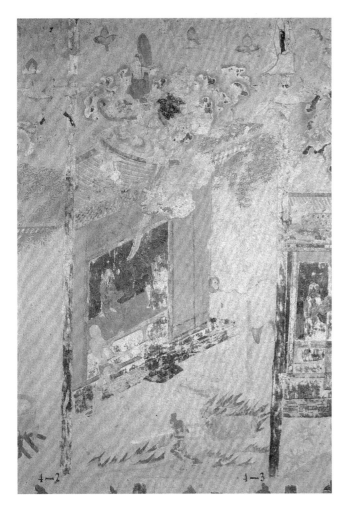

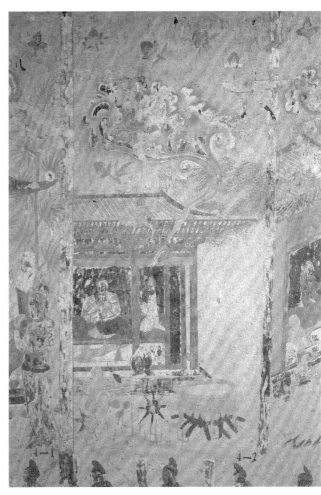

93 下品中生

下品中生者本該入地獄,但遇到能教人
走正道的人,得往生極樂世界。畫面的
下部是地獄,中有下油鍋上刀山的受刑
者;廊下有餓鬼;房內行者正在聽經聞
法。彩雲上的場景因壁畫局部剝落不甚
清晰。

初唐 莫431 南壁

94 下品下生

畫面下方,油鍋、鐵蒺藜、劍樹並陳,
表示行者本應"墮惡道"而永劫不得翻
身;房內,一人為行者說法;廊下一朵
蓮花;彩雲上,行者坐蓮花而去。

初唐 莫431 南壁

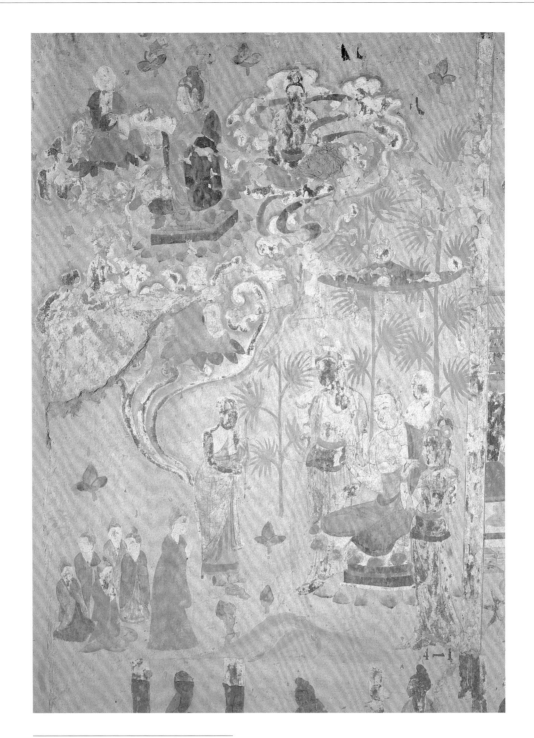

95 韋提希聞法見西方淨土

據經文，佛講完 "九品往生" 以後，韋提
希與五百侍女即見到極樂世界及西方三
聖。佛說她們都能往生，於是她們立即到
了阿彌陀佛國。一般的觀經變都不畫這一
部分。畫面幾乎是經文的圖解：韋提希夫
人在前，形象較大，其後五個婦女，代表
五百侍女，正給佛、菩薩禮拜。

初唐 莫431 南壁

第二節　　往生極樂狂熱下的觀經變

盛唐（公元 705 － 781 年）

　　盛唐時，敦煌觀無量壽經變鼎盛，不僅為各類彌陀經典變相數量最多的一種，而且有的洞窟內還畫兩鋪、三鋪觀經變，敦煌石窟中唯有觀經變是這樣。觀經變驟然劇增與淨土宗的發展有密切關係。

　　唐代是彌陀淨土信仰發展以及中國淨土宗形成的重要時期，除《阿彌陀經》和《無量壽經》繼續受到彌陀淨土信徒推崇之外，宣傳觀想念佛的《觀無量壽經》的流傳也日漸弘通。唐代淨土宗的創立者善導便曾專修《觀經》中的"十六觀"。善導幼年出家，初習《法華經》、《維摩詰經》，偶讀《觀經》，大為欣賞。受戒後與妙開律師共研《觀經》，覺得這經中的觀念法門最易超脫。他還不遠萬里，前往西河向當時的高僧道綽聽學問法，深得《觀經》奧義，盡承念佛往生的法門。善導專弘《觀經》，著有著名的《觀無量壽佛經疏》（又稱《四帖疏》）。8世紀此疏傳入日本，流佈甚廣，至12世紀日本高僧源空即依此創立日本淨土宗，並尊善導為高祖。在疏中，善導就《觀經》闡發了許多極具影響力的淨土思想。像"善惡凡夫同沾九品"、彌陀淨土為報土及定善與散善的觀念，確立起淨土宗修行的完整體系。此時，佛經的注疏達到高潮，而觀經變的特點就是根據經疏繪製，這一點在今天敦煌的唐代觀經變中可見一斑。

　　盛唐觀經變大盛，還有四點原因也值得注意：一者，可能初唐時社會上已有一股畫、繡觀經變的潮流，傳說善導曾畫了三百鋪觀經變；武則天也曾讓人刺繡過四百幅"極樂淨土變"。二者，善導在《觀念阿彌陀佛相海三昧功德法門》中，明確提出五種"增上利益因緣"，第一項就是"滅罪增上緣"。如何滅罪？辦法之一是"依觀經等畫造淨土莊嚴變"，可以滅多少劫的生死之罪。不過，善導很謹慎，所列滅罪多少都是根據《觀經》。三者，《觀經》講"九品往生"，而善導大力宣傳"九品皆凡夫"，觸及每個人的利益，為所有人提供了往生的可能，吸引力之大可想而知。四者，《觀經》講自力與他力，他力即借助佛力。而據《涅槃經》，一切善業，都是往生淨土之因；隋代敦煌人淨影慧遠，注解《觀經義疏》就很強調這一點。寫《觀經》、畫觀經變也是一種善業。敦煌寫經S.3115《佛說無量壽觀經一卷》（尾題）有一則題記，說沙門曇皎，曾寫《觀經》一千部，為的是"一聞一見，俱得上品往生；一念一稱，同入彌陀之國。"沙門曇皎不見於《高僧傳》，可能是敦煌當地名僧。他寫《觀經》一千部，正是大力推行"他力"的僧人。

　　盛唐是敦煌觀經變的高峯時期，雖然數量僅20餘鋪，少於中唐，但繪畫技巧、構圖形式以及經變內容的安排都達到觀經變的頂峯，達到敦煌佛教藝術最高水平，並奠定了中唐觀經變的主要模式。盛唐的觀經變內容已趨完備，而繪製精美，繪畫技巧、畫面佈局等步入最高峯，氣勢宏偉，幾乎窟窟不同，鋪鋪精彩，形式成熟多樣，盡顯大唐氣派，堪稱敦煌壁畫的代表之作。

華麗壯觀的 "淨土莊嚴相"

從初盛唐之交的第217窟開始，每鋪觀經變必有描繪西方極樂世界的 "淨土莊嚴相"，不僅畫面大，而且居於全畫中心，這是盛唐一個新的變化，後來並成為觀經變的固定形式。從《觀經》原文看，並沒有單獨描述極樂世界的種種莊嚴，因此初唐第431窟的觀經變就沒有畫這一部分。

盛唐觀經變中大量出現 "淨土莊嚴相"，可能與此時淨土宗宣揚 "淨土為報土，凡聖同往" 的思想有關。所謂 "報土" 即指報身佛的國土，是真實永存的淨土；在善導之前，一些高僧主張淨土是 "化土"，是佛為勸導眾生而變現出來的領域，是虛幻的國土，又稱 "方便化土"。淨土信仰中的報土、化土之爭，實際上反映了時人在西方淨土真假問題上的分歧。隋及初唐，這種爭論日益深化。隋代時，名僧慧遠（公元523～592年）和道綽（公元562～645年）即持不同說法。慧遠認為淨土是阿彌陀佛隨眾

生機宜化現，凡人只能入化土；道綽認為凡聖都可以到淨土，是真實報土。唐高宗時，僧人窺基（公元632～682年）提出彌陀淨土既為報土，又為化土，凡夫不能入報土。這種往生不能到真淨土的思想將絕大多數普通信眾排除在外，有礙淨土信仰在民間傳播。善導論證彌陀淨土是報非化，凡夫可入，"善惡凡夫同沾九品"。從此，彌陀淨土真實存在，往生是真的思想深入人心，再經其他名僧的宏揚，風行天下。真淨土的莊嚴殊勝自然成為善男信女頂禮膜拜的主要內容。

《觀經》原文，關於 "說法會" 只一句帶過，並沒有單獨描述極樂世界的種種莊嚴；從盛唐開始，"說法會" 卻描繪得氣勢宏大，金碧輝煌。這一新出現畫面的繪製，應是取材於《無量壽經》和《阿彌陀經》中西方淨土 "莊嚴殊勝" 的內容。因此，在觀經變中經常可看到無量壽經變和阿彌陀經變的影響。

一、首次出現的淨土莊嚴相

第217窟觀經變的 "淨土莊嚴相"，畫面繁密，堪稱燦爛輝煌。且是首次出現，需作較詳盡的介紹。

虛空莊嚴：天空中天樂迎風；飛天穿飛於樓閣，開創了盛唐飛天的新貌。

地上莊嚴：包括有寶樓宮閣、寶池和大型樂舞。"寶樓宮閣" 畫了宏偉的大型建築羣：中間兩進大殿，後佛殿兩側

有迴廊環繞 ，與前大殿迴廊相連而構成院落；前大殿是大院落，大殿兩邊共有八座建築，六座建築的下層都有迴廊，廊柱之間懸掛竹簾，雕樑畫棟，一副豪華氣派。此畫的"寶池"，由於當年畫家只給"水"一點點幾乎不被覺察的綠色，也沒有畫水波紋，"溪流"較窄。"淨土莊嚴相"的最下部，中間是舞樂，有學者考證，這幅樂舞圖，很可能是受到唐代名舞《柘枝舞》的影響而作。十二人的樂隊坐於舞者兩邊，樂隊上方的迦陵頻伽，下方的孔雀、鸚鵡、共命鳥，是受阿彌陀經變的影響而出現。

觀經的主角——西方三聖、所有的"與會者"，處於並列的三座"水上平台"之上。主尊結跏趺坐於須彌座上。左上座觀世音菩薩及其眷屬，處於主尊左側的平台上，觀音戴"立化佛"寶冠，完全符合《觀經》所載，其餘人物團團圍坐於觀音周圍，眾星捧月式襯托出觀音的莊嚴妙相。右上座，按理應畫戴寶瓶冠的大勢至菩薩，但卻畫了個頭戴"立化佛"冠的菩薩。

需要指出的是，"淨土莊嚴相"下部舞樂兩邊各有立佛、坐佛及其眷屬。有日本學者把立佛跟前的小孩與立佛一起定名為"父子相迎圖"。但這於《觀經》無據。若把寶樓閣空隙左右各一組小的一佛二菩薩，與下部的二立佛、二坐佛加在一起，表現的可能是"六方護念"，

是受阿彌陀經變的影響。

二、各具特色的淨土殊勝

約建於天寶（公元742～755年）年間的第45窟也是莫高窟的代表洞。北壁的觀經變為"通壁大畫"，絕大部分保存良好。其"淨土莊嚴相"佈局疏朗、開闊，華而不艷，與第217窟形成鮮明的對比。第217窟的人物密密麻麻，不易數清，此窟清清楚楚，一共才118人。總體雖然疏朗，許多細節卻又頗費筆墨，如：三尊所處的"寶地"繪以不同的色彩，代表各種不同的寶物；寶地上還畫了迦陵頻伽、鸚鵡、孔雀，説明施主和畫家很在意"鳥宣道法"，對阿彌陀佛的極樂世界非常熟悉。

第103窟"淨土莊嚴相"中，説法的主尊尤其值得注意。一般來説，經變正中的説法圖，表現在畫面上，主尊可以是講該經的佛；也可以是該經主要部分的主角，即另一個佛；甚至還可以是兩者的結合。觀經變"淨土莊嚴相"描繪的是西方極樂世界的種種美好，因而畫面上的主尊一般都是阿彌陀佛在説法，但講觀經的是釋迦牟尼佛，因而畫釋迦牟尼為主尊亦合規矩。我們可以明確認定此窟説法的主尊是釋迦牟尼佛，證據有三：一者，佛放眉間白毫相光，"遍照十方無量世界"，畫面與經文相符。觀經中説到佛放光的地方不少，但"放眉間光"的只有釋迦牟尼佛。二者，主尊

左右上座不是觀音、大勢至。本來，釋迦牟尼佛説觀經時，與會的以文殊菩薩為上首，並沒有第二個菩薩。繪成圖畫，為了對稱，畫了另一上座菩薩，可能是普賢菩薩。文殊、普賢相對，在莫高窟從初唐貞觀年間開始就是如此，以後隨處可見。三者，兩位上座的寶冠沒有觀音、大勢至的特徵，而右上座的左手舉於胸前，手心朝外，伸食、中二指，和同窟東壁《維摩詰經變》中的文殊菩薩的手印相同。

第172窟南北兩壁都是觀經變。南壁中間的淨土莊嚴相，與別的洞窟相比，有許多不同之處：1. 三尊在壁面上所處的位置降低，便於善男信女瞻仰；2. 虛空及寶樓閣的空間增多，樓閣精美而真實，主殿的廊柱透視感很強；3. 上座的華蓋特高，有飛天圍繞，是沿用了《無量壽經》中飛天散花變作華蓋之説；4. 左右下方前來聽法的諸佛前有了"香案"，這一形式並為後代沿用；5. 三尊與眷屬非常集中。人物刻劃細膩，十方讚嘆的描繪更加多樣。

第148窟中間的淨土莊嚴相，天空中的"十方諸佛"，都有題記，有的現在仍能看清。建築物的最上層，大殿與偏殿之間，虹橋飛架（當真是彩橋）；下層則走廊相連。橋上廊下都有人來往。三進水上平台，三尊處在第三進，其左右兩側多了一組立佛及眷屬，立佛前有迦

陵頻伽。第二進水上平台，全是音樂舞蹈，中間雙人舞，旋轉飛速，兩邊共四組多人的樂隊。龐大的樂舞，使氣氛陡增熱烈。與主尊鼎足而三的左右下部"赴會佛"，眷屬增多，空間增大，氣勢非凡。在七寶池中，還畫有"十六觀"後三觀"九品往生"的內容。

構圖靈活的"未生怨""十六觀"

除淨土莊嚴相以外，盛唐觀經變中的其他內容同初唐大同小異，但是形式更加多樣。初唐長卷式構圖不再出現，經變主要呈"向心"式佈局，每鋪經變均以"淨土莊嚴相"為中心，"未生怨"、"十六觀"等其他內容圍繞這中心而繪，反映出此時經變的構圖更加成熟。淨土

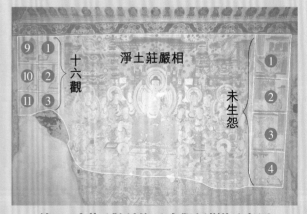

第113窟"不對稱格子式觀經變"示意圖

莊嚴相放置靈活，各有特色（參見本書附錄）。根據周圍的"未生怨"、"十六觀"的位置關係，盛唐觀經變分為對稱式和不對稱式兩種。（詳見附錄：敦煌

觀無量壽經變構圖形式表)

不對稱式觀經變以第113窟為代表，中間也是淨土莊嚴相，但兩側的條幅畫不對稱，左側二列、右側一列。

對稱式符合中國傳統的審美觀念，也是盛唐數量最多的觀經變構圖形式。以下就對稱構圖的幾種樣式，簡要介紹形式多樣，異彩紛呈的"未生怨"和"十六觀"。

一、風格迥異的"山"字式

第217窟和第103窟均為莫高窟盛唐代表窟，第217窟以華麗著稱，第103窟以淡雅聞名。兩窟雖然風格各異，但觀經變的構圖形式相同，即中間為"淨土莊嚴相"，左側接下沿為"未生怨"，右側為"十六觀"。

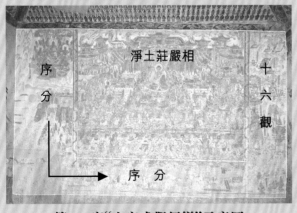

第217窟"山字式觀經變"示意圖

兩窟基本呈"L"形構圖的"未生怨"故事畫，左邊垂直的部分為條幅畫，上半部畫佛在耆闍崛山說法，下半部畫阿闍世太子幽閉父王。第217窟的釋迦牟尼佛放

光所現的十方諸佛，畫足十位，不似其他好多洞窟都不足"十方"。而阿闍世太子幽閉父王的場面，則被日本學者認為與唐代著名的"秦王破陣樂"有關。第103窟的未生怨中沒有"收執父王"這一情節，而開始於父王被幽閉於七重室內，目犍連"如鷹隼飛"，到王舍城為國王授戒的場面。畫家似乎喜歡飄忽於山水彩雲間，特為這一情節費了不少筆墨。

下沿所畫未生怨的內容，由於第103窟脫落嚴重，已無法窺見原貌。第217窟雖亦斑剝不清，但尚可勉強辨認，曾有日本學者據隱隱約約的四座房子推測為"九品往生"。但若仔細進洞窟辨認，可以肯定是"未生怨"：從左往右，可分三段，原畫以山水或城牆來分隔，表示不同時空，前兩段用山水，後一段是一座大城。第一段內容不清。第二段大目犍連、富樓兩位高僧坐於"高座"上，為跪地的國王說法。第三段是一座橫寬縱窄的大城，其中有兩個情節可以看得清楚：一、一房子前，有一人躬身作稟報狀，這應該是太子想知道父親死活而詢問獄卒；二、佛從耆闍崛山"沒"，從王宮出，韋提希夫人"舉身投地，號泣向佛"。

"十六觀"在淨土莊嚴相右邊，亦為條幅畫。把十六觀畫在條幅上，是第217窟首創。此畫下部約三分之一的畫面雖已模糊，但全部有十六個場景，說明

"十六觀"齊備。每一觀都以山水為界。其中有一個場景，代表哪一觀，尚未完全確定。作者可能是一位豪放之人，事先並無周密計劃，信手畫來，前鬆後緊，次序不依。第103窟的"十六觀"，多數已漫漶不清。從可以看清的幾身韋提希夫人的像來看，夫人的頭飾常變，有梳高髻的，有戴"籠冠"的，有戴不知名高冠的。唐代婦女好男妝，可能這也是一種男妝。

需要特別指出的是，第217窟觀經變中兩次出現"九品往生"。"九品往生"亦即"十六觀"中的最後三觀：上輩生想；中輩生想；下輩生想。本來在十六觀條幅中已有後三觀，但在舞樂與三尊之間，有一條水帶，又畫了"九品往生"，其中的四位坐在"台"上往生。如按經文，應該只有三種台，上品上生者坐"金剛台"、上品中生者坐"紫金台"、上品下生者坐"蓮花台"，畫四個台純粹是為了對稱。兩畫九品往生，說明：一者畫家熟悉經文，二者九品往生的內容，深受當時的施主及善男信女喜愛。由於善導的宣揚，唐人對"九品往生"是很熟悉、很計較的，初唐的文諗、少康所輯《往生西方瑞應傳》的一則故事可以為證：一位姓高的禪師，誦觀經三十萬遍，每日稱名念佛五萬次，臨終前，見"西方聖眾數若恆沙，見一人擎白銀台當窗而入"，禪師說，按我的功課，應該

坐金台（指上品上生）。於是加油念佛，終於見到紫金台來接他，才"含笑而終"。看來，如果他見不到"金台來迎"，將死不瞑目。

二、久盛不衰的"中堂式"

中堂式構圖從盛唐的第208窟開始，歷代不衰。所謂中堂式，是借用中國廳堂佈置書畫的名稱，指中間一幅大字畫，兩邊各一"條幅"的形式。盛唐時期許多洞窟的觀經變都採用"中堂式"構圖，嚴格說來，這種形式也沒有一鋪是完全相同的，而且愈到後期，繪製愈精美，第45、172、320以及盛唐之末的第148窟觀經變都是經典之作。

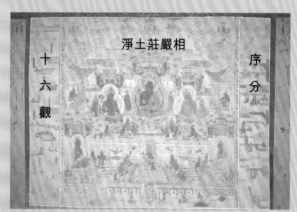

第320窟"中堂式觀經變"示意圖

第45窟"淨土莊嚴相"右側的未生怨，只存三段。從現在情況看，故事自下往上展開。與以前有很大不同，最有特點的是"欲害其母"一節。左側的十六觀，現存十三觀，自上往下"蛇行"，從坍塌的情況看，原畫十六觀齊全。與過

去的十六觀相比，表現方法有所不同：夫人跪地觀想，其身後有侍從，或一人或二人；侍從有小女孩有成年女子，有男侍者或女官；夫人雍容爾雅；"水想觀"不在人工砌造的池邊而在天然的水邊等等。遺憾的是，人物臉部的線都是經過重描的。

第320窟也是敦煌石窟著名的代表窟。右側的"未生怨"，自下而上畫了六個場景，除第一個場景外，其餘都是用院牆作場景的分界，不分格而有格。而第一個場景畫的是高大的城門，上有門樓，前有門衛小屋，這一警衛森嚴的王舍城的描述，是要告訴觀者：故事發生在宮室蕭牆之內，"亂到蕭牆豈易平"？接下來描述宮內的場景，也有許多獨到之處。

左側的"十六觀"，從上往下展開。此畫的作者，不知出於何種心態，也許是藝術家的倨儻吧：十六觀畫了十六個小畫面，但卻少畫了一個"像想"觀；第九觀"真身觀"的無量壽佛，畫得最不認真；他很追求畫的詩意，讓"日想觀"佔了很大的壁面，構圖、設色都很考究，成了敦煌山水畫的名篇。

第148窟完工於大曆十一年（公元776年）前，是吐蕃統治敦煌之前也就是盛唐最晚的一批洞窟的代表。此窟是盛唐與中唐的分水嶺。東壁南側的觀經變面積冠絕敦煌。它結構宏偉，技藝精湛。重樓瓊閣、水榭亭台，構思嚴謹，隨着視點的高低，把建築羣統一在一個順乎視覺的交點裏，美術界有專家認為，在同時期世界美術史上能有此表現技法，是一種傑出的成就。

左側的"未生怨"，從下往上展開，創意不多。右側的"十六觀"，自上往下進行，只畫前十三觀。其中的"地想觀"，把經文表現得最充分，撮取"見琉璃地，內外映徹，下有金剛七寶金幢擎琉璃地"，"琉璃地上，以黃金繩雜廁間錯，以七寶界，分齊分明，一一寶中有五百色光"，"於台兩邊，各有百億華幢"創作了一幅最華麗的地想觀。寶樹觀也畫得比較有特點。華座觀表現的是"於七寶地上作蓮花想"，畫了一朵最美的蓮花，同時又是"蓮座"。

後三觀"九品往生"畫在七寶池中，共畫十一位化生，如今題記猶在，光上

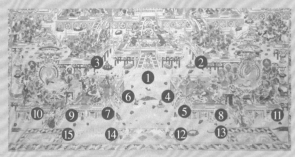

第148窟化生示位圖及榜書錄文

① 上品上生　⑥ 中品上生　⑪ 下品下生
② 初品往生　⑦ 中品□□　⑫ 池中蓮花大如車／輪常生五色光
③ 初品往生　⑧ 中品下生　⑬ 同上
④ 上品中生　⑨ 不清　　　⑭ 不清
⑤ 上品下生　⑩ 不清　　　⑮ 不清

品上生就畫了三個，題記曰"上品上生"
"初品往生"、"初品往生"；寫兩個"初
品往生"，可能是施主家人的願望。七
寶池中還有空着的大蓮花，使人不由想
起《瑞應傳》一則故事：魏世子父子三人
修持往生西方，但妻子不信。女兒十四
歲時死去七天復活，告訴母親說：我見
西方已有父兄三人的蓮花，後當化生，
唯獨沒有母親的，故暫時回來告訴您。
此後母親也依女兒的話，'日念西方'，
四人盡得往生。很可能第148窟此畫中西
方極樂世界"空"着的蓮花是施主一家為
自己"預留"的！

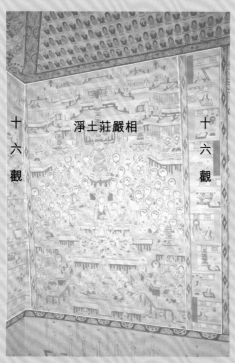

十六觀　　淨土莊嚴相　　十六觀

**第120窟"無未生怨中堂式觀經變"
示意圖**

中堂式觀經變一般都在左右條幅分
別畫未生怨故事和十六觀，唯獨第120窟
的，左右條幅都畫"十六觀"。沒有未生
怨，即沒有中國人認為"大逆不道"的抓
父王、禁閉母親等等不孝的行為。或可
稱為無未生怨中堂式吧。

三、獨一無二的蛇行"格子式"

格子式構圖，在盛唐觀經變中不
多，目前僅發現第66窟一例。

第66窟的面積並不大，但相對來説
比較高。北壁的觀經變，1908年法國伯
希和拍照時，東側的未生怨雖已漫漶，
但可以看出是兩列，每列八段（即八
格），中間淨土莊嚴相的下部略殘，西
側的十六觀略殘。松本榮一據伯希和
《敦煌圖錄》判斷西側二列每列十一格，
確定此乃十六觀中的前十三觀加後三觀
的"九品往生"，每品一格，恰好二十二
格。1943年敦煌國立藝術研究所成立
時，已是現在的模樣：東側殘存二列九
格；西側已無法判斷為每列十一格；中
間下部殘損更多了，從現在情況看，估
計可能是供養人。

左條幅的十六觀，右條幅的未生
怨，均為從上往下"蛇形走向"，如左側
的十六觀，第一段從右往左為日想觀、
水想觀，然後轉第二段從左往右為地想
觀、寶樹觀，依此類推。右側的未生怨
畫了十六個場景，是前所未有的，但多
數已塌，殘餘的也不甚清楚。

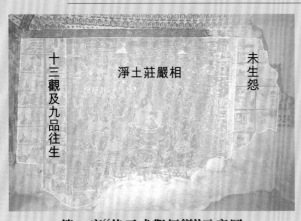

十三觀及九品往生　　淨土莊嚴相　　未生怨

第66窟"格子式觀經變"示意圖

四、"淨土洞"的"棋格式"

"棋格式"觀經變，只見於盛唐第171窟。此窟東、南、北三壁均畫觀經變，西壁龕內畫阿彌陀五十菩薩圖，整窟可以說是典型的"淨土洞"。稱此窟的觀經變為棋格式，因為每鋪的未生怨、十六觀、九品往生都畫在格子內。從內容到形式，第171窟都是敦煌壁畫觀經變的頂峯。

三鋪觀經變構圖大同小異，以北壁所繪最為經典。1908年伯希和拍下的北壁觀經變，比現存壁面清晰得多。正中為淨土莊嚴相，兩側為未生怨、十六觀，下沿九格畫九品往生。淨土莊嚴相受無量壽經變、阿彌陀經變的影響最少。與以前不同的是：1. 虛空沒有飛舞的樂器（南壁同）；2. 樓閣都不大；3. 主尊為無量壽佛，"頂光"放光，南壁亦然；4. 左上座為觀音菩薩，戴立化佛冠，右上座為大勢至菩薩，戴寶瓶冠，

與經文完全吻合，這還是第一次；5. 淨土莊嚴中也有九品往生，位於三尊下的寶池中，若連下沿的九品往生屏風畫算，這幅觀經變佔中間幾近一半的壁面，畫九品往生。附言一句，十六觀中也有九品往生，因此北壁的觀經變共畫了三次九品往生；6. 天人舞蹈的場面不大，有鳥宣道品。這兩樣本不是《觀經》所有，因而只是點綴而已，說明畫家很熟悉經文。

關於此窟的九品往生已模糊，但從研究的角度卻值得一提。這是此次的新發現：下沿九扇小屏風，畫佛與菩薩來迎，然後飛去；每扇小屏風都有一個"台"，亦即"空座"，以待行者。這一組畫面，與白居易說的"青蓮上品，隨願往生"頗為相似。此窟的施主，自然願意"上品往生"，所以畫家就全部畫成"金剛台"、"紫金台"來迎。上品下生是"金蓮花"來迎，此處沒有，說明施主至少要"上品中生"。善導的《往生禮讚偈》中有："說此偈已，更當心口發願：願弟子等臨命終時，心不顛倒，心不錯亂，心不失念，身心無諸苦痛，身心快樂如入禪定，聖眾現前，乘佛本願，上品往生阿彌陀佛國。"很明顯，善導也是引導大家"上品往生"。更有意思的是：三尊前的七寶池中，又畫九品往生：九品皆坐在"台"上，中間三個不在蓮花苞內；左右各三台，台上為花苞，

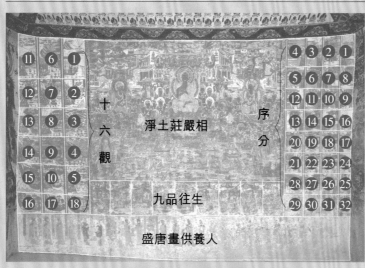

十六觀

淨土莊嚴相

序分

九品往生

盛唐畫供養人

第171窟北壁"棋格式觀經變"示意圖

內坐童子；每個台的左或者右，都有迎接他們的聖眾。中國有句俗語，叫做"送佛送到上西天"，這裏是"送人送到佛跟前"，有趣極了！

"未生怨"部分，共用四列八段，三十二個格子——從第一段開始，自右向左，然後向下"蛇行"。

"十六觀"用了三列六段，十八個格子——其描繪故事的走向很特別：上面五段從右開始，都是上下看的，然後接上第六段，從左起橫看。這種排列順序，至今仍未有準確的定名。南壁的十六觀也是如此排列，只不過南壁從左列開始。

此窟十六觀中的韋提希夫人，全坐在房內觀想，敦煌壁畫中僅此一例。這種處理方法，不但佔用空間，而且使觀者與所觀的景物脫節，缺少意境，可能因此不為後來者採用。此時的"十六觀"，次序、內容全按佛經所説，比較規範。如：水想觀，畫三池水，佛經上就説是見水澄清之後要作"水作冰觀"、"琉璃觀"；八功德水想，佛經説"有八池水"，就畫八格水池；觀音、大勢至的圓光中有化佛，就畫化佛從圓光中出。十三觀以後的五格，往生者全坐在"台"上，最後三格的台上是蓮花苞，內有童子，可能表示下輩三品。不過，看似雷同的畫面，絕對沒有完全相同。有的"觀"還很有特色。

對稱、協調是畫家普遍追求的美學規律。此窟觀經變從整個洞窟來看，佈局非常協調：窟內靠東壁的都是三十二格的未生怨，靠西壁的都是十八格的十六觀。為了南北兩壁對稱，畫家做了精心安排：每一"觀"的所觀對象與"行者"，與對面的十六觀正好方向相反，假如南壁"日想觀"的落日在左，北壁的則在右，餘類推。這樣，每壁相互呼應，整個窟也有協調一致的效果。

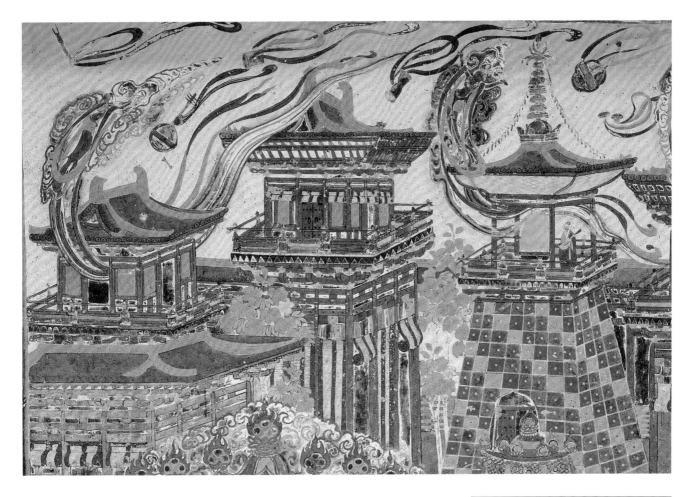

96 淨土莊嚴相中的飛天、樓閣

右邊的建築物，建築學家稱為 "小
台"，是土夯或磚石砌成的離地面較高
的建築。小台上有一座亭子，內有僧人
敲鐘。飛天從樓閣的這邊飛進，從那邊
飛出，身輕如燕，開創了盛唐飛天的新
貌。

盛唐 莫217 北壁

97 "山"字式觀經變

中間是淨土莊嚴相;左側條幅接轉下沿
畫未生怨,右側條幅畫十六觀。畫面左
下角後代加砌的土台所擋,未生怨一小
部分內容不得而知。此畫乃敦煌壁畫代
表作,中間的建築畫猶為出名。整個畫
面氣氛熱烈,富麗堂皇。作者常有即興
改動,隨着時間的推移,改動的痕跡已
經顯現,惟須仔細賞讀,才能發現。

盛唐 莫217 北壁

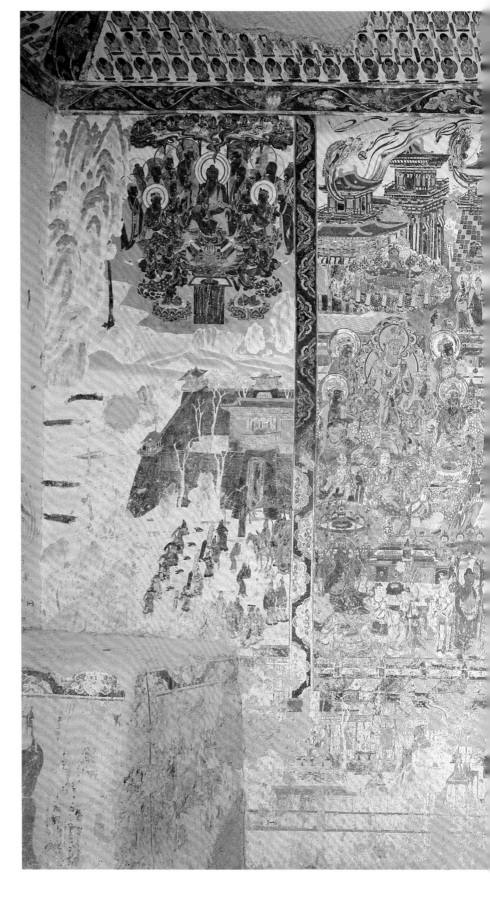

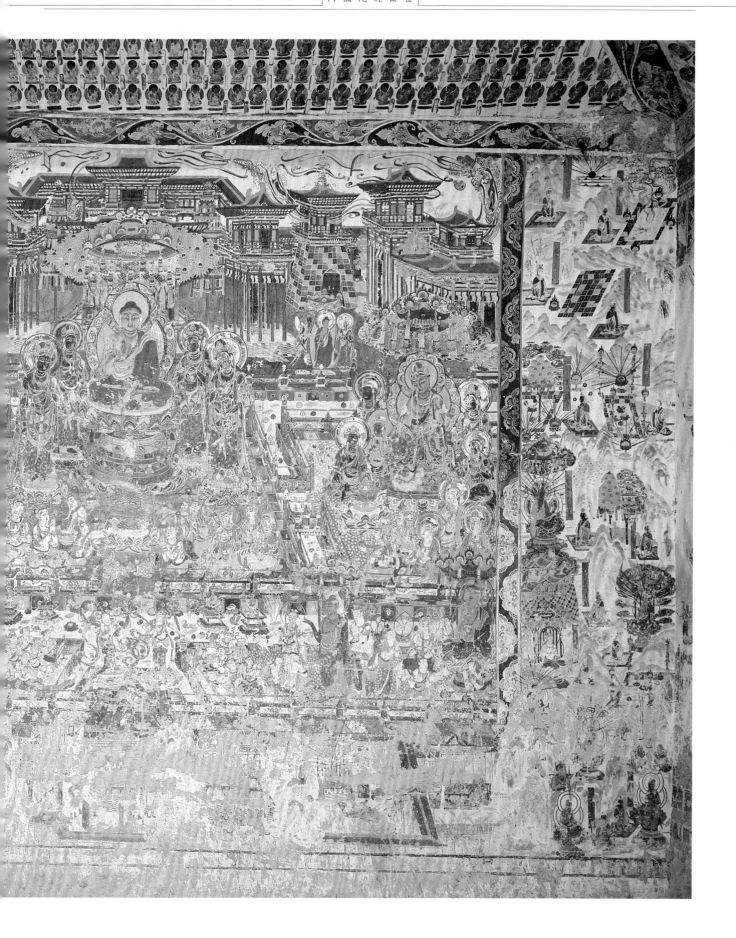

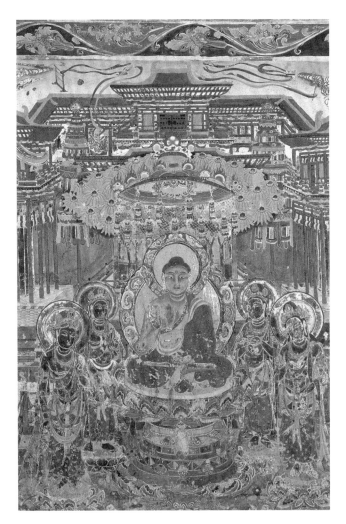

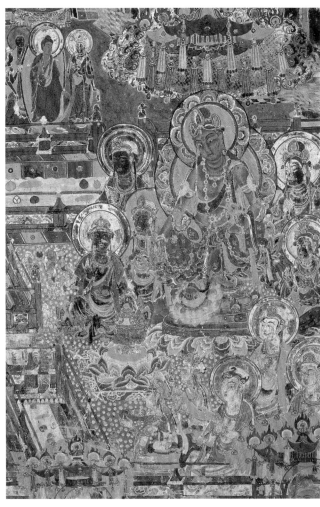

98 主尊及四脅侍

主尊身光、圓光的邊飾，此畫的頂部邊
飾，無一不反映唐代繁花似錦的圖案。
主尊頭頂的華蓋與身後的雙樹結合，由
於沒有變色，珠光、瓔珞，七寶羅網，
一應俱全；佛的身後左右，還有兩具寶
幢。

盛唐 莫217 北壁

99 左上座觀世音菩薩及其眷屬

七寶地上，眾多菩薩圍繞觀音而坐。觀
音戴“立化佛”寶冠，符合觀經所載。
圖中菩薩大部分已變色，有的成了“陰
陽臉”，有的成了“花臉”；為研究
“變色”問題提供了不少資料。觀音菩
薩左下方的一位沒有變色，可以進行對
比研究。最下面的二位，有當年的修改
痕跡。

盛唐 莫217 北壁

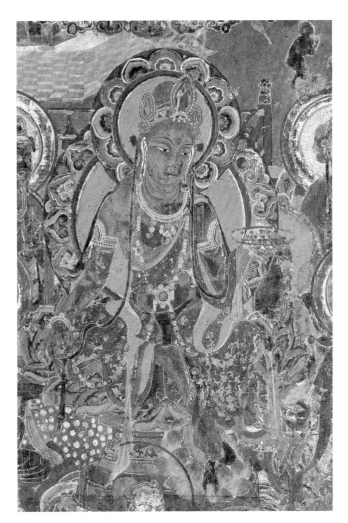

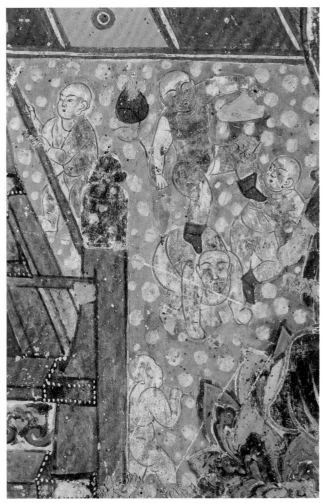

100 右上座菩薩

本來右上座應該是戴"寶瓶冠"的大勢
至菩薩,卻畫成戴立化佛冠。張冠李
戴,致使畫面成了二觀音對坐。菩薩左
手托着供品,托盤是一件玻璃器皿,玻
璃器在唐代極貴重。菩薩佩帶項鏈、瓔
珞、臂釧、手鐲,華貴脫俗,端莊大
方。

盛唐 莫217 北壁

101 觀音面前的五童子

童子或裸體或只兜着"圍嘴",正在嬉
戲。兒童的天真,給肅穆莊嚴的淨土平
添人間的生氣,也給人以民間喜見的
"送子觀音"的聯想。

盛唐 莫217 北壁

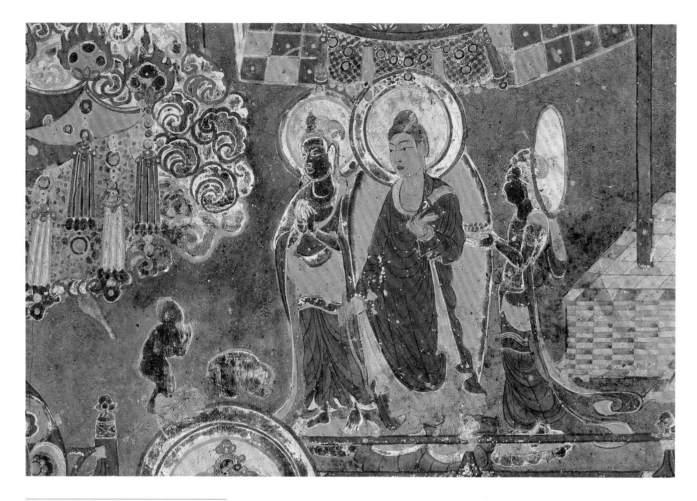

102 六方護念的一組一佛二菩薩

在寶樓閣的空隙處，分別有兩組小的一
佛二菩薩，這是左邊一組與下部的二立
佛、二坐佛加在一起，表現的應是"六
方護念"。觀經變中畫六方護念，應是
受《阿彌陀經》影響。前面的兩個童
子，一個雙手合十，一個五體投地，並
沒有佛經依據，可能此畫的作者很喜歡
兒童。

盛唐　莫217　北壁

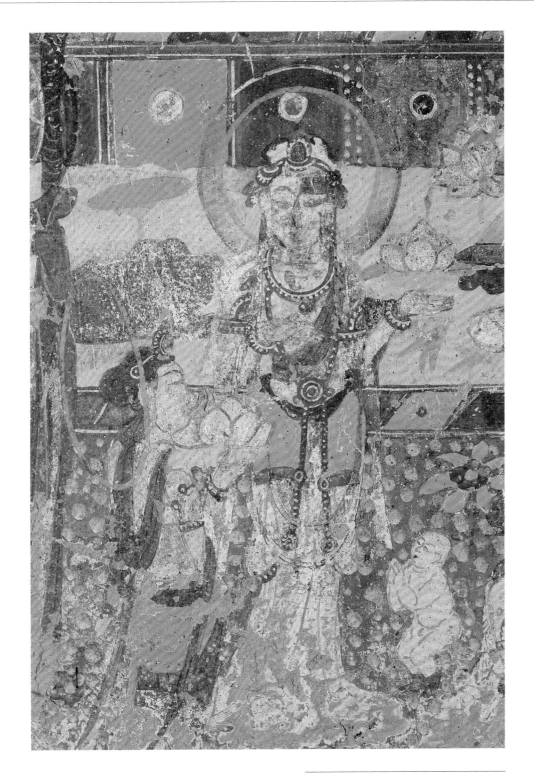

103 供養菩薩

地面的小圓白點表示"七寶鋪地"。胡
跪和站立的菩薩，手上都托着花。
盛唐 莫217 北壁

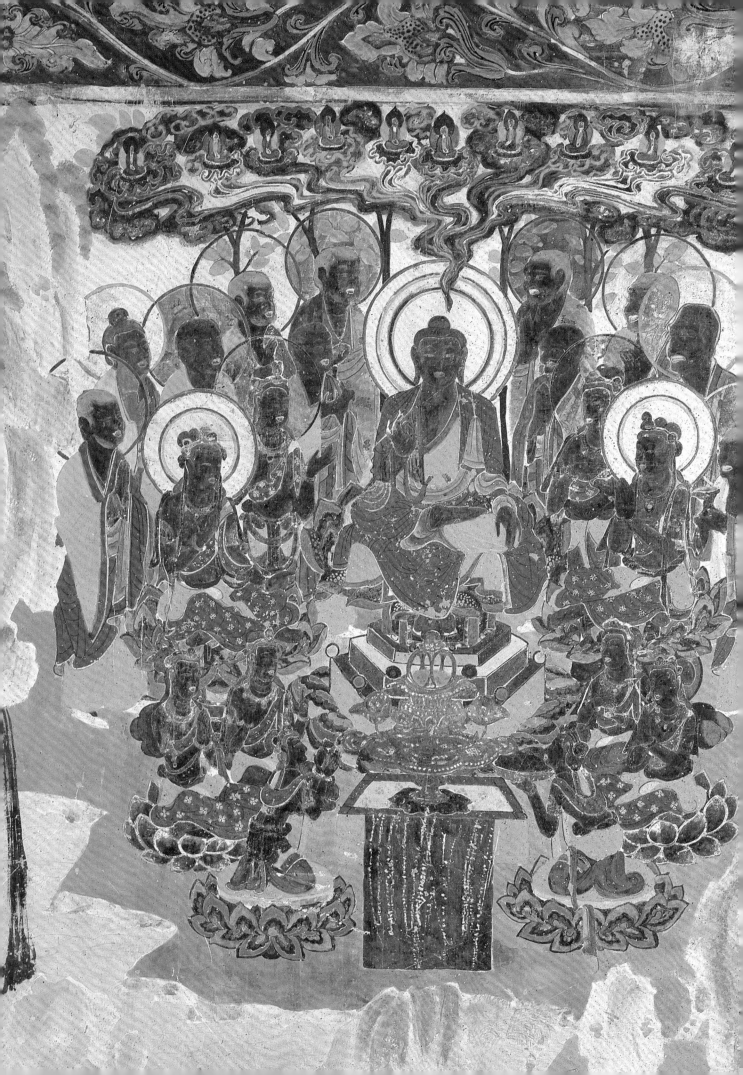

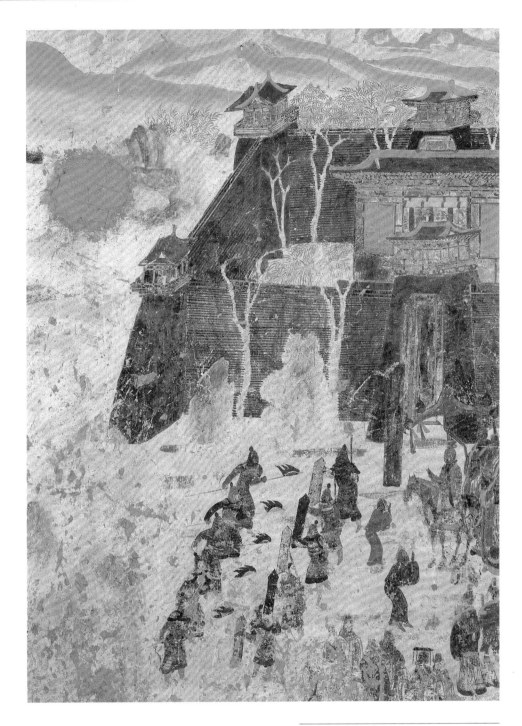

105　未生怨之囚父

這幅囚父的表現方法非常特別，城外廣場上，十名武士分立兩邊，一邊持矛進攻，一邊持盾抵抗；兩大臣正向騎馬的太子稟報；頭戴冕旒的國王及眾人一旁站立。有認為它形象地表現了某次宮廷政變。也有日本學者根據藏於日本的《秦王破陣樂》舞圖，推測兩列武士的對攻與唐代著名樂舞"秦王破陣樂"有關。

盛唐　莫217　北壁

104　佛在耆闍崛山說法

釋迦牟尼佛結跏趺坐，周圍有十大弟子、四大菩薩、六供養菩薩，四身大菩薩及六身供養菩薩，都已變色。佛放光所現的十方諸佛，畫足十位，一絲不苟。菩薩均着纈染紅色長裙。"纈染"即紮染，是唐代流行的織染工藝，以線把織品打結而後染色，凡結處皆成白色的花。

盛唐　莫217　北壁

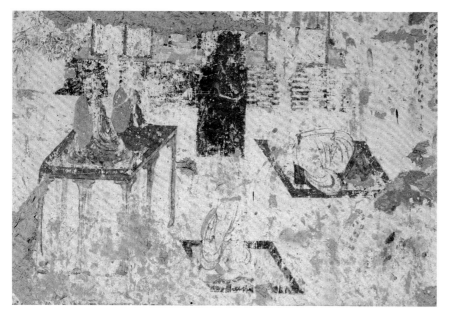

106 未生怨之高座説法

下沿所繪未生怨局部。大目犍連、富樓
那兩位高僧坐於"高座"之上，為國王
説法。

盛唐 莫217 北壁

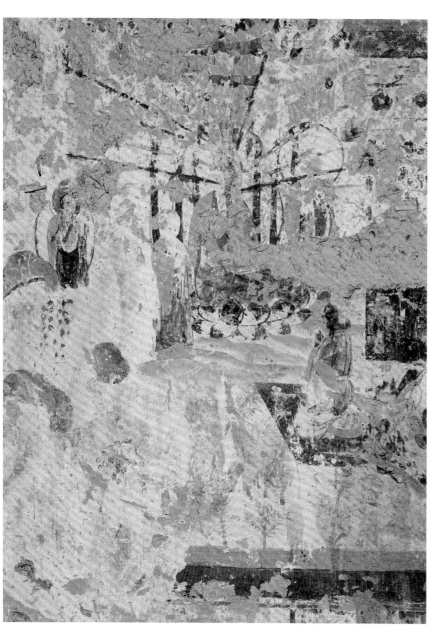

107 韋提希請佛

下沿所繪未生怨局部。佛從耆闍崛山
"沒"，從王宮出，韋提希夫人"舉身
投地，號泣向佛"。為了説明佛從山中
隱沒，佛像只畫了大半身，而房子裏的
佛像周身放光。這一情節比較神秘，往
往為後來所襲用。

盛唐 莫217 北壁

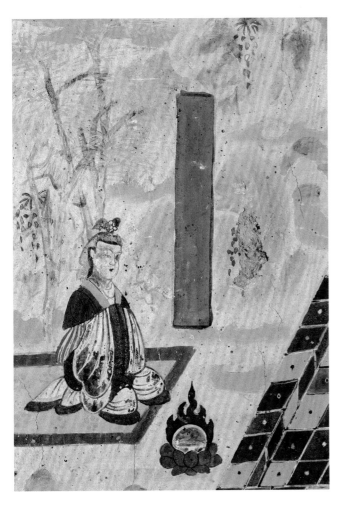

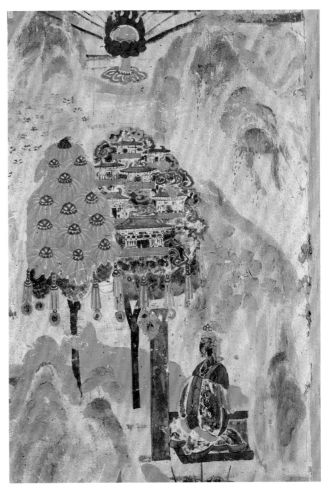

108 韋提希夫人

觀經變很多，每鋪觀經變又至少畫十三
個韋提希夫人，因此夫人無數，但絕大
部分已眉目不清。圖中這位眉目清晰，
不可多得。

盛唐 莫217 北壁

109 寶樹觀

此處“寶樹觀”不循套路，不是用七棵
樹代表“七重行樹”，而是畫兩棵樹：
一棵表示“七寶華葉，無不具足；一一
華葉，作異寶色”，裝飾性極強。一棵
表示“一一樹上有七重網，一一網間有
五百億妙華宮殿”。樹上所畫的大殿，
近大遠小，突出了寶樹高“八千由
旬”，高度“不可限量”的感覺。

盛唐 莫217 北壁

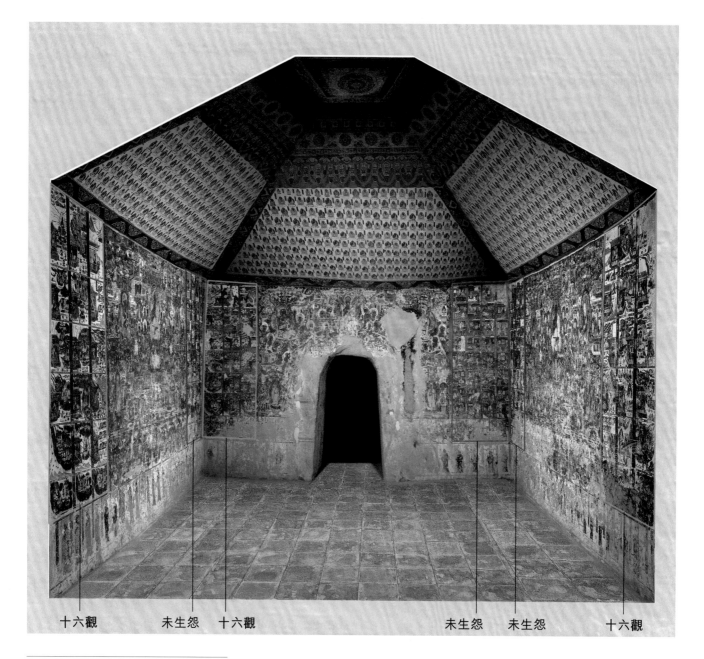

十六觀　　　未生怨　　十六觀　　　　　　　　未生怨　　　未生怨　　　十六觀

110　第 171 窟 立 體 洞

此窟東、南、北三壁均畫觀經變，西壁
龕內畫阿彌陀五十菩薩圖，可說是典型
的"淨土洞"。靠近地面，沿窟一周畫
供養人，除西壁龕下以外，其餘都是唐
代原作。

盛唐　莫171

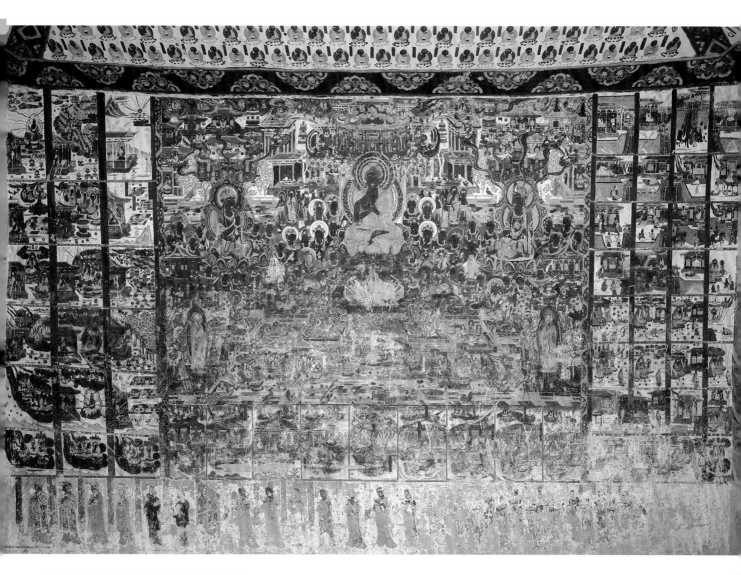

111 北壁棋格式觀經變

此鋪可為第171窟所有觀經變的代表。正
中為淨土莊嚴相;左側為十六觀,十八
格;右側為未生怨,三十二格;下沿九
格畫九品往生;下部為唐代原畫供養
人。接近地面處的供養人,都是一組一
組的,看來此窟不是一個大家族獨創,
就是幾家合開。主尊前面供器下方是白
俄士兵寫的俄文。

盛唐 莫171 北壁

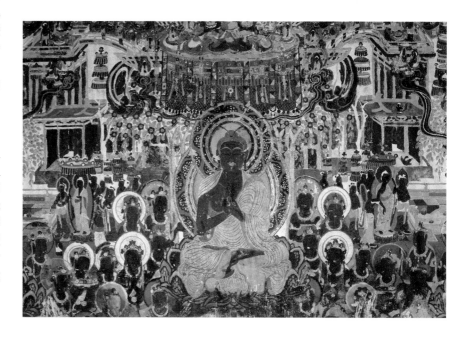

112 主尊及其眷屬

主尊、菩薩的膚色都已變黑,但主尊的
"頂光"放光仍可以看得很清楚。其光
所到之處,都有一位千佛,被安排在華
蓋周圍;這種表現方法很別致。主尊袈
裟的衣紋密集而合理,很寫實。中國古
代沒有模特兒,藝術家的寫實創作,來
自對生活的細微觀察。

盛唐 莫171 北壁

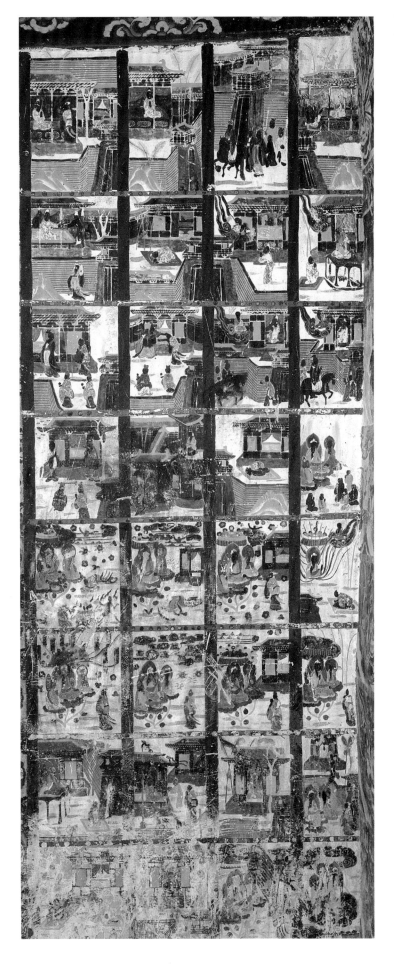

113 "未生怨"

共用四列八段，三十二個格子。其次
序、走向為：第一段自右往左，然後向
下"蛇行"。

盛唐 莫171 北壁

未生怨情節分佈

一段
① 惡人調達教唆太子
② 城外，太子騎馬，"收執父王"
③ 幽閉父王於"七重室內"
④ 夫人秘密送食

二段
⑤ 或表示國王"求水漱口"
⑥ 國王五體投地，請佛授八戒
⑦ 目犍連頭朝卜飛到國王前
⑧ 富樓那飛到高台上，為王說法

三段
⑨ 太子在城外詢問守門人
⑩ 守門人捧"笏板"回報國王多日不死原因
⑪ 院內，太子揪着母親頭髮，"執利劍，欲害其母"，二大臣諫阻
⑫ 夫人回望太子，前為兩大臣。表示太子納諫，不殺其母

四段
⑬ 一男一女在階道旁，院內另有二人交談。表示太子敕語內宮，閉置母親於深宮，不令復出
⑭ 夫人被幽閉在深宅大院
⑮ 房外，夫人五體投地，請佛派目犍連、阿難見她
⑯ 佛及聖眾在耆闍崛山

五段
⑰ 佛從耆闍崛山沒，正於王宮出，故露半身。阿難正飛來
⑱ 一蓮莖分枝三朵蓮花，上坐佛及弟子，夫人合十禮三尊
⑲ 夫人"自絕瓔珞，舉身投地"，一串瓔珞摺在地上
⑳ 下方"地獄餓鬼畜生盈滿"。夫人懺悔，請佛教她"觀於清淨業處"。

六段
㉑ 佛"眉間白毫放光"，十條榜子的字已看不清；夫人合十
㉒ 佛放光，現"十方淨土"，令夫人得見
㉓ 夫人在佛前，表示只願往阿彌陀佛淨土，請佛教她"思維"
㉔ 夫人合十，求法如何"正受"。慧遠《義疏》稱後十四觀為正受

七段
㉕ 國王在佛及弟子前，表示幽閉中"遙見"世尊，作禮，得"阿那含果"，不會再投胎
㉖ 夫人坐在小建築內，房外豎着長幡，表示佛告訴韋提希應"修三福"
㉗ 右後是佛堂。前有三人打坐、捧物、合十，分別代表"修三福"之一的孝養父母、奉事師長、慈心不殺，修十善業
㉘ 城外，一人跪拜佛堂前高台上的僧人，表示"修三福"之二，"受持三歸"

八段
㉙ 已漫漶。東壁尚可辨認：院內三人跪樹下，對面一人跪小方毯上，表示"修三福"之三，"發菩提心，深信因果，讀誦大乘，勸進行者"
㉚ 東、南、北三壁皆已漫漶
㉛ 右側一大城，左側佛在蓮枝上，告訴合十的夫人，他將為一切眾生"說清淨業"
㉜ 佛說法後乘彩雲離去

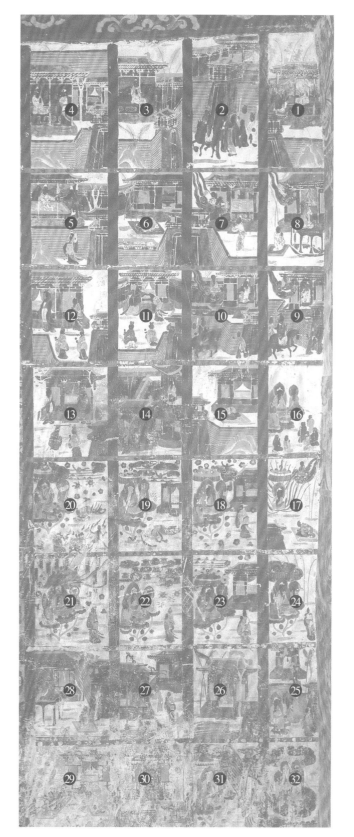

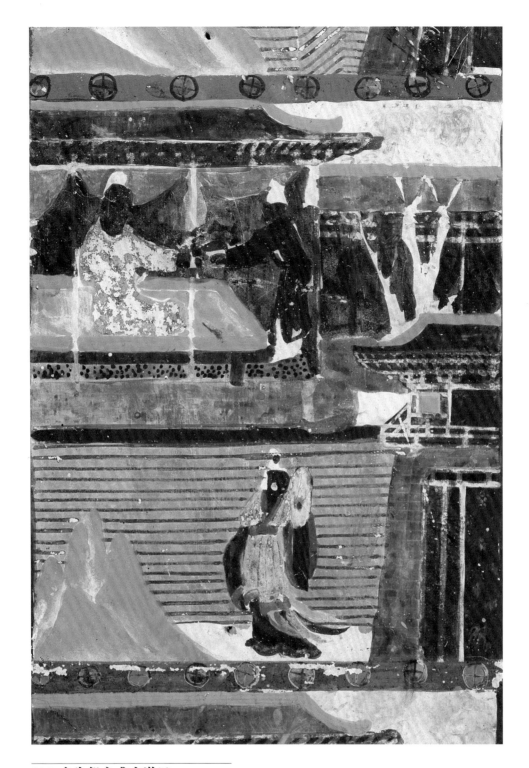

114 未生怨之求水漱口

這是國王吃了韋提希夫人送的“麨、
蜜”以後“求水漱口”。雖然畫面已經
變色，但仍可以看出，韋提希站在城牆
外，另外一人遞東西給國王。關於“求
水漱口”一節，善導說是夫人於宮內求
得。畫家於是畫一個宮中人物給送水。

盛唐　莫171　北壁

115 十六觀

這是同窟三鋪"十六觀"中最好的一
鋪。如右上角的"日想觀",一輪紅日
霞光萬丈,遠山點點之外,更遠處還有
浮雲,天外有天,給人深遠之感。坐觀
的房子、環境,也保存得很好。

盛唐 莫171 北壁

十六觀情節分佈

第一列 ① — ⑤,⑱
第二列 ⑥ — ⑩,⑰
第三列 ⑪ — ⑯

① 日想觀
② 水想觀
③ 地想觀
④ 寶樹觀
⑤ 八功德水想
⑥ 寶樓觀
⑦ 華座觀
⑧ 像想
⑨ 真身觀
⑩ 觀音觀
⑪ 勢至觀
⑫ 普觀想
⑬ 雜想觀
⑭ 上輩生想
⑮ 中輩生想
⑯ 漫漶
⑰ 漫漶
⑱ 漫漶

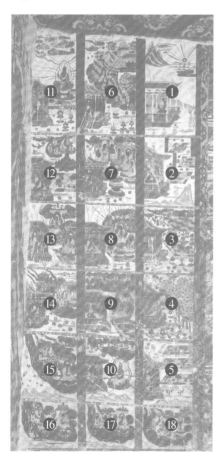

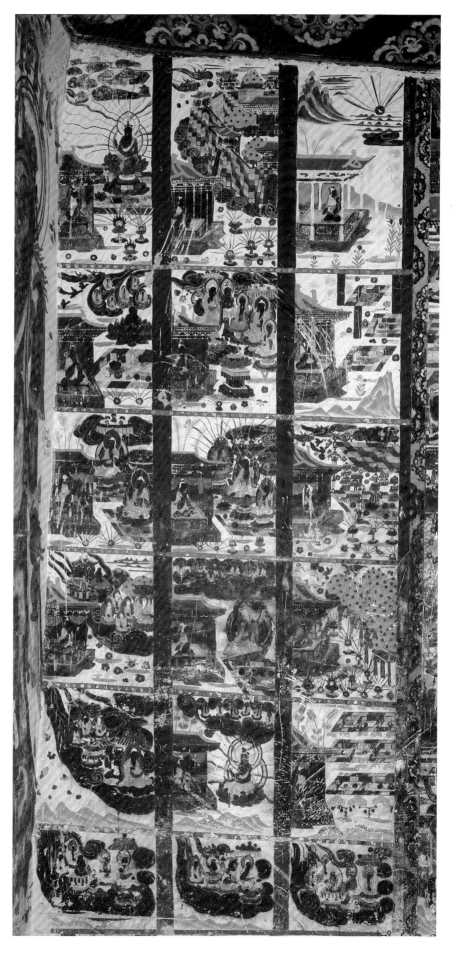

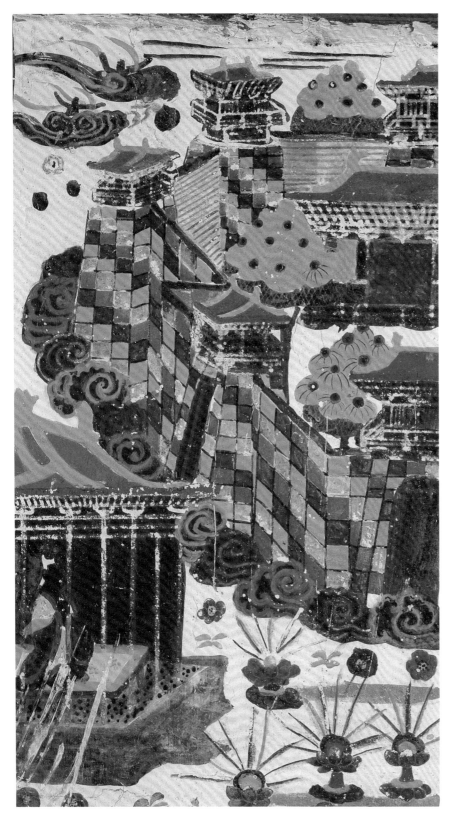

116 寶樓觀

經云：極樂世界的"眾寶國土，一一界上，有五百億寶樓"。畫面以寶樓為主，用五座城樓表示五百億。城門高大，城牆上砌五彩方磚，氣派華麗。城內樹木參天，大殿巍峨。寶樓全在彩雲之上，表明此乃佛國仙境。

盛唐 莫171 北壁

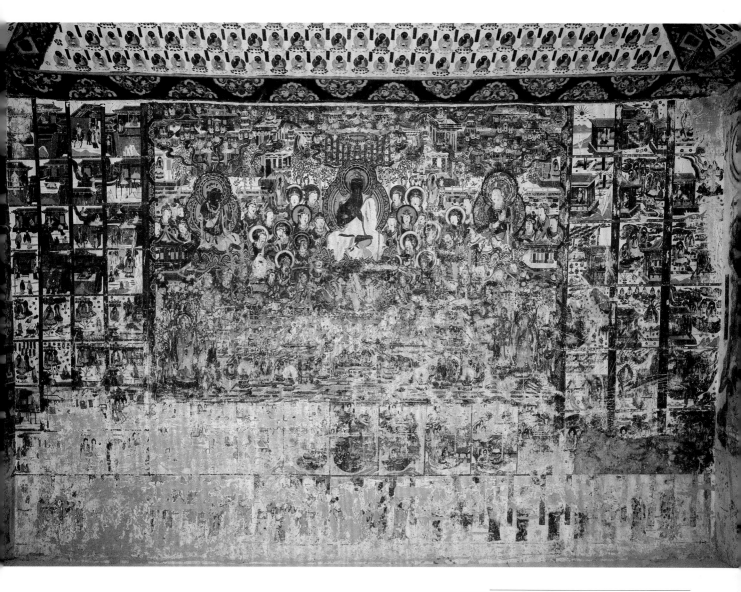

117　南壁棋格式觀經變

基本結構與北壁該鋪相同，只是未生怨
和十六觀位置互換。三尊以下，主要畫
九品往生。當年它是十分令人嚮往的傑
作，現已大部分漫漶。

盛唐　莫171　南壁

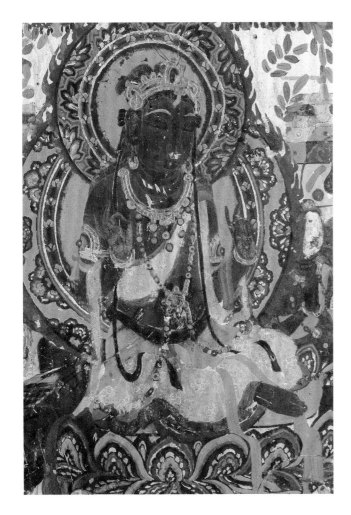

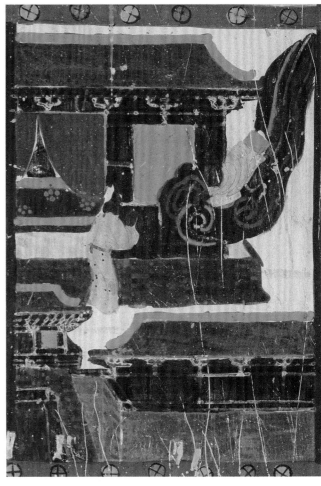

118 大勢至菩薩

這是南壁保存較好的一尊大菩薩。身
光、圓光上的圖案,華麗大方。右手拇
指觸食指,左手拇指觸無名指,這種手
印據說代表"上品下生"。其寶瓶冠的
寶瓶,在花冠前,故給人冠外有冠的感
覺。

盛唐 莫171 南壁

119 目犍連如鷹隼飛

畫面的圖解性很強,下部為一座大城,
上部為城內關押國王的"七重室"。彩
雲上,目犍連頭朝下快速飛來,國王身
子前傾、合十迎接。

盛唐 莫171 南壁

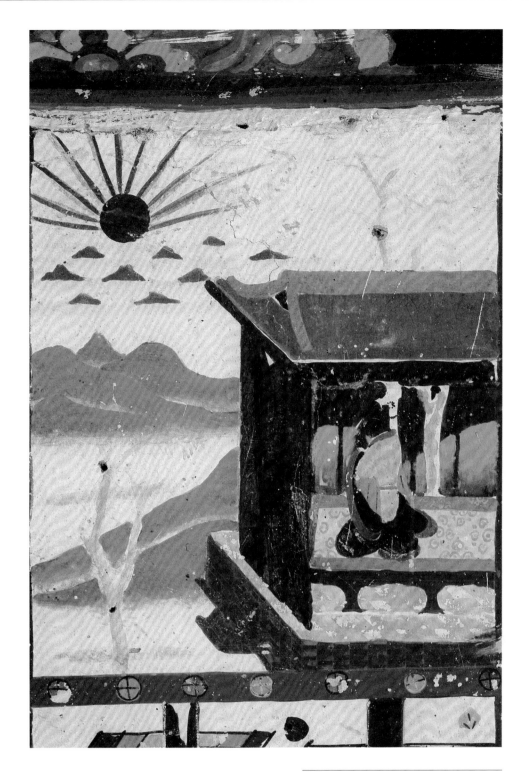

120 日想觀

同是"日想觀",與北壁相比,在意境
上略為遜色,但韋提希夫人的床座卻相
對豪華一些。
盛唐 莫171 南壁

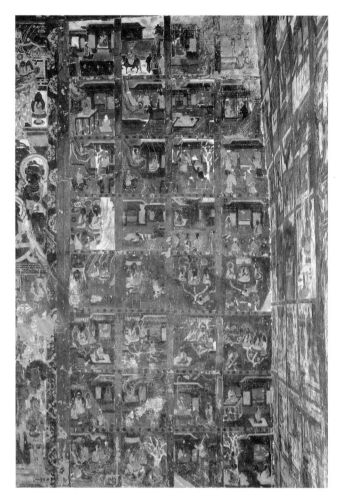

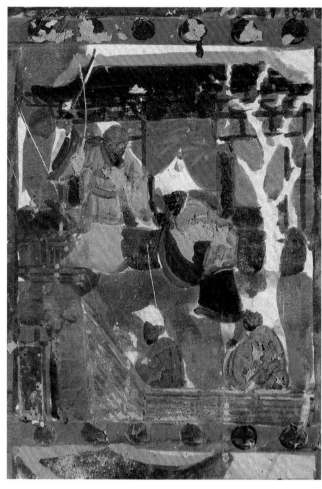

121 未生怨

第一段自左向右,然後往下"蛇行"。
壁畫已遭自然和人為的破壞,變色嚴
重。右上角一格,過去燕子巢的痕跡猶
在。第二格"收執父王",太子倒騎
馬,暗示其"倒行逆施"。第七格起,
連續四格的左上角都是目犍連飛來,表
示為王受戒"日日如此"。第171窟的特
點,就是畫面多為圖解式。

盛唐 莫171 東壁

122 未生怨之欲害其母

本圖似據善導注疏的文字:"世王淪
盛,逆及於母,何其痛哉。撮頭擬劍,
身命頓在須臾。慈母合掌,曲身低頭,
就兒之手"而繪。

盛唐 莫171 東壁

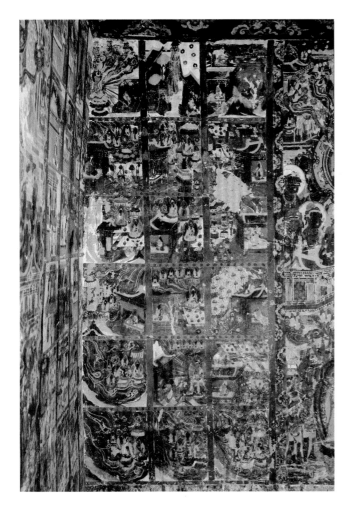

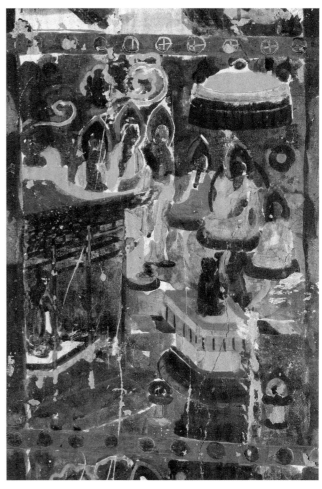

123 十六觀

觀想全在房內進行。畫面忠實於經文，
第十格的"觀音觀"，在觀音周圍畫了
無數道光芒，頭頂有無數化佛，與經文
合。全畫變色較為嚴重。

盛唐 莫171 東壁

124 華座觀

畫中的"華座"為唐代習用的長方座，
上跪一化生童子，這是依據經文"此想
成者，必定當生極樂世界"而畫。一般
畫華座觀都沒有表達這句經文，只畫一
台"空座"。此圖比常見的"空座"多
了不少生趣。

盛唐 莫171 東壁

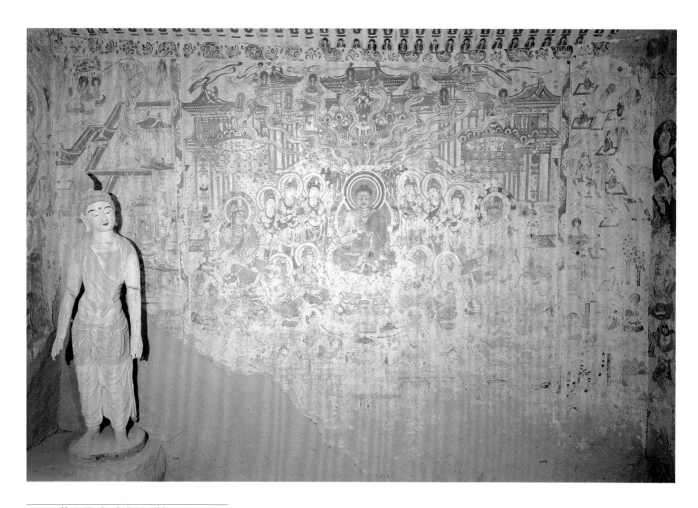

125 "山"字式觀經變

中間為"淨土莊嚴相",左側接下沿為
"未生怨",右側為"十六觀"。圖中
的王舍城,可以看出與431窟有相承關
係,也是城中有城,院中有院,只不過
一幅是長卷式,一幅是"山"字式。淨
土莊嚴相中的寶樓閣,高而窄,顯得單
薄,但與全畫的淡雅協調。此畫的壁面
製作表層太薄,致使壁畫因時間長而脫
落。

盛唐 莫103 北壁

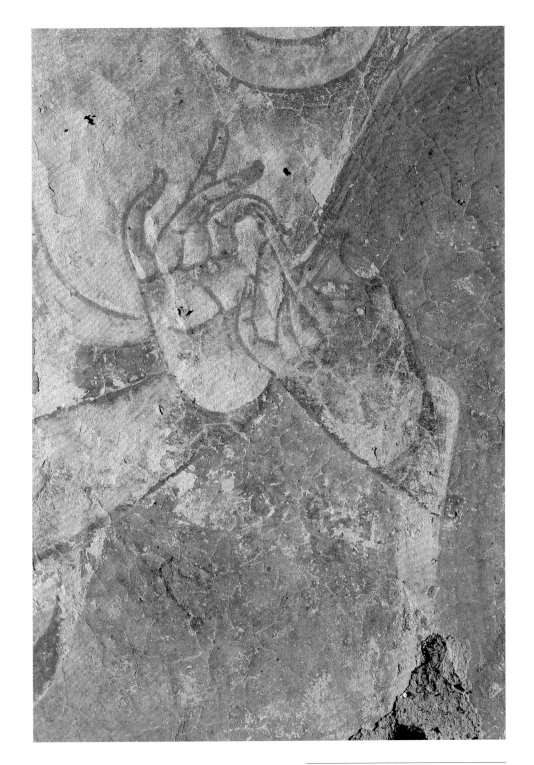

126 佛的上品中生手印

佛右手拇指按食指,手心朝外;左手拇
指按中指,小指觸右手。手形很美,惟
手腕畫得不對。又,佛左右手所結不同
的印,代表不同的"生"和"品"。此
手印代表"上品中生"。

盛唐 莫103 北壁

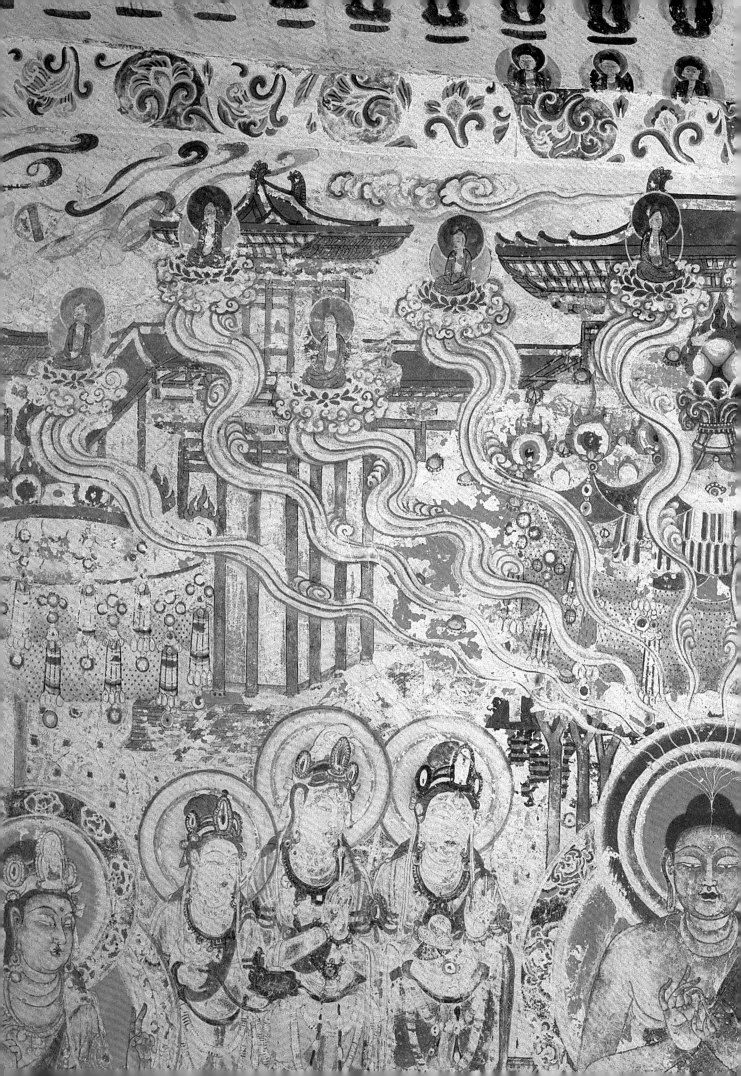

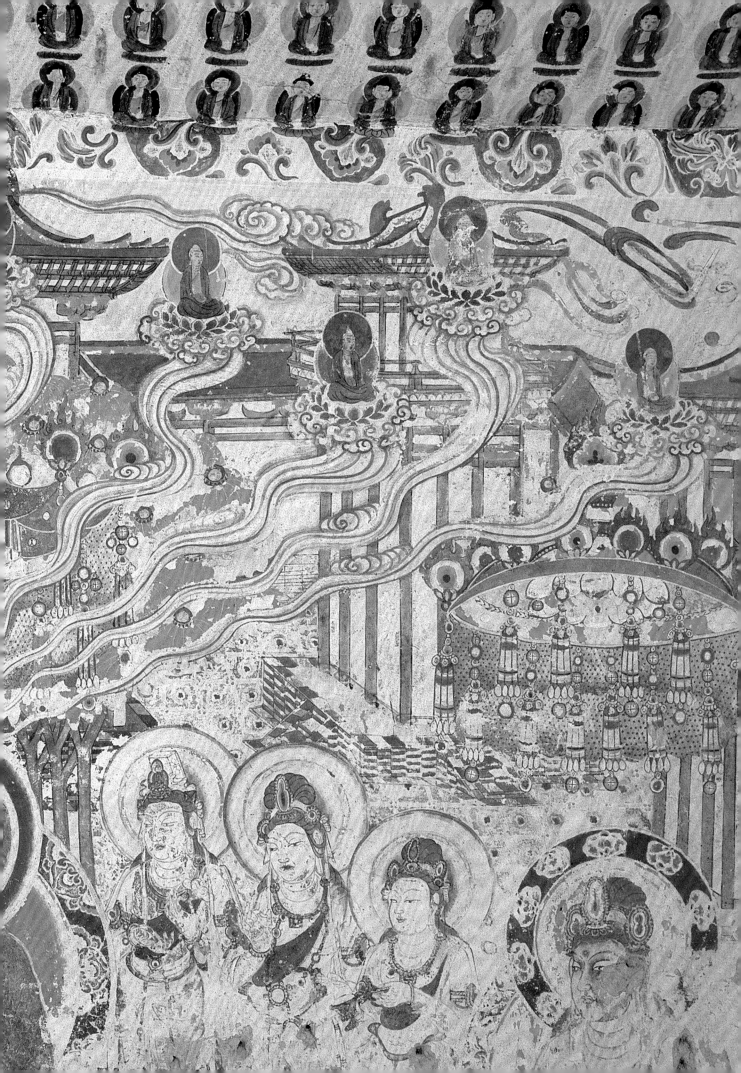

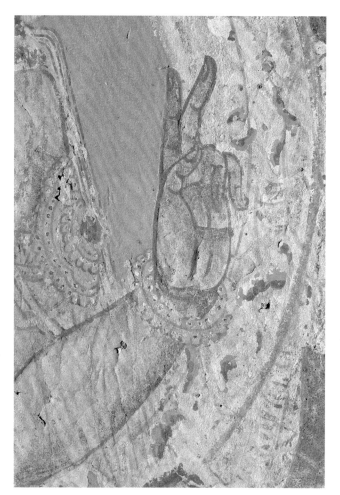

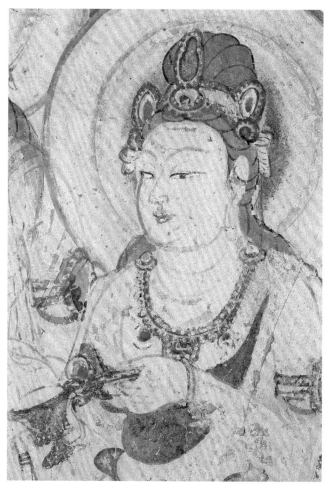

128 右上座手印

本窟東壁維摩詰經變的文殊菩薩，也是
左手伸食、中二指，表示不二法門，與
觀經變中這一手印相同。此右上座菩薩
應是文殊。

盛唐 莫103 北壁

129 菩薩特寫

主尊左側的這身菩薩，乍看很美。但
是，仔細觀察，就可以看出畫家的起稿
線與定稿線不同，特別是右臉那條粗
線，一下改變了人物的原貌，差之毫
釐，失之千里。

盛唐 莫103 北壁

127 佛放眉間白毫相光　◀見上頁

佛經所講，韋提希夫人向佛求哀懺悔，
佛放眉間白毫相光，遍照十方無量世
界，最後，這十方世界在佛頭頂 "化為
金台"。夫人看過以後表示，只願往生
阿彌陀佛的極樂世界。於是就有佛給韋
提希說 "十六觀"。畫面忠實於經文。

盛唐 莫103 北壁

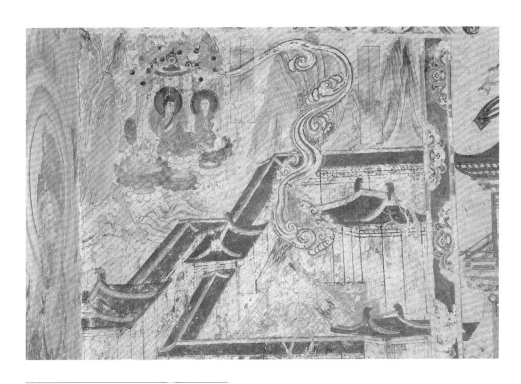

130 國王受戒

這是未生怨開始的情節。左上角耆闍崛
山中坐着一佛二弟子，城內一座小房子
裏，滿臉鬍子的國王雙手合十，表示被
幽閉於七重室內；房外，國王下跪迎接
飛來為國王授戒的目犍連。

盛唐 莫103 北壁

131 高山祥雲特寫

盛唐 莫103 北壁

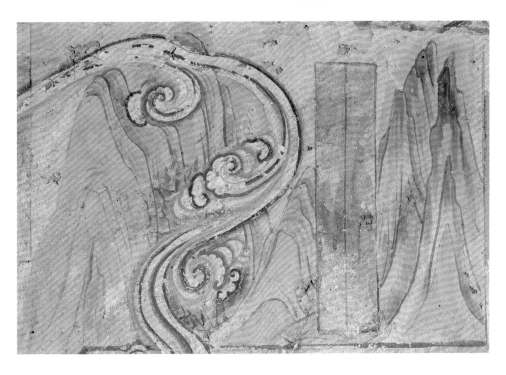

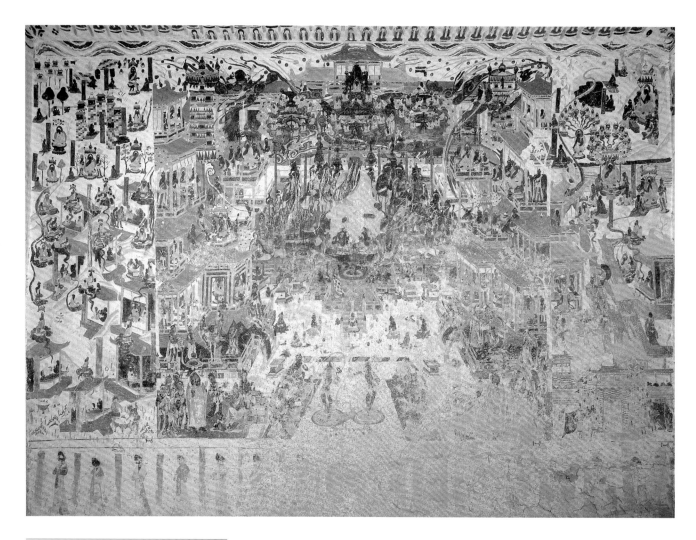

132 中堂式觀經變

儘管中間的淨土莊嚴相與兩邊的"條
幅"之間沒有邊飾圖案分隔,但用疏
密、色調、建築等等因素,讓觀者明確
感覺到不同空間。花鳥、山水、界畫、
圖案這繪畫的各科,畫家各有所長,作
畫時揚長避短,可以理解。

盛唐 莫215 北壁

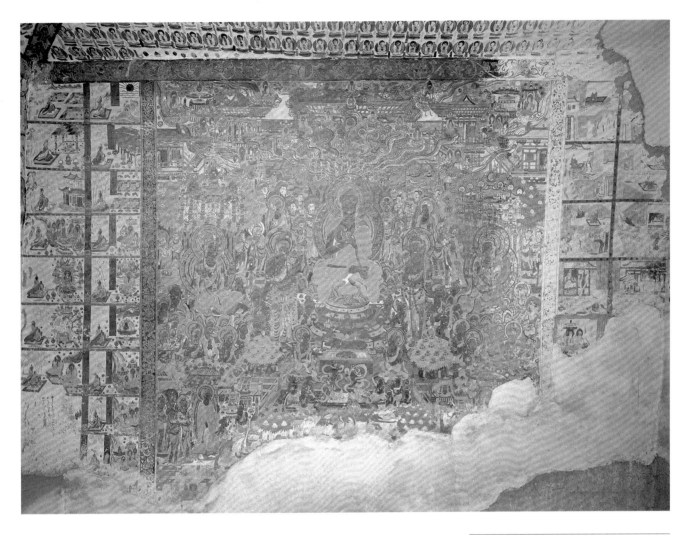

133 格子式觀經變

此圖的淨土莊嚴相中，似乎受無量壽經
變的影響，出現了“十方讚嘆”：上部
從兩角開始各有三組佛或一佛二菩薩，
成斜角從上往下飛；主尊左右各有一佛
站在一批菩薩當中；下部左右各有一佛
及菩薩，組成十方佛。主尊正前方，有
舞樂及眾鳥。

盛唐 莫66 北壁

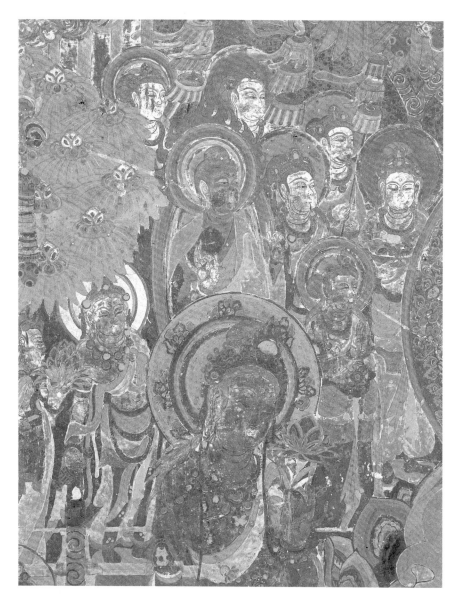

134 與會的佛及菩薩

三尊周圍的人物，是此畫的傑作。如果
不去理會一千多年的滄桑給他們臉上造
成的傷痕，就會發現，畫中的人物仍然
眉目清晰，風采猶存，當年應是很生動
的形象。

盛唐　莫66　北壁

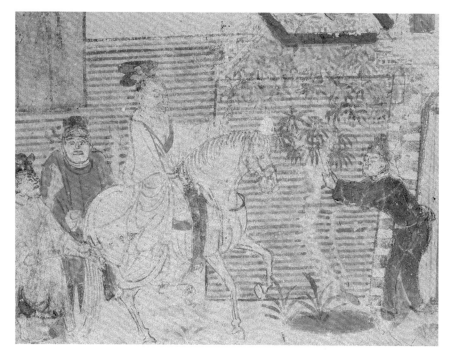

135 未生怨之審問獄卒

太子騎在馬上，詢問他父親是否已死；
典獄官持笏板向太子稟報，他誠惶誠恐
的神態，相當寫實。圖中的太子表情兇
惡，竟被繪成滿臉鬍子的老者，不知畫
家何意。

盛唐　莫66　北壁

136 "十六觀" 前八觀

八觀的表現與經文吻合。特別是水想觀
畫三個水池，代表水想後作冰想，再作
琉璃想的三個觀想層次。地想觀的經文
附在水想中，經文有"見琉璃地內外映
徹，下有金剛七寶金幢擎琉璃地"的描
繪，於是在水池上畫四具寶幢"擎"起
寶地；八功德水想，按經文"極樂國土有
八池水"之句，畫兩排共八格子的水池。

盛唐　莫66　北壁

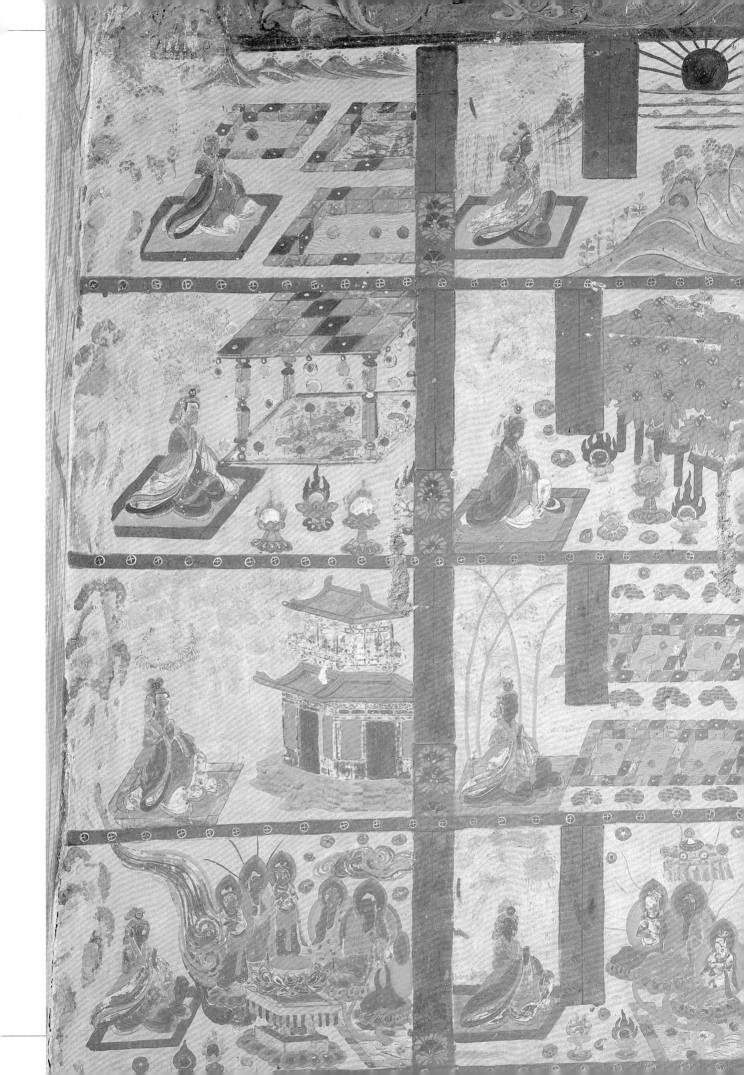

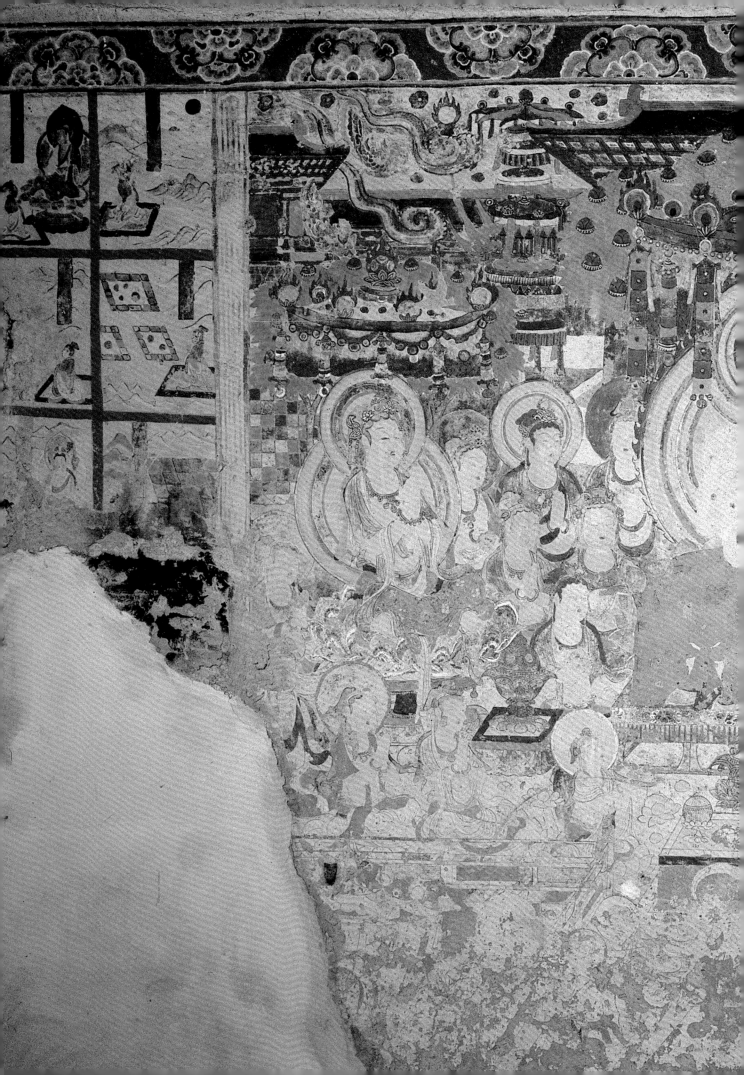

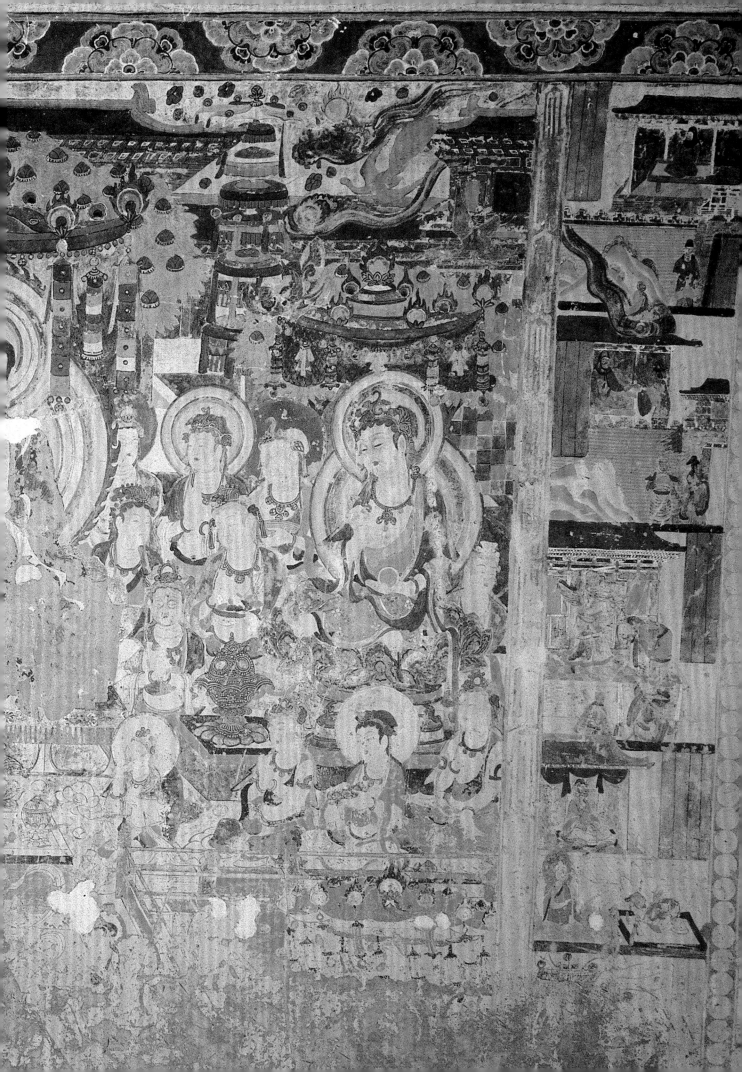

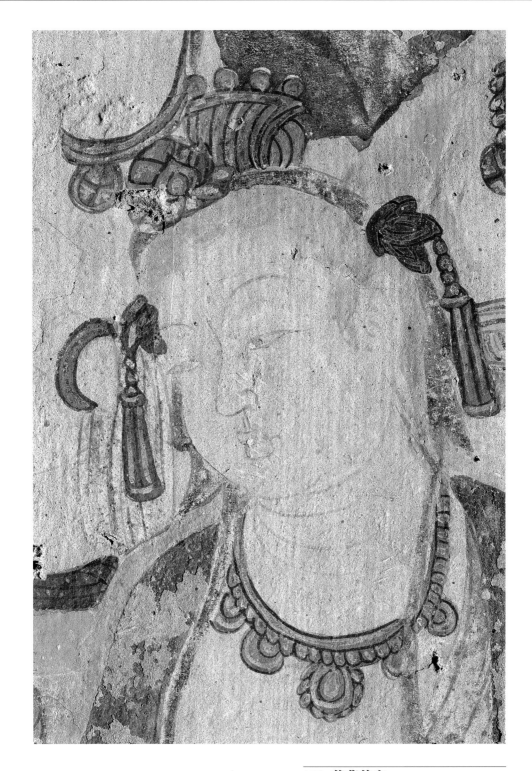

137 不對稱的觀經變　◀見上頁

此畫大約繪製於吐蕃佔領敦煌前，已經
沒有盛唐前期的富麗堂皇。中間為淨土
莊嚴相，左側二列、右側一列。圖中三
尊的身光、圓光幾乎沒有甚麼裝飾。九
品往生部分已經漫漶，從畫面的空間來
推測，應在隱約可見的舞樂之下，能解
讀的內容十分有限。

盛唐 莫113 南壁

138 菩薩特寫

主尊左側的這位菩薩，裝飾比較簡單，
臉部刻畫卻頗費心思：面如滿月，右臉
上還加了一條深深的定稿線，可見小改
動痕跡。高高的鼻梁、櫻桃小嘴、凝思
的眼神，宛若正在沉思的少女。

盛唐 莫113 南壁

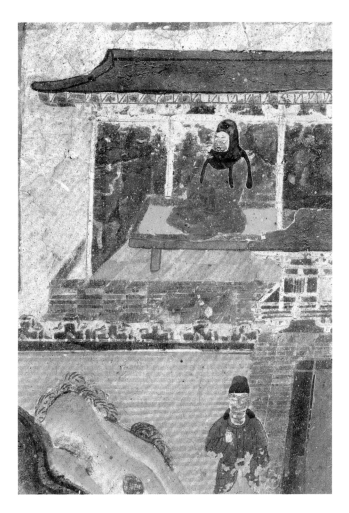 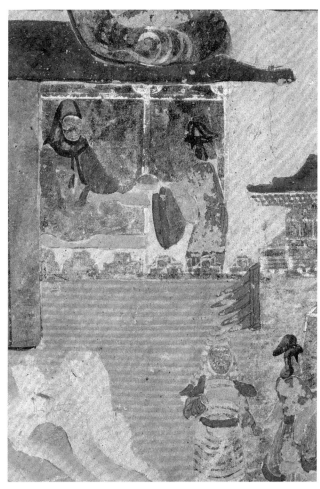

139 未生怨之囚父

一座大城，城牆上還有垛口，巍峨的城門口有警衛。城內小房，表示"七重室"，內坐國王，其帽子比較特別。

盛唐 莫113 南壁

140 未生怨之求水漱口

城門口，牙旗、全副武裝的衛士，警衛森嚴；韋提希夫人正往城裏走。七重室內，夫人正給國王遞水。這些情節，善導在《四帖疏》中用"自設問答"式全都給予解釋，說明壁畫的繪製受到此疏的影響。

盛唐 莫113 南壁

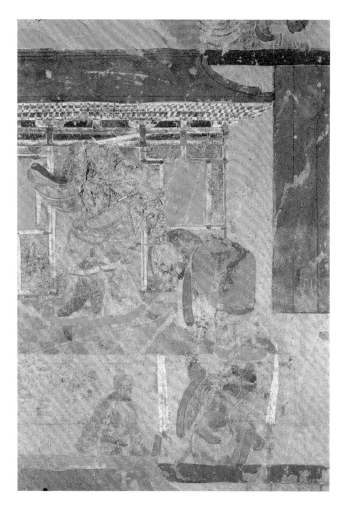

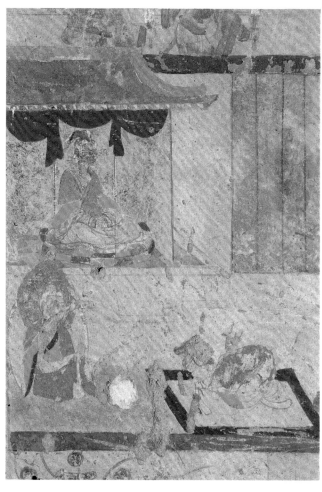

141 未生怨之欲害其母

阿闍世太子聽說母親給父親送食，大怒，揪着母親的頭髮，舉劍要殺她。畫面下部，二人也舉劍，看樣子是要"兵諫"。這是經文和注疏都沒有的，是畫者的發揮。有趣的是：太子的臉、胸部都讓後人給挖掉了，可能是憤於太子倒行逆施吧！

盛唐 莫113 南壁

142 韋提希請佛

按經文：由於二大臣諫阻，太子沒有殺母親，而把她打入深宮，"不令復出"。韋提希憂愁憔悴，請佛派弟子與她相見。佛知夫人心之所念，親與二弟子現身王宮。韋提希見佛，"自絕瓔珞，舉身投地"，請佛告訴她與惡子的因緣。畫面上部表示夫人被幽閉深宮，下部一佛露出大半身，夫人跪地，她前面的瓔珞原是貼金的，已讓人挖掉。

盛唐 莫113 南壁

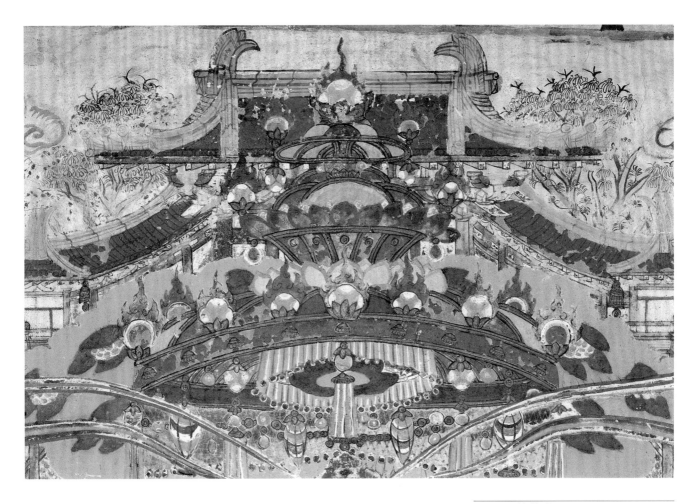

143 主尊華蓋

華蓋被畫家用彩色描繪成有如今天的
"大吊燈"般的器皿,其上珠寶、瓔
珞、花紋,或暈染或疊暈,熠熠生輝。
巧妙之處還在於:用雙樹濃密的綠葉,
襯托華蓋的美麗;用迴廊、大殿的巍
峨,襯托華蓋的高大。
盛唐 莫45 北壁

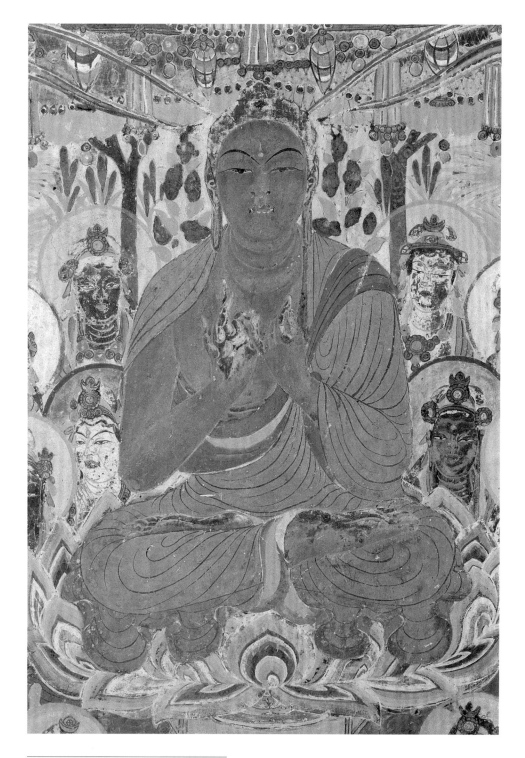

144 阿彌陀佛

作為主尊沒有畫身光、圓光，原因未
明。

盛唐 莫45 北壁

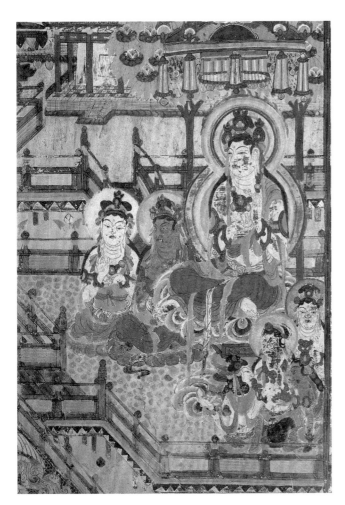

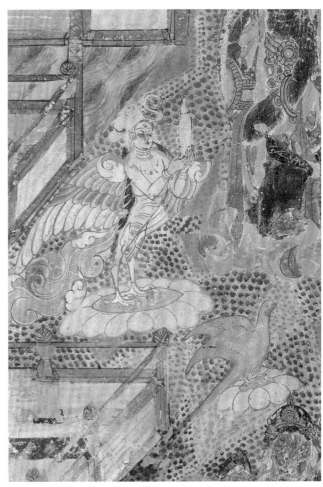

145 左上座菩薩

上座周圍，菩薩只有寥寥六位。除一人
的臉部稍有損壞外，餘皆完好。菩薩身
光、圓光、臂釧、項鏈、瓔珞，一切從
簡，去浮華而繪真情；眉目刻畫細膩，
眼神無一相同，"點睛"的功力堪足稱
道。尤其是上座菩薩的眼神，透露出萬
般柔情，真正是"慈眉善目"。

盛唐 莫45 北壁

146 寶地及瑞鳥

畫面佈滿紅點，表示七寶鋪地中的"瑪
瑙"鋪地。迦陵頻伽、鸚鵡等"鳥宣道
品"的出現，是受阿彌陀經變的影響。
此時，人首鳥身的迦陵頻伽早已成為
"人身鳥腿"；翅膀綠、紅、白相間，
忍冬、雲氣紋組成長尾巴，越畫越美。
鸚鵡伸頸振翅，"晝夜六時出和雅
音"，演唱佛法。

盛唐 莫45 北壁

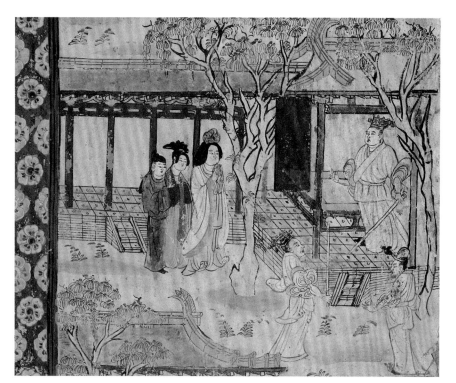

147 未生怨之欲害其母

此幅"欲害其母"的兩大臣諫阻方式，
與別不同：二大臣離階上執劍的太子稍
近，從衣冠看，舉劍面向太子的是耆
婆，是太子的同父異母兄弟；另一大臣
伸手示意耆婆不要造次。這種"諫阻"
方式，與經文不符。

盛唐 莫45 北壁

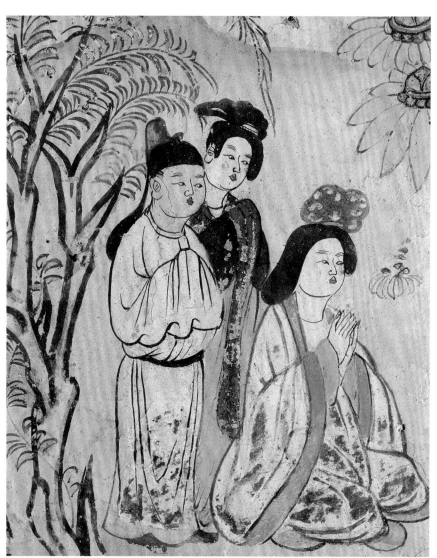

148 寶樹觀

"寶樹"着墨不多。夫人身後的樹是敦
煌的樹種胡楊樹，土話叫"五同樹"，
因為此樹從樹葉發芽到秋葉金黃色，葉
要變換五種樣子，一棵樹上有五種葉
子。

盛唐 莫45 北壁

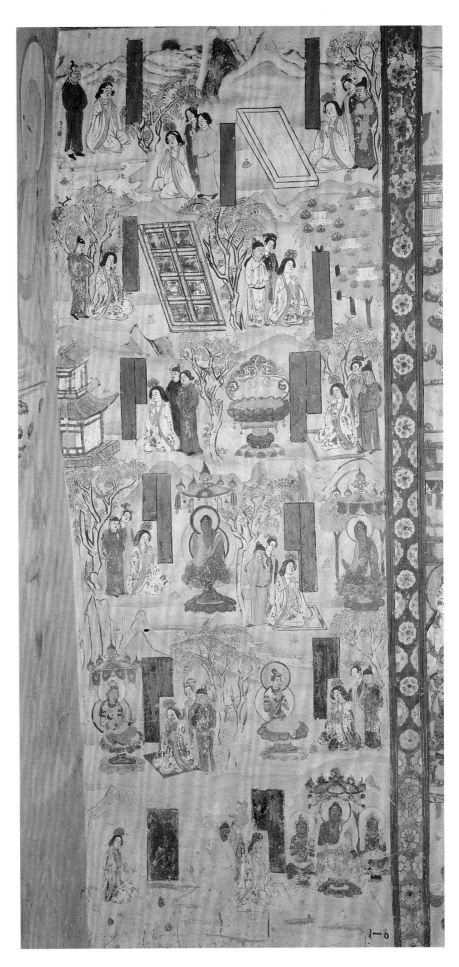

149 十六觀

此圖只存十三觀。從上左向右,再以S形
往下"蛇行":第一列有日想觀、水想
觀、地想觀;折向下第二列開始,兩兩
相對:寶樹觀、八功德水想,寶樓觀、
華座觀,像想、真身觀,觀音觀、勢至
觀;普觀想、雜想觀。

盛唐 莫45 北壁

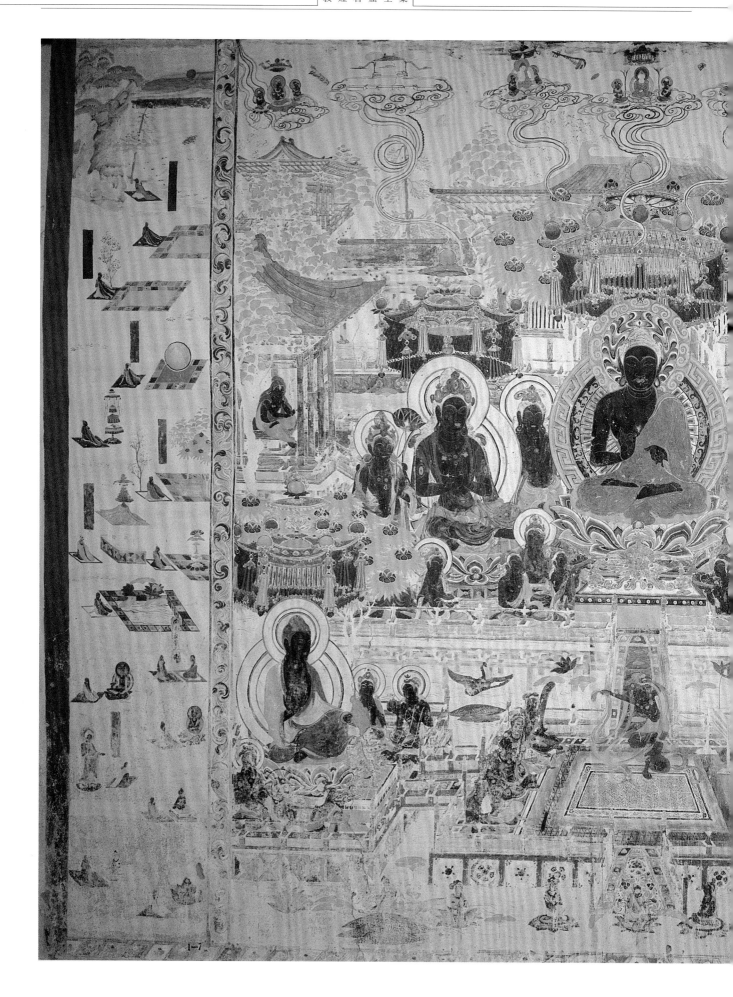

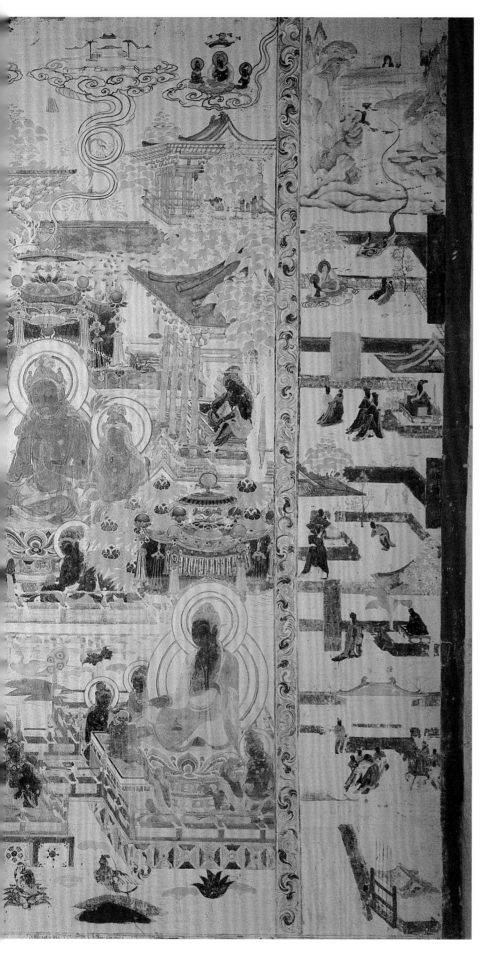

150 中堂式觀經變

中間的淨土莊嚴相，經歷一千多年，仍
給人靜謐、肅穆之感。上座菩薩的身
光、圓光不着一花一色，更凸現佛的莊
嚴。虛空中，彩雲上的兩座淡雅建築，
恰似飄渺的海市蜃樓。畫面右側的上座
及下方的佛，比別的人物多一層灰色，
是1924年美國人華爾納刷過膠留下的痕
跡。左右兩側上端的山水畫，是敦煌山
水畫的名篇。

盛唐 莫320 北壁

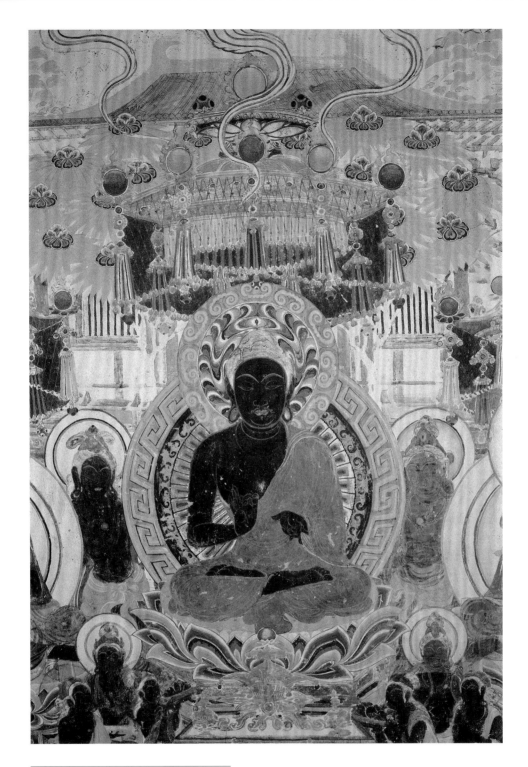

151 主尊阿彌陀佛

飽滿、簡潔的蓮座，規整、簡單的身
光，幻影般的頭光，七寶聯綴、珠網披
覆的華蓋，主尊於當中端坐，極能表現
"莊嚴殊勝"的效果。

盛唐 莫320 北壁

152 來聽法的佛與菩薩

佛的右下方,可見當年曾經改動過。華蓋上的赭色,當年是畫"珠網"的底色,變色以後,珠網不見了,華蓋卻被襯托得更加清晰了。

盛唐 莫320 北壁

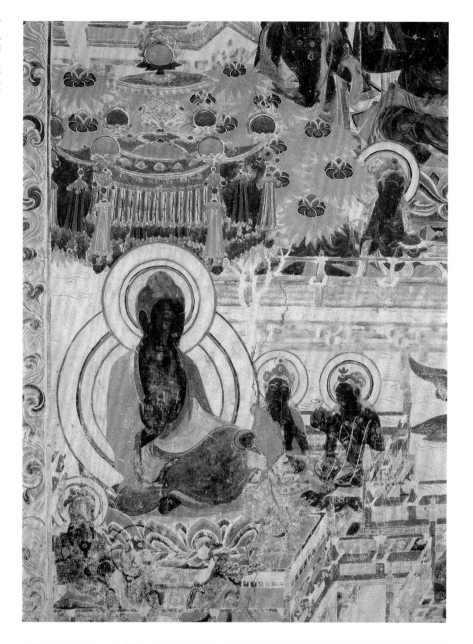

153 供養菩薩與水池

上部的三位菩薩本應面朝主尊或上座菩薩,現在卻都朝着水池,似乎正在領略水的柔情,又像是在"打坐"修行。

盛唐 莫320 北壁

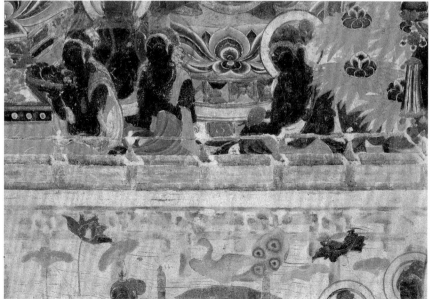

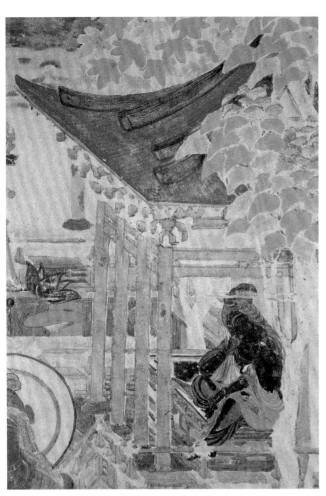

154 樓閣中的思惟菩薩

她坐姿自由，右手支頤，頭微側，正在
思惟。一頭秀髮的梳理與裝飾，十分氣
派。

盛唐 莫320 北壁

155 八功德水及迦陵頻伽

用淡淡的綠色、柔和的線、荷葉下面的
莖歷歷在目等手段，在壁面上突顯一池
清澈見底的"水"的質感，微波漣漪，
可與畫水馳名的馬遠的作品媲美。水中
還有"小島"，上站迦陵頻伽。用以代
表寶島的那片硃砂色，至今鮮艷如新。

盛唐 莫320 北壁

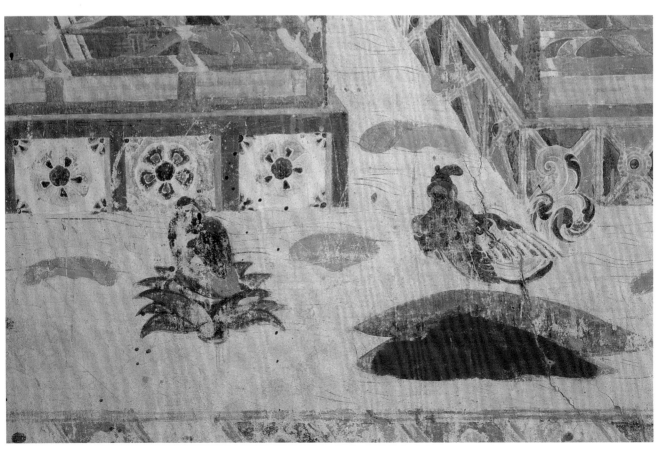

156 宮廷守衛

小屋烘托着巍峨的城門，城牆的垛口，
對比着低矮的小屋，小屋又襯托着臨風
獵獵的牙旗（已褪色）的威嚴。城門無
人出入，有人守衛，説明王舍城警衛森
嚴。

盛唐 莫320 北壁

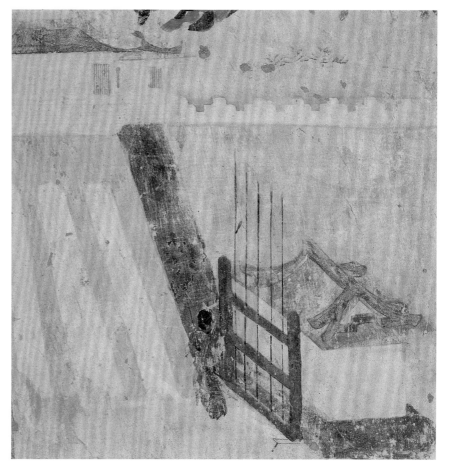

157 未生怨之囚父

此畫 "收執父王" 的情節描寫得直接：
父王大腹便便，在拼命掙扎。太子所騎
的馬奮力踢蹄，煩躁不安。

盛唐 莫320 北壁

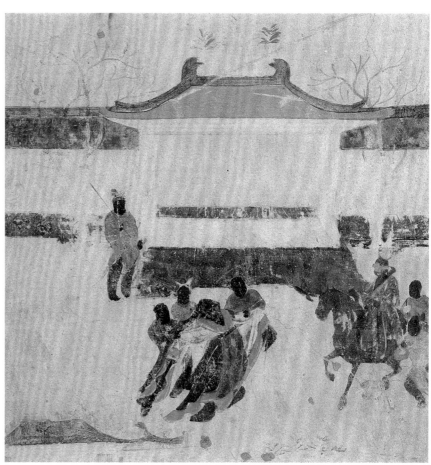

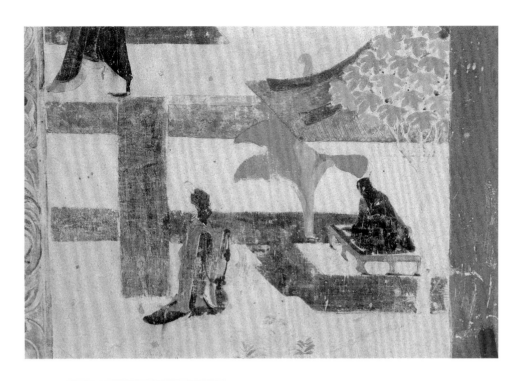

158 未生怨之夫人奉食

王后韋提希夫人淨身之後，和麵塗在身上，瓔珞中裝滿葡萄漿，送給國王吃，國王因此多日不死。圖中夫人托着瓔珞送給床上的國王。房外有芭蕉、大樹，以顯其靜。全圖簡單明瞭，靜雅是全鋪壁畫的主調。

盛唐 莫320 北壁

159 未生怨之審問獄卒

此圖不是太子騎馬去，而是召見獄卒，問父王是否已死，比較符合太子的身分。用宮牆或迴廊來分隔畫面，使環境更清晰。

盛唐 莫320 北壁

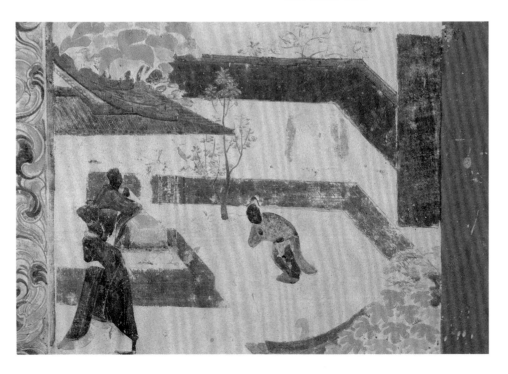

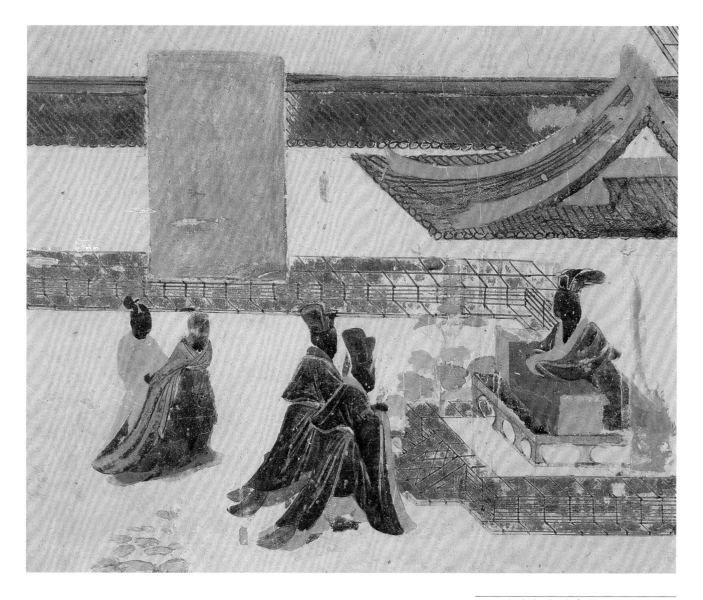

160　未生怨之欲害其母

此圖的"欲害其母"沒有劍拔弩張，是
新的表現方法：一人反背韋提希的兩
手，太子高踞床座，諫阻的二大臣面對
太子直陳己見。太子身略前傾，伸手撫
住案邊，很微妙地表現太子聽了大臣直
諫後的心理變化。

盛唐　莫320　北壁

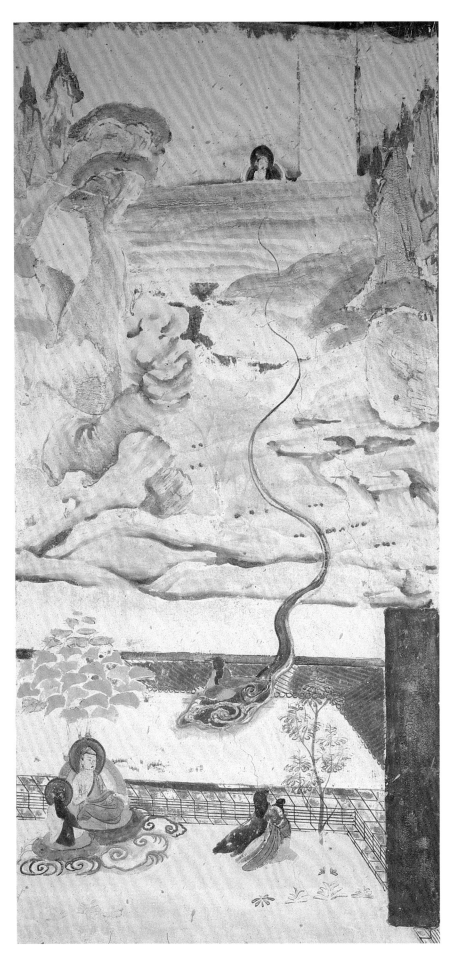

161 佛為國王夫婦說法

首次出現這種表現方法，是不依經文而
又不太離譜的再創作：既不表現目犍連
"如鷹隼飛"為王授戒，也不畫韋提希
請佛，既然兩人都已被幽禁，佛與弟子
就為二人一起說法。畫的頂部正中，有
"半身"的佛，夫婦的上方有一弟子飛
來。他們與國王夫婦遠隔千山萬水，表
示佛乃"山沒宮出"，而弟子的"道
行"只能"從空飛來"。

盛唐 莫320 北壁

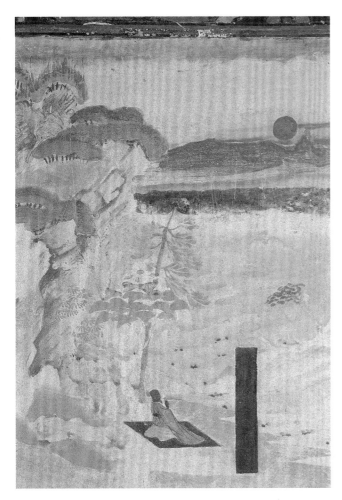

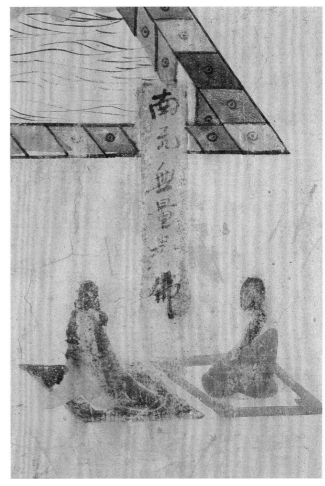

162 日想觀

這是一幅優秀的風景小品。遠山近樹的
描繪簡練生動、樸實自然，畫面色調處
理得柔和明快，意境深遠。觀者端坐向
西，觀落日如"懸鼓"，與經文合。

盛唐 莫320 北壁

163 真身觀

與韋提希對坐者不坐蓮座，沒有頭光、
身光，據榜書才知是"南無無量壽
佛"。未褪色前，佛身放出一些光芒，
似乎還有小小的千佛。因此，畫家又沒
有離譜：無量壽佛又叫無量光佛，光中
顯露無數千佛。

盛唐 莫320 北壁

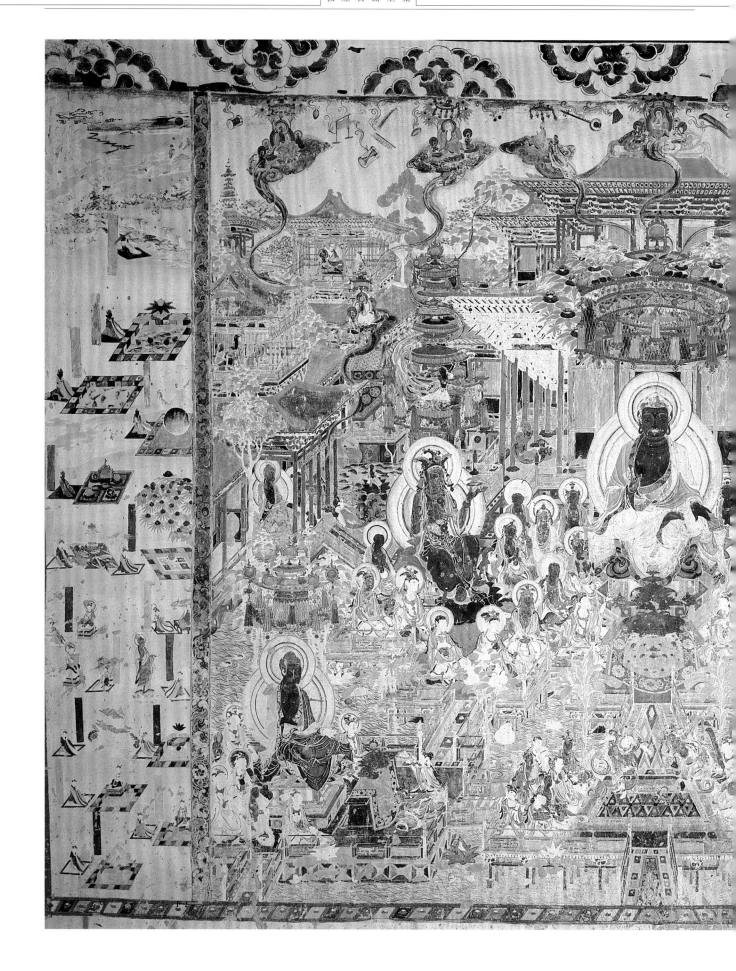

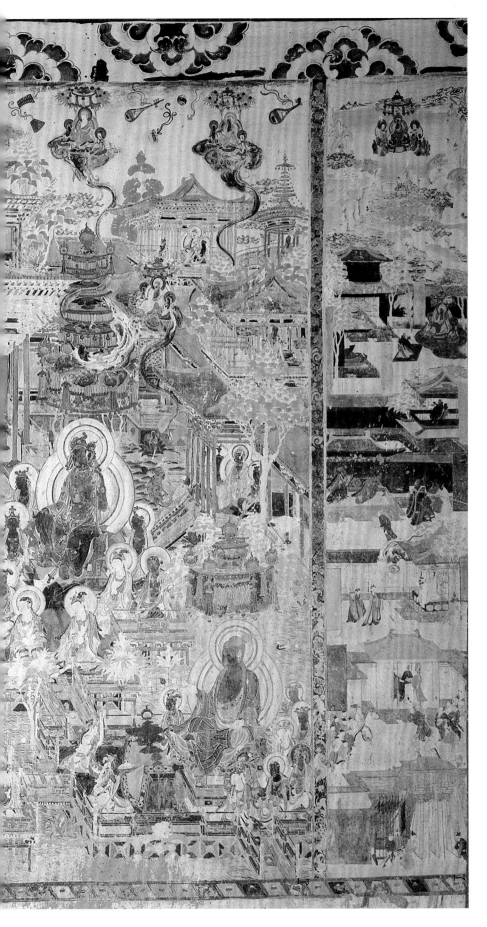

164 中堂式觀經變

中間的淨土莊嚴相，虛空與寶樓閣幾佔一半空間。三尊及其眷屬緊密圍坐。此鋪的建築畫，是敦煌壁畫中的代表作。七寶池中的水，一浪接一浪。化生不在顯要位置，而在上座的身後。右側的未生怨自下而上，左側的十六觀自上而下。

盛唐 莫172 南壁

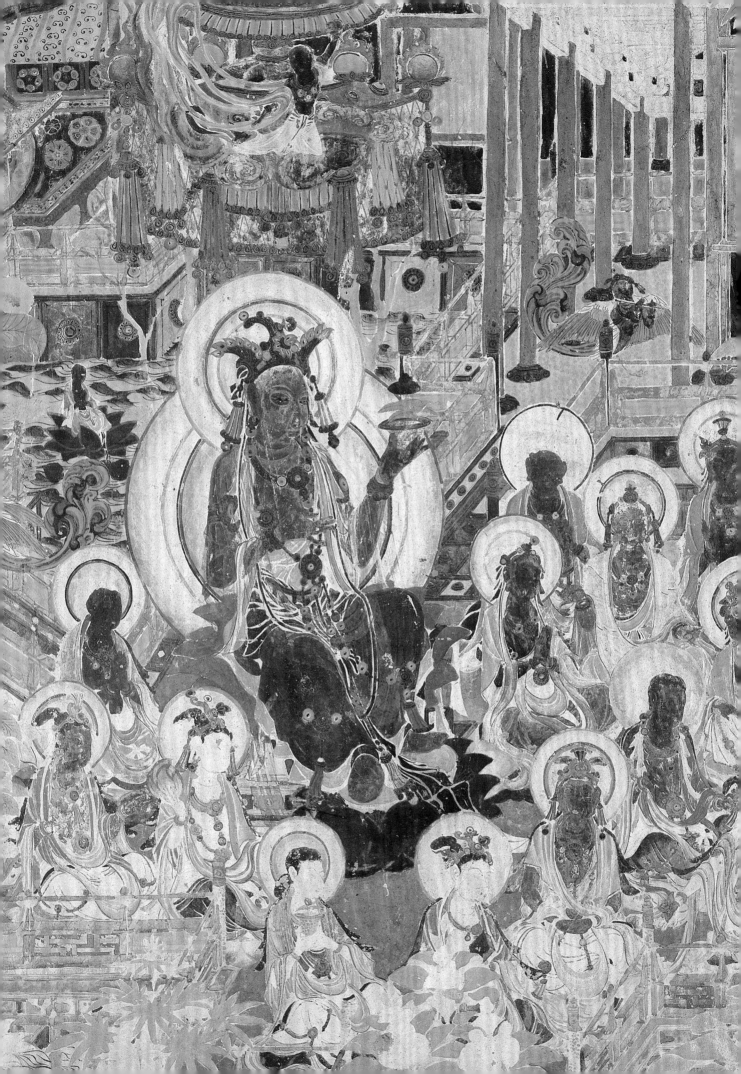

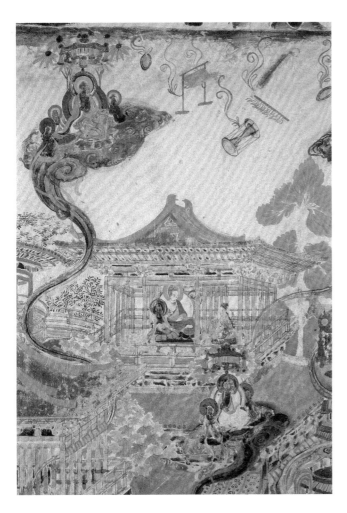

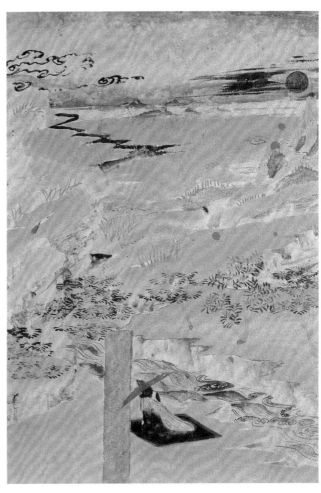

166 十方讚嘆

在綠瓦朱欄、雕梁畫棟的建築羣中，小
巧玲瓏的角樓上接天空，與天樂相呼
應，迎十方佛登臨。彩雲上的十方佛，
上有雙樹、華蓋，更顯氣派。

盛唐 莫172 南壁

167 日想觀

遠處，晚霞與落日同暉。山前，已變成
黑色的溪流，蜿蜒穿過綠地，奔流直
下，來到韋提希夫人跟前。夫人戴紅色
大涼帽，席地而坐，面西合十，諦觀落
日。

盛唐 莫172 南壁

165 右上座及其眷屬

上座的肌膚已變色，但姿態很美，左手
端着玻璃杯，杯內插着鮮花；其周圍的
菩薩，姿態萬千，刻劃細膩，有着各式
各樣的頭飾。舞劇《絲路花雨》中女子
的髮式，就取材於此。

盛唐 莫172 南壁

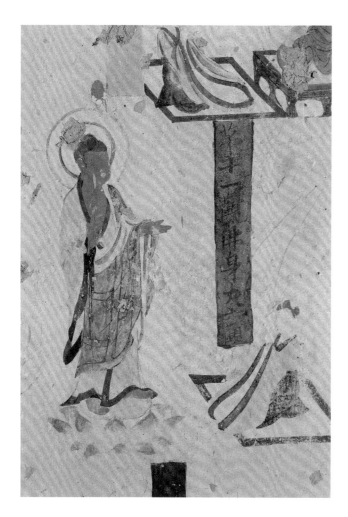

168 雜想觀

觀一丈六佛像的雜想觀應該是第十三
觀。此圖榜書已經變黑，但仍然可見寫
着"第十一觀佛身丈六觀"，畫的次序
也是第十一，與經文不相符。

盛唐 莫172 南壁

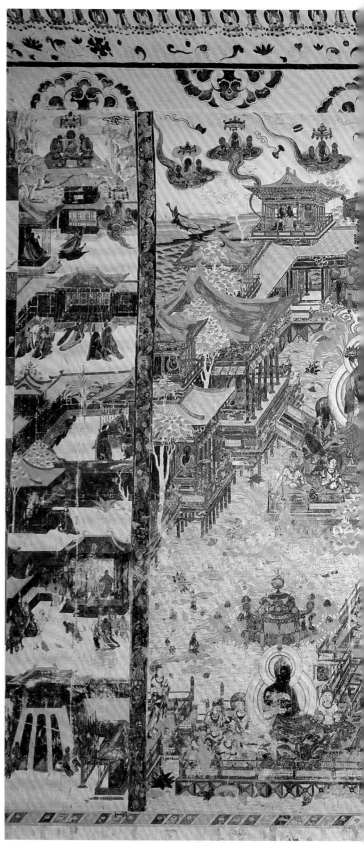

169 中堂式觀經變

大殿頂部兩側的飛天，是敦煌壁畫中
"小而精"的典型。七寶池的水域寬
闊，水波隨風而動，微波蕩漾，其線條
的旋律，韻味無窮。第一進水上平台為
化佛、瑞鳥居處，化佛身後還有小橋流
水；第二進平台舞樂齊歡；第三進平台
三尊所在。水中有八個化生，與南壁的
難以尋覓恰成對照。

盛唐 莫172 北壁

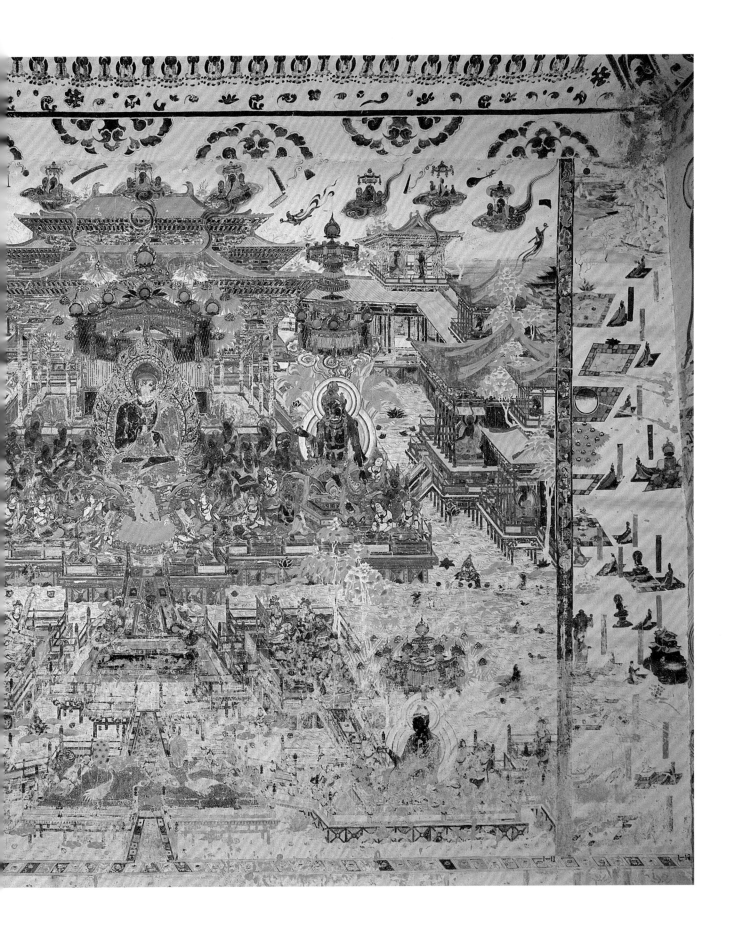

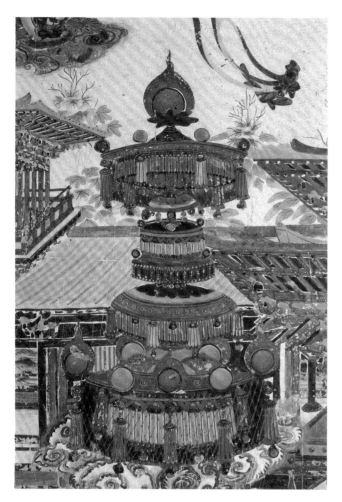

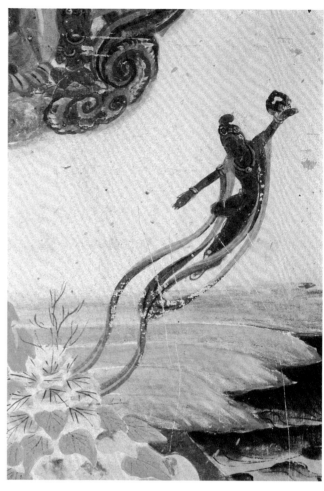

170 華蓋及飛天

畫面注重在對稱中"求同存異",如左右側殿,左右華蓋,看似對稱,卻不完全相同。此圖中的華蓋,是右上座的,猛一看,與左上座一樣,但要華麗得多。右上角的飛天,顯得輕盈飄逸。
盛唐 莫172 北壁

171 飛天

此身飛天伸左腿、吸右腿,面朝説法會,呈背朝天空上升飛翔之勢。她右手剛把花撒掉,左手還高高舉起一朵花,準備拋撒。畫家僅通過兩根飄帶、兩手的動態以及上身略彎的體態,就描繪出快速飛翔的動感。
盛唐 莫172 北壁

172 七寶池

七寶池中水碰上柱子，捲起旋渦；青青
荷葉連着亭亭的蓮莖。在所有淨土變
中，表現七寶池的寬闊水域以此鋪最
好。

盛唐 莫172 北壁

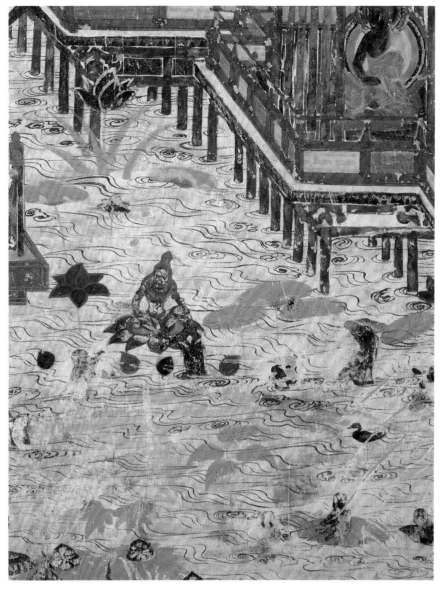

173 未生怨之欲害其母

庭院深深，太子手執利劍而未舉起，韋
提希夫人驚慌躲避，長裙拖地，大袖甩
出，像是一個舞蹈動作。

盛唐 莫172 北壁

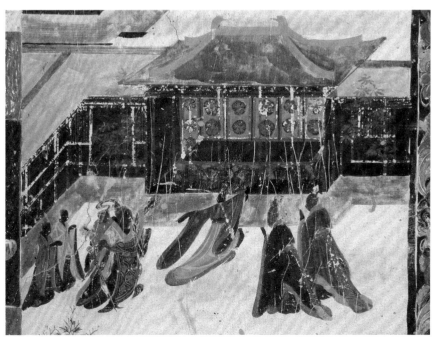

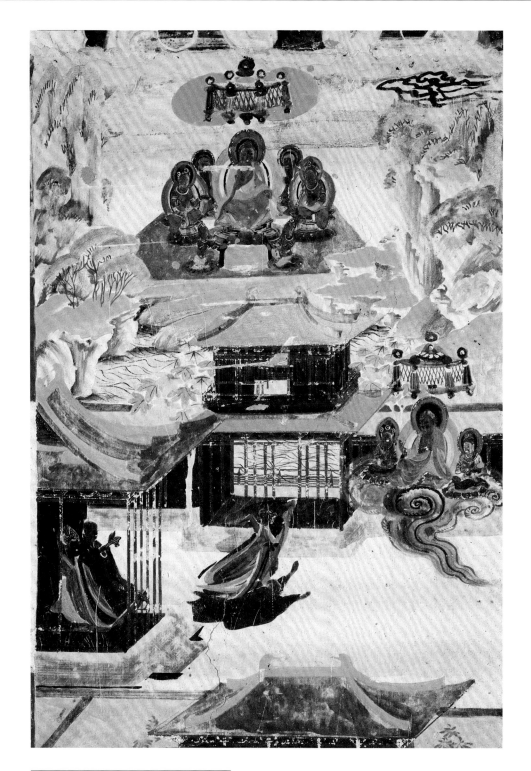

174 韋提希請佛

環境優美，七重室內坐着韋提希夫婦，
佛與二弟子飛來。韋提希夫人見佛，舉
身投地，號哭向佛。韋提希的舉動，在
地上畫了個＂如影隨形＂。如今顏色已
變，當年應是畫家得意之作。
盛唐 莫172 北壁

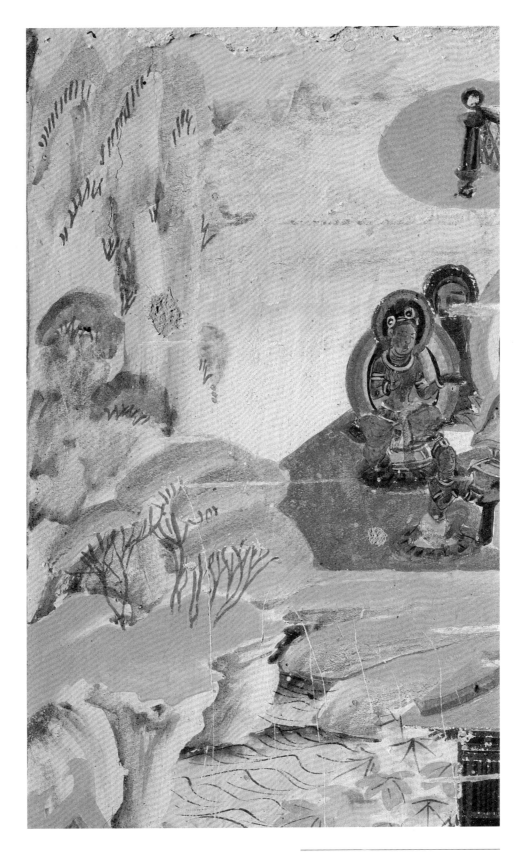

175 耆闍崛山特寫

盛唐 莫172 北壁

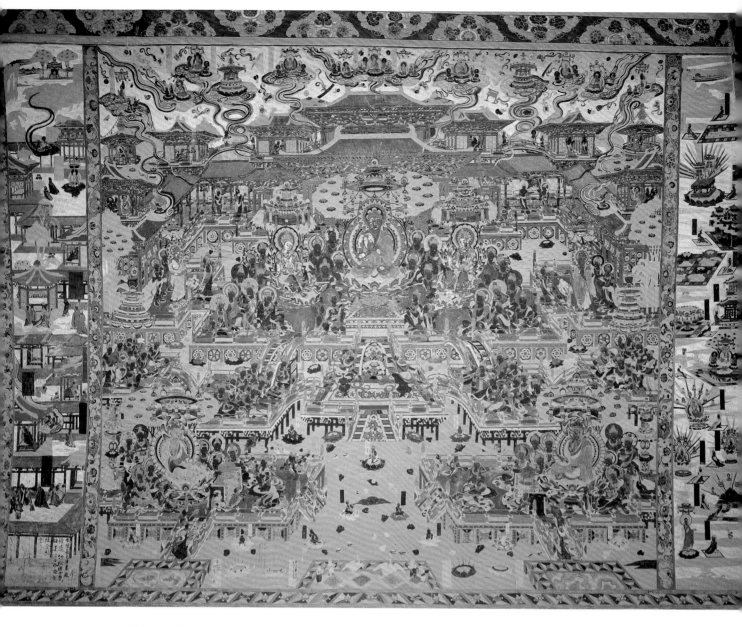

176 中堂式觀經變

此畫結構宏偉，技藝精湛，不僅是最大
的觀經變，也是人間情趣最濃的佛國。
畫中重樓瓊閣、水榭亭台，構思嚴謹，
隨着視點的高低，把建築羣統一在一個
順乎視覺的交點裏，堪稱美術史上的精
品。

盛唐 莫148 東壁

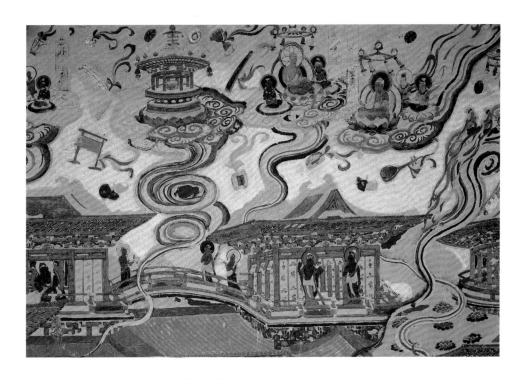

177 十方佛

天空飛舞的樂器上方,有十方佛乘雲飛
臨;建築物的最上層,大殿與偏殿之
間,虹橋飛架,好像在歡迎諸佛。佛經
中的"十方佛",各經不同,同經中不
同卷佛名也不同。淨土三經中的十方
佛,都不書佛名。但此畫居然有十方佛
的題名,彌足珍貴。

盛唐 莫148 東壁

178 廊下菩薩

建築物下層走廊相連,廊下兩身菩薩手
中都拿有東西,可惜現在已不可辨。走
廊上的花磚鋪地,廊簷上的雕花構件,
都是一絲不苟之作。

盛唐 莫148 東壁

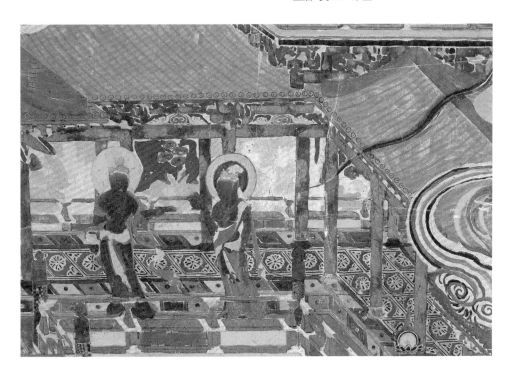

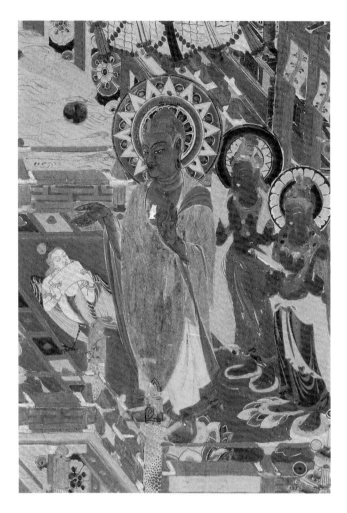

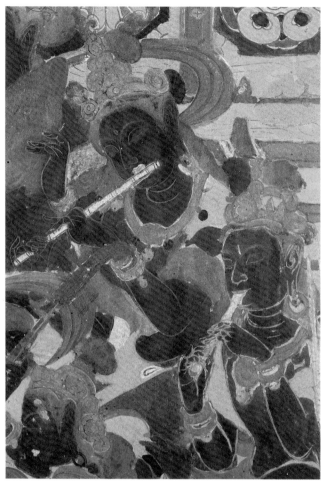

179 赴會立佛

立佛處在三尊兩側的水上平台之上，這
種表現，僅此一例。佛前的迦陵頻伽正
在吹排簫，作音樂供養。

盛唐 莫148 東壁

180 樂手

兩位樂手的肌膚變黑，輪廓線卻變白，
尚可欣賞。吹長笛者的臉部造型比吹篳
篥者柔和細膩，其手指纖細，動作優
美。

盛唐 莫148 東壁

181 上品上生

七寶池中，九品往生畫了十一位化生，
上品上生就有三個。畫面榜書"上品上
生"四字是唐代的原字。可惜上生者的
形象已無法辨認正背。

盛唐 莫148 東壁

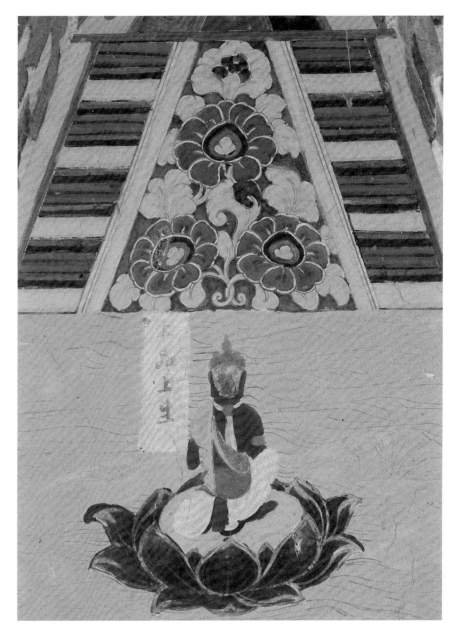

182 中品上生

七寶池中有一小島，滿地是珠寶，旁坐
"中品上生"者。左側的一塊"榜
子"，若細看原壁，"中品上生"四字
尚可辨認。蓮花上的往生者，側身側
臉，雖已變色，姿態仍然姣好。

盛唐 莫148 東壁

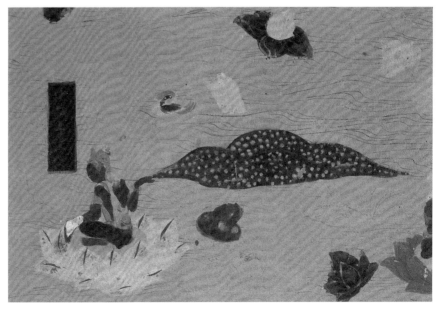

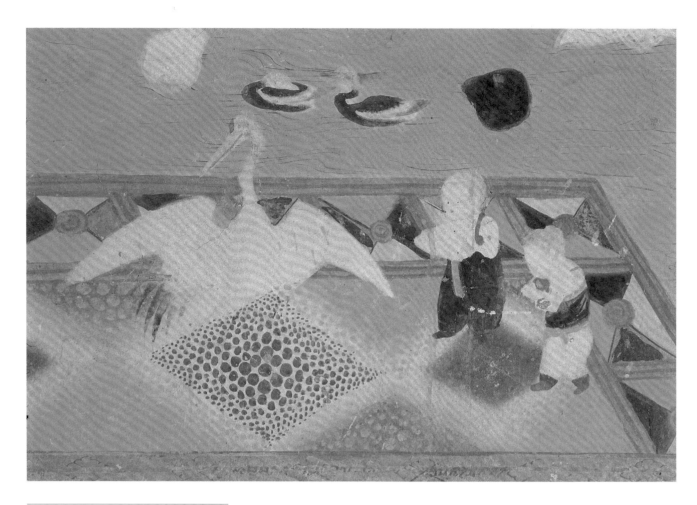

183 七寶地上的童子與白鶴

寶地由各種珍寶鋪就，兩個兒童逗着白
鶴，白鶴卻扭着頭，很不樂意似的。這
一畫面可能是畫家為烘托整鋪的熱烈效
果而"杜撰"的。

盛唐 莫148 東壁

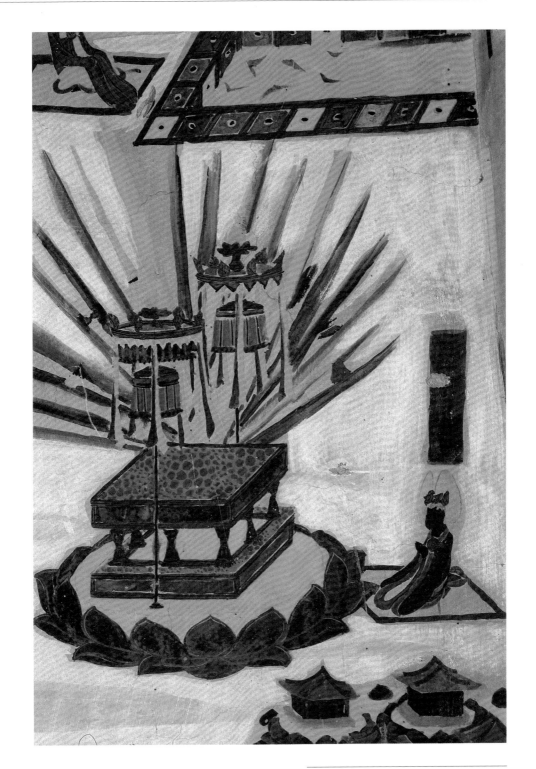

184 地想觀

此鋪的"地想觀",表現經文最充分:
撮取"見琉璃地,內外映徹,下有金剛
七寶金幢擎琉璃地","琉璃地上,以
黃金繩雜廁間錯,以七寶界,分齊分
明,一一寶中有五百色光","於台兩
邊,各有百億華幢"等經文,創作了一
幅最華麗的地想觀。

盛唐 莫148 東壁

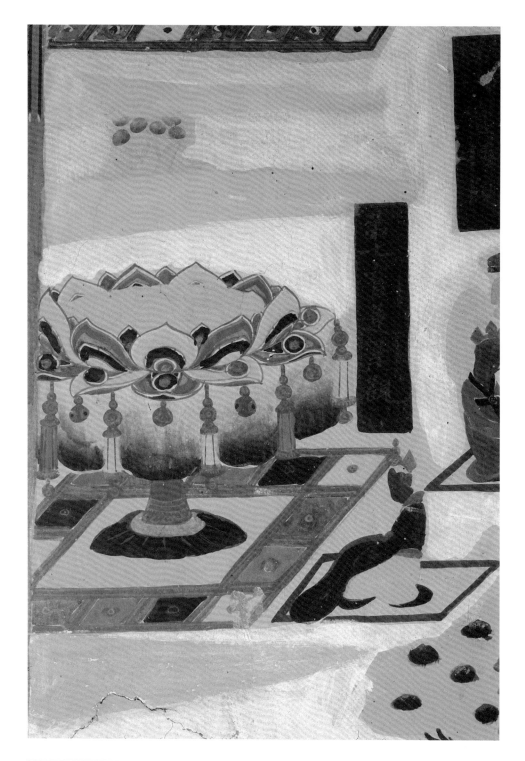

185 華座觀

華座觀表現的是 "於七寶地上作蓮花
想",畫一朵美麗的蓮花,同時又是
"蓮座",比較特別。

盛唐 莫148 東壁

第三節　　新增的未生之怨與屏風畫

中唐（公元 781－848 年）

　　在敦煌石窟的藝術分期上，中唐是指吐蕃統治敦煌的六十八年。這一時期，吐蕃統治者大力扶持佛教，繼續任用漢人世家大族和高級僧侶，以漢地佛教為主的沙州佛教大興，石窟藝術在繼承漢唐傳統基礎上，有所發展。敦煌中唐觀無量壽經變多達43鋪，不僅在同一時期淨土變中數量最多，而且在所有經變畫中也是雄踞榜首，說明此時敦煌地區西方淨土信仰已經深入人心，觀經變也成為深受畫師和信徒歡迎的壁畫題材。從繪畫藝術來講，中唐觀經變沒有超越盛唐高峯，但內容和形式出現新的變化，主要表現在：一，出現新情節——"未生怨因緣"故事；二，屏風式觀經變數量增多。

新元素的注入——"未生怨因緣"故事

　　中唐時敦煌觀經變壁畫最突出的變化是，序分"未生怨"部分增添體現"因果關係"的內容——"未生怨因緣"。

　　如前所述，從初唐第431窟開始，未生怨主要依照《觀經》繪阿闍世太子聽從惡人教唆，囚禁父母企圖篡位的故事。但按照佛教所強調的因果報應理論，這一"果"必有前世的"宿業"為因。那麼，阿闍世為何要弒父，亦即"未生怨"是怎樣形成的，經文並未提及。後慧遠、善導等人注疏經文時，均將阿闍世太子生前與其父頻婆娑羅國王結怨的

故事加進了"序分"，使"未生怨"故事得以因緣完整，學術界將這一內容稱為"未生怨因緣"。由於各注疏本不同，故事的內容、情節也有多寡詳略之分，總的來說，內容和出處大致分為三說：

　　一、慧遠的《觀無量壽佛經義疏》：頻婆娑羅王過去為國王時，曾於毗富山獵鹿，一無所獲，偶遇一仙，國王認為是仙人作怪，遂敕殺之。阿闍世太子就是前世的仙人。

　　二、善導《觀無量壽佛經疏》：頻婆娑羅王原本無子。相師告訴國王，山中有一仙人，命終以後將轉世為太子。國王遂派人入山請仙人，仙人說他還得三年才命終。國王於是殺死仙人。仙人死前發誓：我命未盡，王以心口遣人殺我，我若與王作兒者，還以心口殺王。不久，王后有孕。國王命相師為夫人占相，得知此兒"於王有損"。國王夫婦設計，在高樓的天井中生產，想將太子摔死，誰知太子竟不死，只斷一小指，人稱"折指太子"。

　　三、"龍興疏"轉引《照明菩薩經》：國王派人殺仙人之後，王后仍未孕，又問相師，得知仙人已變為白兔，王命人獵得此白兔。兔死，王后有孕，生阿闍世太子。

　　中唐觀經變加入"未生怨因緣"，說明除經之外，各類經疏也是繪製的重要依據，而且所據的經疏種類不一。榆林

第 25 窟採用的是慧遠之說，只有一個情節，即國王殺仙人。莫高窟第 358 窟的"未生怨因緣"，出現了殺仙人、射死白兔的場景。殺仙人時，國王沒有在場，而且是用"大劈"之刑；射白兔用的是"圍獵"的形式，二人策馬飛奔而射。現存的幾種觀經疏都沒有射死白兔的解釋。不過，唐代還有《龍興疏》、《道闇疏》、《法常疏》等觀經疏，據日本然阿良忠（公元 1199～1287 年）的《觀經序分義傳通記》、《觀經序分義略鈔》記載，頻婆娑羅王殺仙人、射死白兔等未生怨因緣故事出自《龍興疏》轉引《照明菩薩經》。

"未生怨因緣"是中唐觀經變中出現

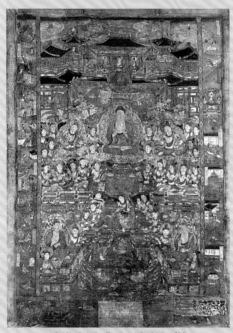

法藏絹畫觀無量壽經變

的重要內容。據日本學者研究，西藏唐卡中就有未生怨因緣，正與中唐時代敦煌壁畫出現"未生怨因緣"吻合。敦煌藏經洞出土，現藏英、法、印度的絹畫，也有外緣畫"未生怨因緣"的觀經變，其時代也是始於中唐。印度新德里的中央亞細亞博物館藏品（CDXXV II），其未生怨因緣故事，除頻婆娑羅王殺仙人、射死白兔外，還有韋提希夫人從高樓上打算摔死嬰兒，造成太子"折指"的情節。

未生怨因緣故事的出現，可能是唐代淨土宗強調因果報應關係在壁畫中的反映。

構圖形式的新變化

中唐的敦煌壁畫在藝術上承傳盛唐之風，但在形制上出現顯著變化：一個窟內壁畫數量陡然增多，尤其是洞窟南北兩壁，往往畫多種經變，壁畫畫幅相應縮小。結構趨向工整，氣勢宏大的通壁大經變不再多見；多為上部繪各經變的說法會，下部繪多扇屏風為各經變的詳盡圖解。屏風所佔面積不大，但可容納多情節的故事，成為中唐經變主要構圖形式。

中唐觀經變，淨土莊嚴相仍佔中心位置，其下用屏風來繪製未生怨和十六觀。這種佈局形式突出了淨土莊嚴相的地位，而"未生怨"則情節趨於簡單。經變與屏風的組合形式變化較多,有時不講平均分佈或對稱,因此有時觀經變的一兩扇屏風會在緊挨的另一經變下面,不過總的仍以上部是淨土莊嚴相,下部為三扇或四扇屏風為主。(詳見附錄:敦煌觀無量壽經變構圖形式表)

承前啟後的中唐三窟

榆林第25窟、莫高窟第112、159窟所繪的觀經變是中唐觀經變的代表作,而這三窟分別建於吐蕃統治敦煌不同時期,所體現的風格亦有所不同。

榆林第25窟建於吐蕃佔領瓜州初期。南壁的觀經變保存完好,是敦煌最精美的經變之一。形式及內容均一仍盛唐——中間為淨土莊嚴相,兩邊條幅分別畫未生怨和十六觀;稍有不同的是序分中加入"未生怨因緣"故事。中間的淨土莊嚴相篇幅將近8平方米,構圖簡潔明快,寶樓閣離三尊較遠,使三尊平台、舞樂平台都成了開闊的"露天法會"場所。中部的佛國建築,繼承盛唐的宮廷結構佈局,豪華壯麗。下部正中的舞樂佔的壁面大,而人物不多,其中擊腰鼓

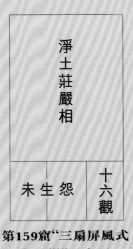

第159窟"三扇屏風式觀經變"示意圖

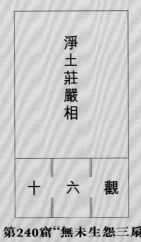

第240窟"無未生怨三扇屏風式觀經變"示意圖

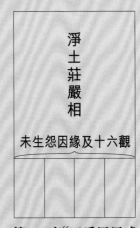

第237窟"四扇屏風式觀經變"示意圖

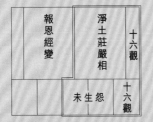

第141窟"兩鋪經變五扇屏風式觀經變"示意圖

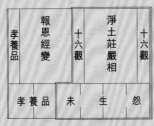

第200窟"兩鋪經變六扇屏風式觀經變"示意圖

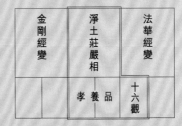

第144窟"三鋪經變六扇屏風式觀經變"示意圖

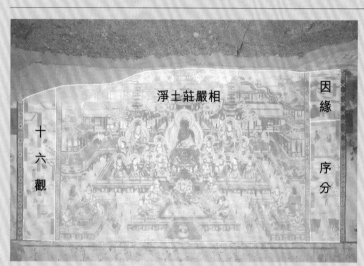

淨土莊嚴相

因緣

序分

十六觀

榆林第25窟"加入因緣故事中堂式觀經變"示意圖

的舞者，是敦煌壁畫的舞蹈佳作。

第112窟建於吐蕃統治敦煌早期，窟中壁畫風格顯示出從盛唐向中唐的過渡。此窟的觀經變繼承盛唐題材，畫面雖縮小，但內容豐富，結構嚴密，兼具繼承與創新兩種特色。淨土莊嚴相構圖繼承前代的固定模式，以阿彌陀佛為中心，聖眾圍繞，宮殿迴廊，歌台舞樹。淨土莊嚴相下部出現屏風畫，十六觀、"未生怨"移入屏風內，開創了中唐觀經變的新模式。舞樂場面更是敦煌壁畫中有數的佳作，其中的"反彈琵琶舞"，是舞蹈史研究的珍貴資料。

第159窟的觀經變，上部為淨土莊嚴相，下部屏風三扇，兩扇畫未生怨，一扇畫十六觀。此鋪的淨土莊嚴相，有一空前的畫面，且嚴格依據經文：佛放眉間白毫相光，"遍照十方無量世界，還住佛頂，化為金台，如須彌山，十方諸佛淨妙國土皆於中現，或有國土七寶合成，復有國土純是蓮花……"。主尊畫的是釋迦牟尼，上座不是觀音、大勢至。佛的眉間白毫放光，然後在頭頂化成台：上層顯現的是佛在講堂說法，堂內堂外都是聽眾；下層畫的是"蓮花國土"，殿堂內的大案上擺放一朵大蓮花（中唐以後，樓閣內往往畫一朵大蓮花，意思與此相同）。三尊前的樂舞，雙人舞動作急速，有藏舞風格。兩邊為大型樂隊，迦陵頻伽也在其中；下部"與會佛"前面也有樂舞，舞者在平台之間的橋上，伴奏者在中間平台的兩邊，各自向着舞者，構圖別致。

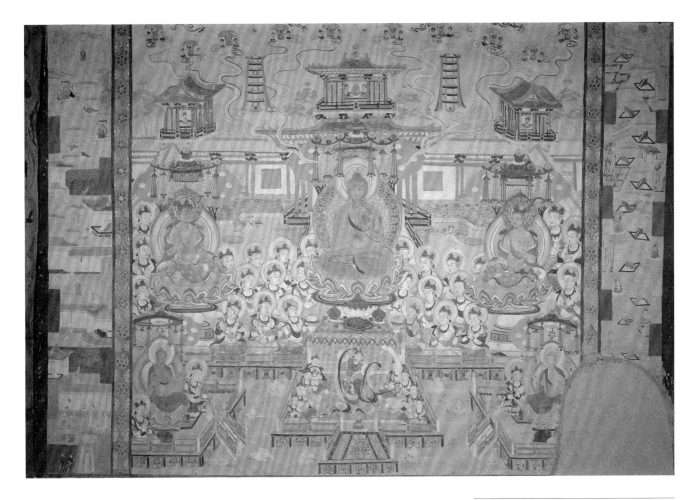

186 觀經變

經變正中是盛大的説法會，淺紅色的天
空中還有飛來聽法的諸菩薩。圖右側為
序分，左側為十六觀。圖中各種顏色都
是礦物顏料所繪，歷千年不變。左下角
部分畫面曾被損壞過。

中唐 莫379 南壁

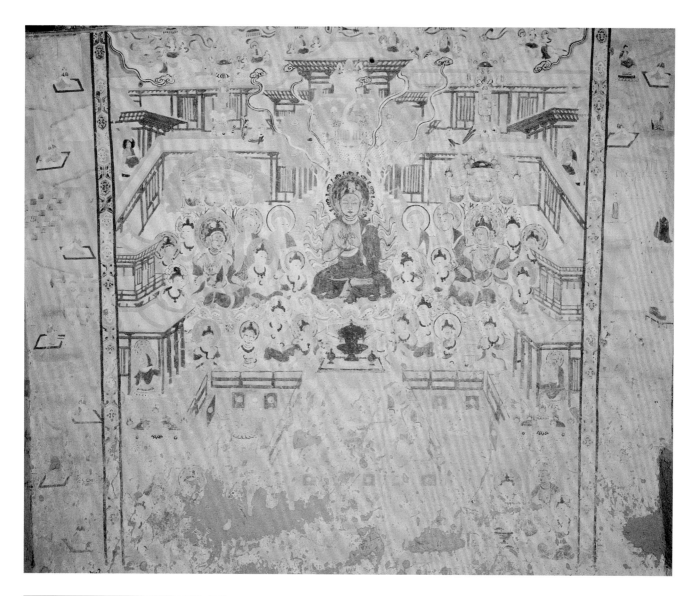

187 中堂式觀經變

主尊的圓光曾被修改。此圖未生怨與十
六觀內容分佈較為特殊。右側條幅隱約
可見為六個畫面,主要畫未生怨,已漫
漶,最上的兩個畫面畫十六觀中的兩
觀。左側條幅畫十六觀中的七觀。全畫
為何只畫九觀,且內容為何,目前尚不
能解釋。

中唐 莫117 南壁

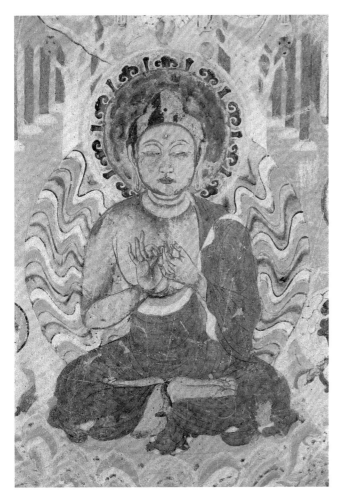

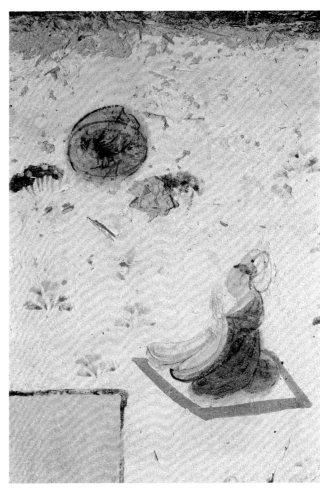

188 主尊

中唐 莫117 南壁

189 日想觀

太陽中畫有金烏。韋提希夫人着大袖長
裙跪於小方毯上，髮式特別，為壁畫中
新出現的一種髮型。

中唐 莫129 南壁

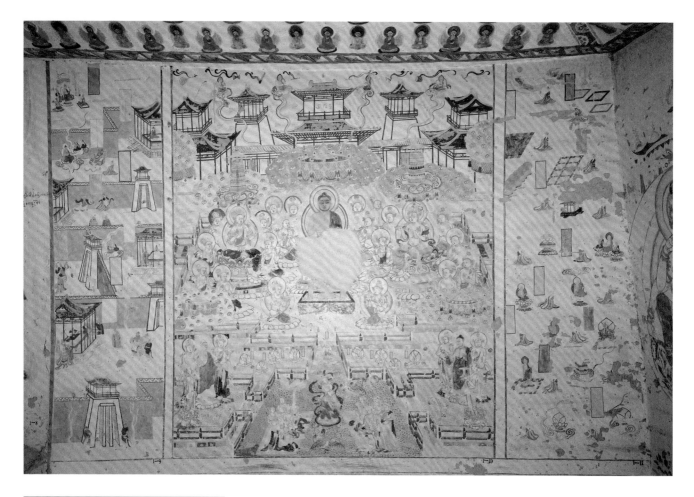

190 中堂式觀經變

淨土莊嚴相構圖比較疏朗,其中的"七
重行樹"符合經文;右側未生怨中的囚
父一節,按世俗的理解,增加一些文臣
武將。

中唐 莫197 北壁

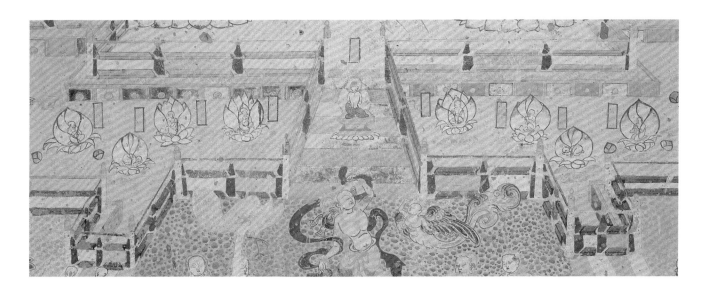

191 九品往生

淨土莊嚴相中的"九品往生"內容。七
寶池中畫了八個往生者坐在花苞中，唯
上品上生者坐金剛台，位於主尊正下
方。

中唐 莫197 北壁

192 未生怨之欲害其母

宮城內，太子手執利劍，追殺韋提希夫
人，二大臣持笏板力諫，這是"欲害其
母"的常見畫法。特別的是：太子及韋
提希夫人的動作，活像二人翩翩起舞。

中唐 莫197 北壁

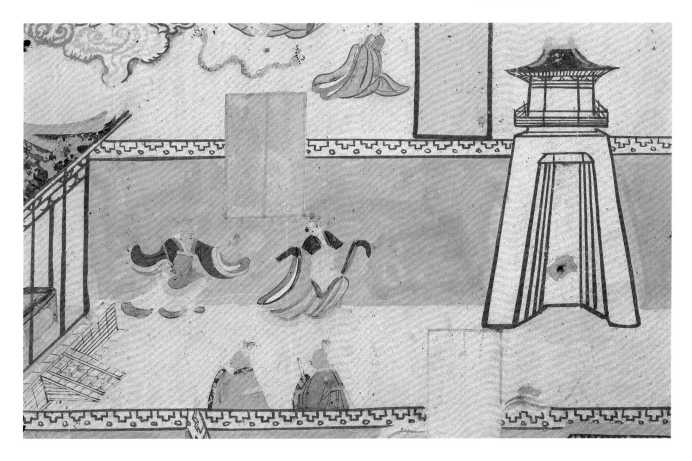

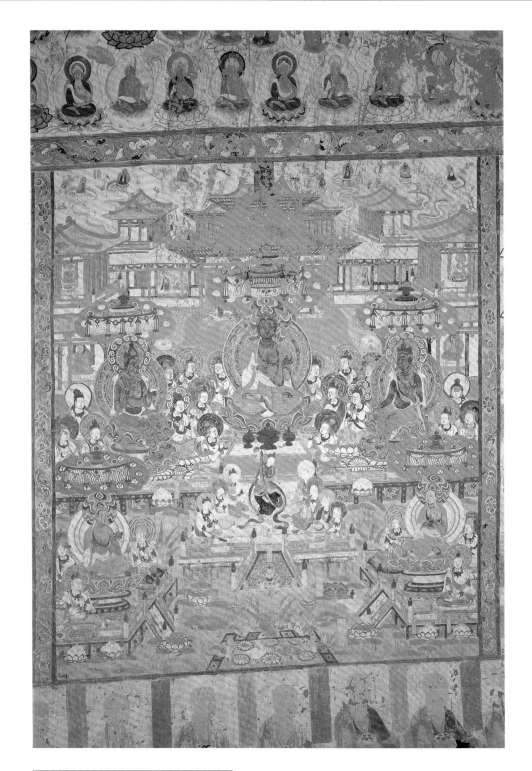

193 中堂式觀經變

右側的未生怨和左側的十六觀均仍盛唐
風格，唯中間的淨土莊嚴相，人物多用
土紅線造型，隨心所欲而極具神態，虛
空、樓閣、三尊、寶池、舞樂等佈局協
調。

中唐 莫44 南壁人字坡下

194 右上座菩薩

菩薩的嘴唇雖已殘破，但卻是畫家着意
描繪的對象，層層暈染，一絲不苟，造
就莊嚴妙相。身光、頭光也很別致。雙
腿下垂於蓮花上，這種"倚坐式"坐姿
比較少見。她周圍的小菩薩只是一根土
紅線勾就臉部輪廓。

中唐 莫44 南壁人字坡下

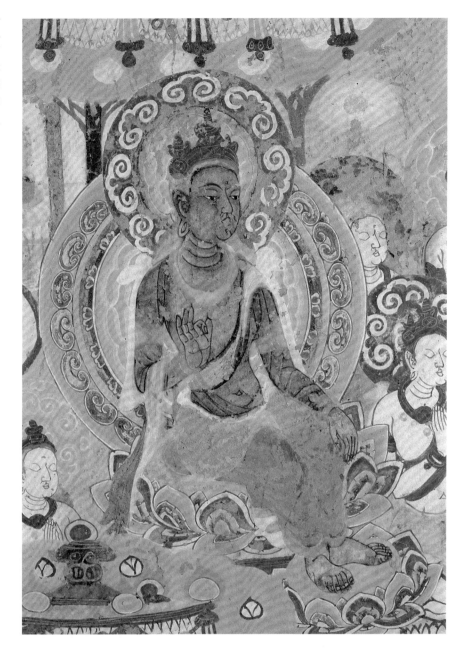

195 七寶池及七寶地

上輩往生者面佛而跪，説明已經"見佛
聞法"；下方七寶池中除兩朵小蓮花各
坐一人外，其餘大蓮花都空以待人。這
偌大的七寶池，畫的是"三輩往生"。
池中一塊小七寶地上有蓮花及迦陵頻
伽、白鶴、孔雀等，為"鳥宣道法"。

中唐 莫44 南壁人字坡下

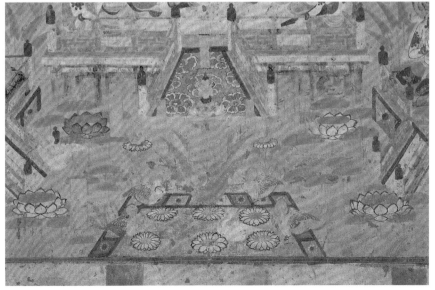

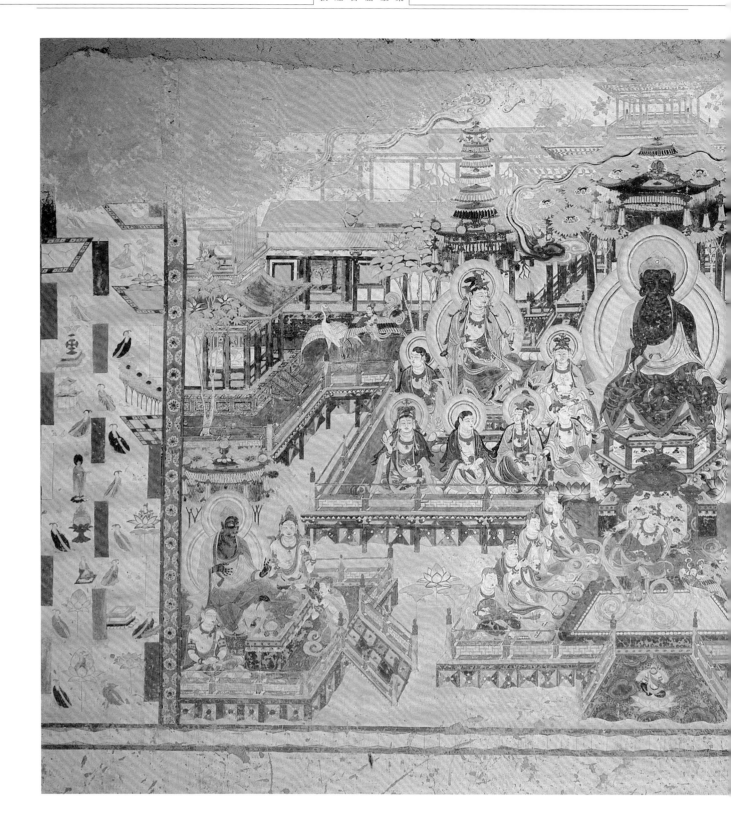

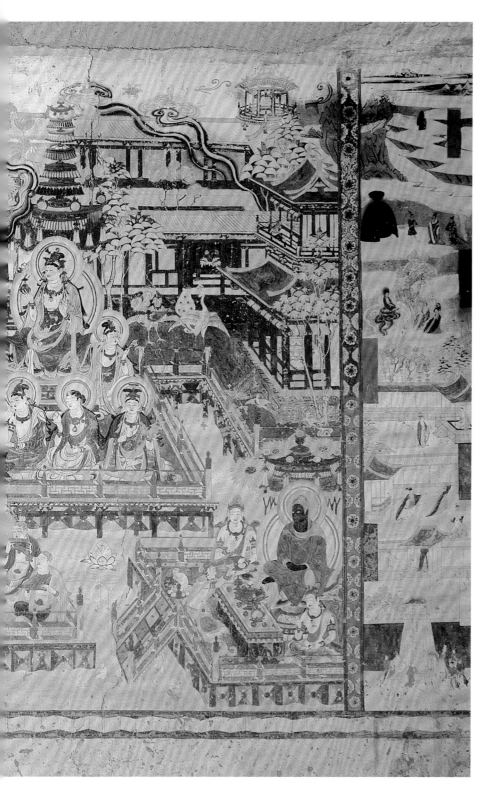

196 中堂式觀經變

此圖色彩淡雅，人物刻畫細膩，尤其是
主尊周圍的菩薩及供養菩薩楚楚動人，
是唐時"菩薩如宮娃"的真實寫照。十
六觀中的韋提希夫人均"席地"而跪，
比較少見。

中唐 榆25 南壁

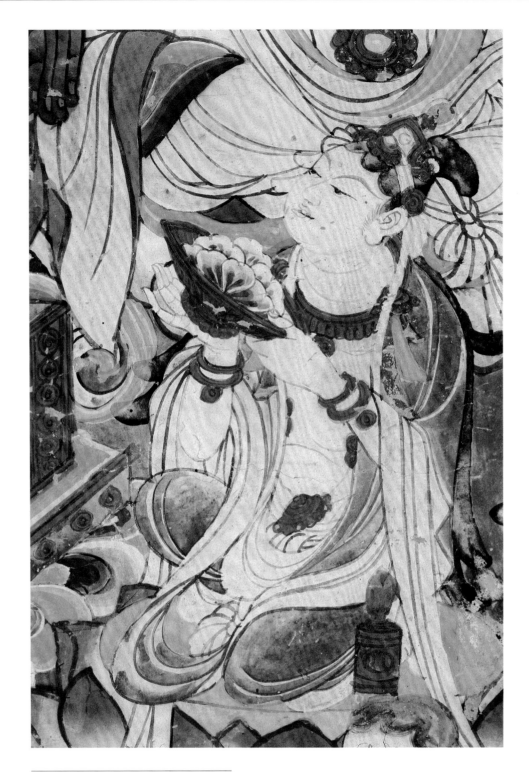

197 捧花供養菩薩

她不光姿態美，尤在眉目傳神，朱唇微
啟，令人百看不厭。

中唐 榆25 南壁

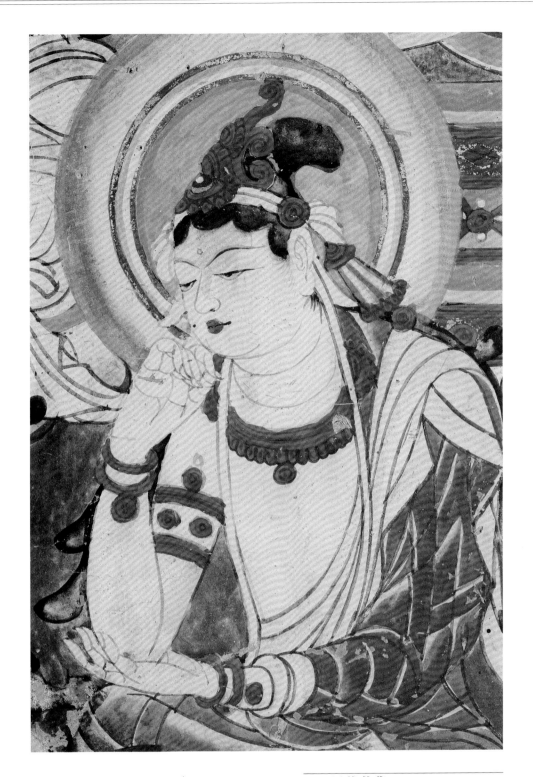

198 思維菩薩

此身菩薩右手支頤，左手放在右腿上承托着右手，左手的這一細節處理，以及沉思的眼神，更襯托出"思維"的特性。

中唐 榆25 南壁

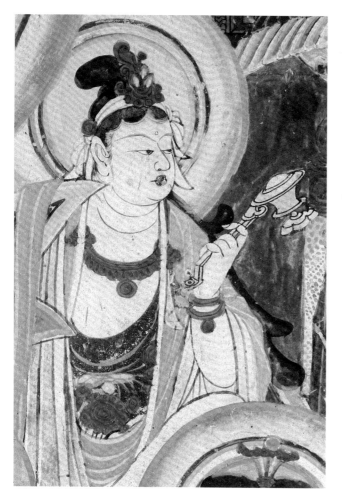

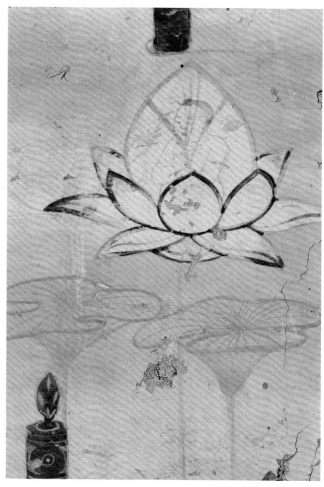

199 持香爐菩薩

菩薩身上的披帛直而寬,臉部的線條則
細滑而圓潤,這大概是畫家特別的用
心。

中唐 榆25 南壁

200 坐蓮花而生

蓮花中的童子可能是中輩或下輩往生
者,他雙手合十,正等待花開而見佛聞
法。善導疏云:"中輩中行中根人,一
日齋戒處金蓮。孝養父母教迴向,為説
西方快樂因。佛與聲聞眾來取,直到彌
陀華座邊。百寶華籠經七日,三品蓮開
證小真",頗切合此圖的主題。

中唐 榆25 南壁

201 共命鳥與孔雀

此畫偏重"鳥宣道法"，畫有白鶴、孔
雀、迦陵頻伽、共命鳥、鸚鵡，看來作
者善翎禽。"共命鳥"一鳥兩頭，一為
人頭人身，一為人頭鳥嘴，尖嘴綠色，
其中一個手持"鳳首一弦琴"，此樂器
為敦煌壁畫中特有的虛構樂器 。

中唐 榆25 南壁

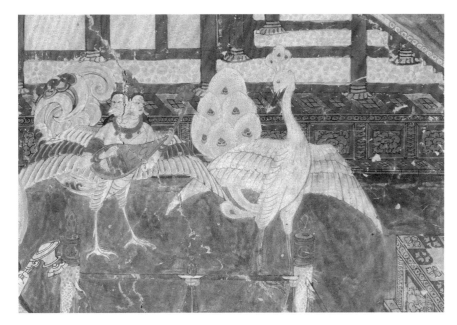

202 建築裝飾

整個畫面簡潔而莊嚴富麗，充分反映了
唐時宮廷建築中的柱礎、花磚、台基、
階梯的建材與裝飾紋樣。

中唐 榆25 南壁

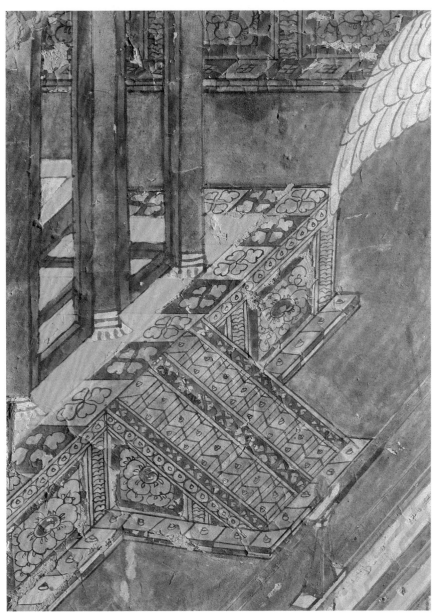

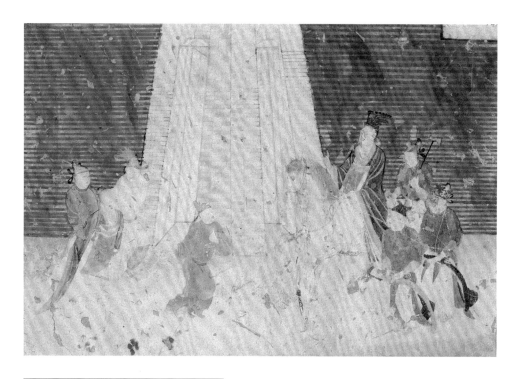

203 未生怨之囚父

太子身邊三人，兩人持彎刀，一人擎斧，這是與以前所見不同的地方。

中唐 榆25 南壁

204 未生怨之欲害其母

太子戴"通天冠"，韋提希夫人戴雙環望仙冠，均為唐代貴族冠帽。庭院內，太子手執利劍，追殺母親；其母伸臂提腿，長裙曳地，倉皇而逃，藝術地再現了當年可能出現的場景。

中唐 榆25 南壁

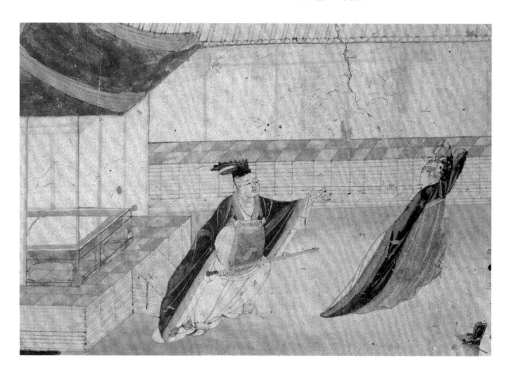

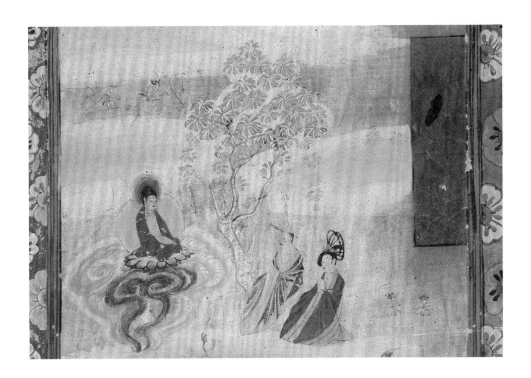

205 佛為國王夫婦說法

韋提希夫人的雙環望仙冠很清楚。曠野中畫"五同樹"，垂條如柳。佛乘彩雲"從耆闍崛山沒，從王宮出"，為國王夫婦演說太子囚父禁母的因緣。

中唐 榆25 南壁

206 未生怨之因──殺仙人

觀經變新出現的畫面，反映的是未生怨因緣中國王殺仙人求子的故事，人物有國王、隨從及仙人。依慧遠注疏所引《大般涅槃經》而繪。其他人的注疏，在壁畫中均表現為國王派使者去傳命、執刑。

中唐 榆25 南壁

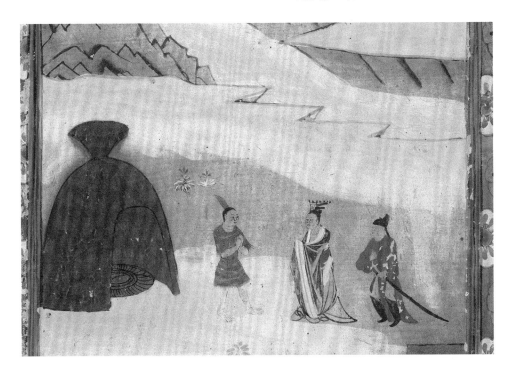

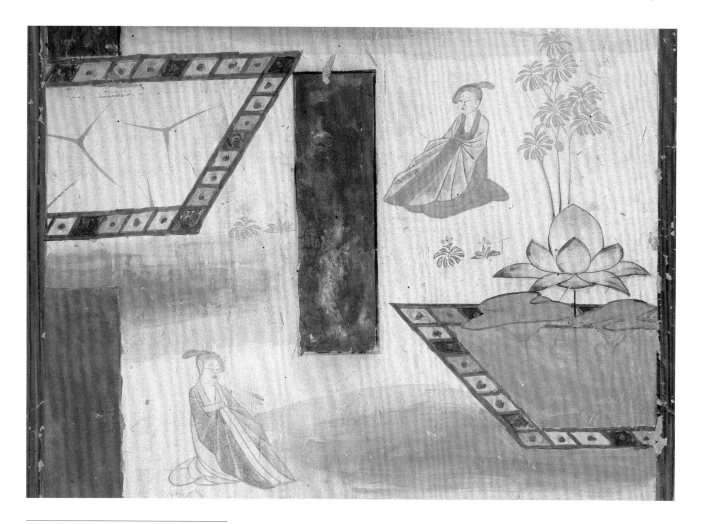

207 水想觀

左上角水池表示的是 "水作冰觀"，是
"水想觀" 的進一步觀想。

中唐 榆25 南壁

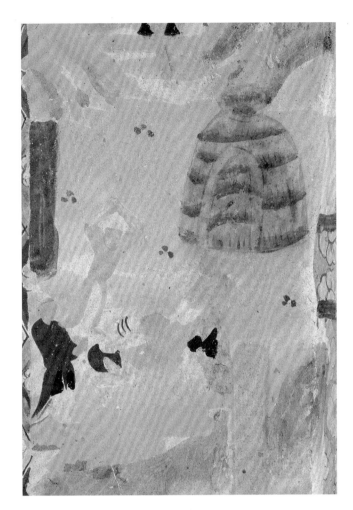

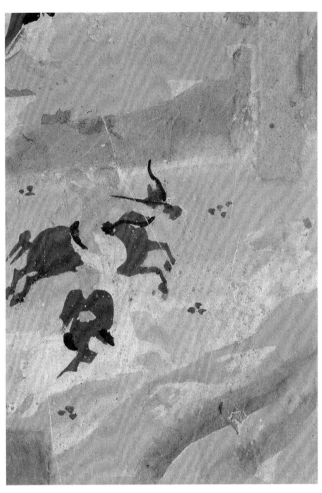

208 未生怨之因——殺仙人

圖中草廬，表示仙人居住之所。仙人被
反綁，跪在地上，一人揪他頭髮，一人
拽住繩索，劊子手正舉刀行刑。

中唐 莫358 南壁

209 未生怨之因——射白兔

此畫在"殺仙人"之下，表示與之相
連。仙人死後，王后仍未懷孕，相師説
是仙人成了白兔，於是國王派人圍獵白
兔。兔死之日，王后受孕。圖中兩名獵
手騎馬飛奔，一人正拉弓射箭。被射的
那隻兔子，形象不甚清楚，而另一隻受
驚的兔子，飛跑之勢栩栩如生。

中唐 莫358 南壁

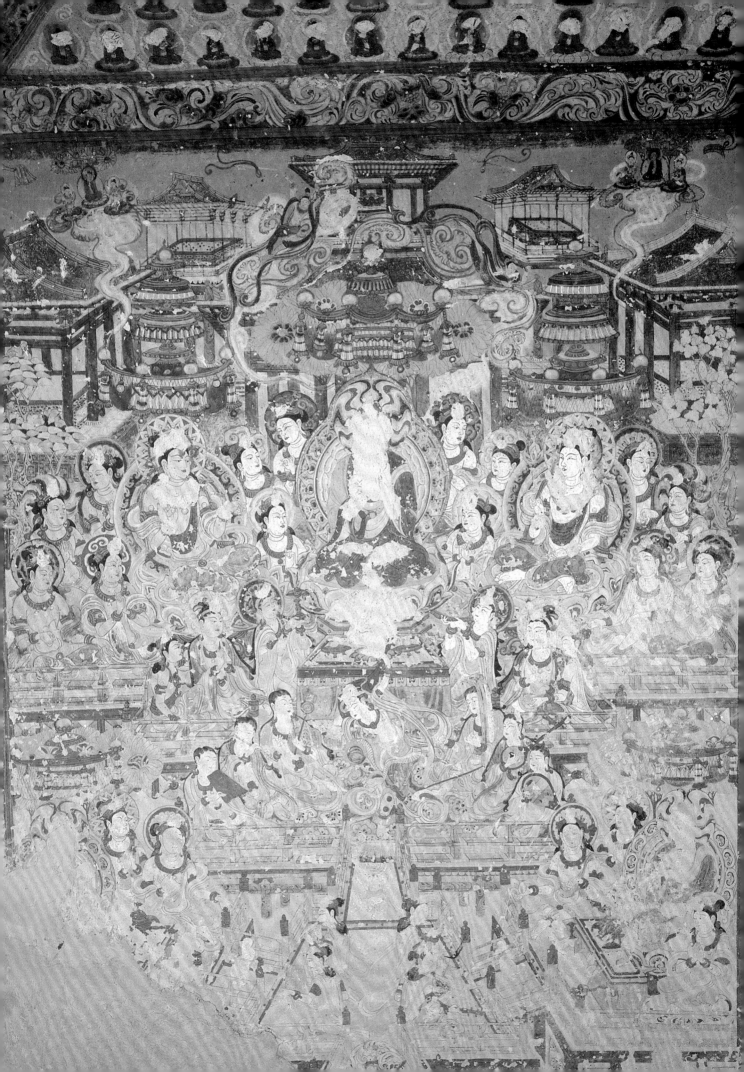

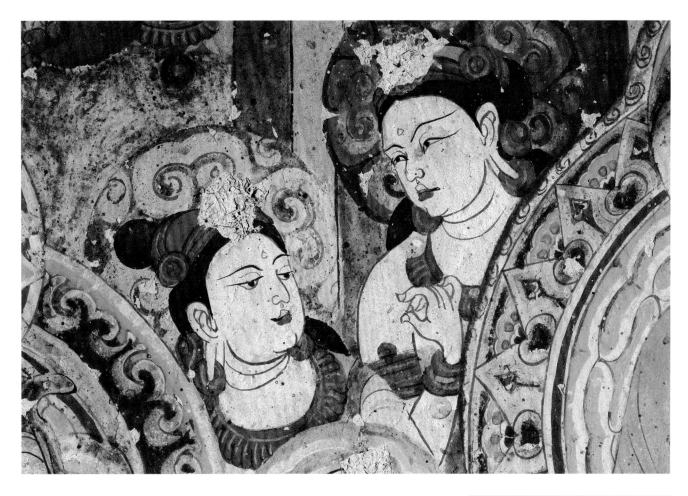

211 菩薩特寫

菩薩頭上的貼金已被刮去，膚色、線描
均為後代重繪。
中唐 莫112 南壁

210 淨土莊嚴相

淨土莊嚴相佔經變三分之二篇幅。主尊
原為“金身”，菩薩的首飾也都是貼金
的，後為盜金者所剝。其中的“反彈琵
琶”舞者很有名。畫中的人物有兩種膚
色，白色是後人用雲母粉重新上色並加
線描的。
中唐 莫112 南壁

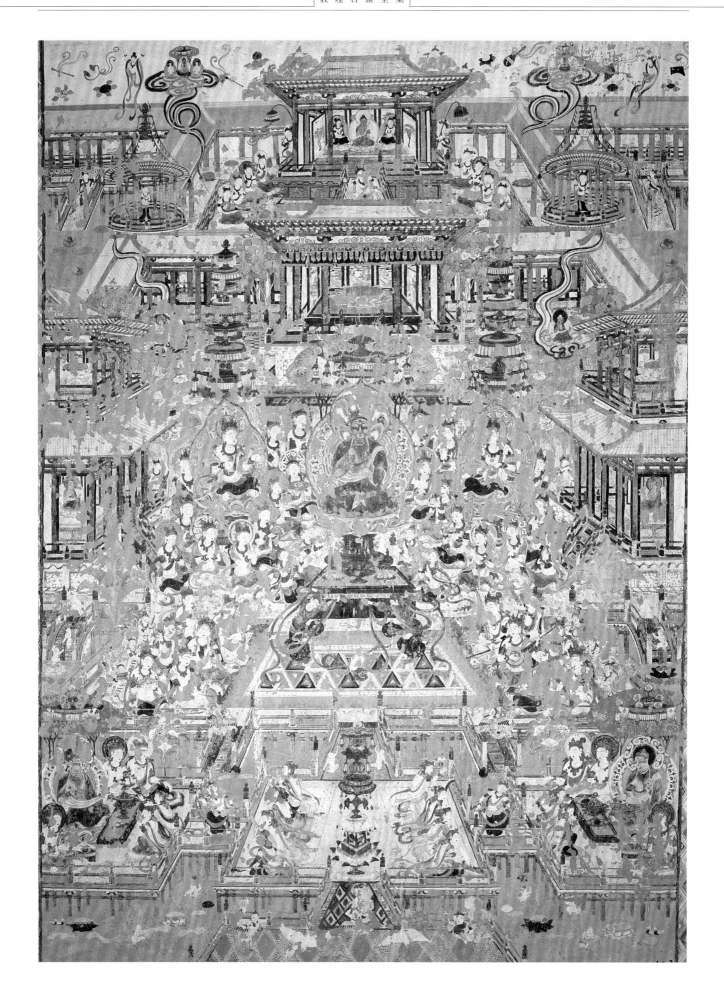

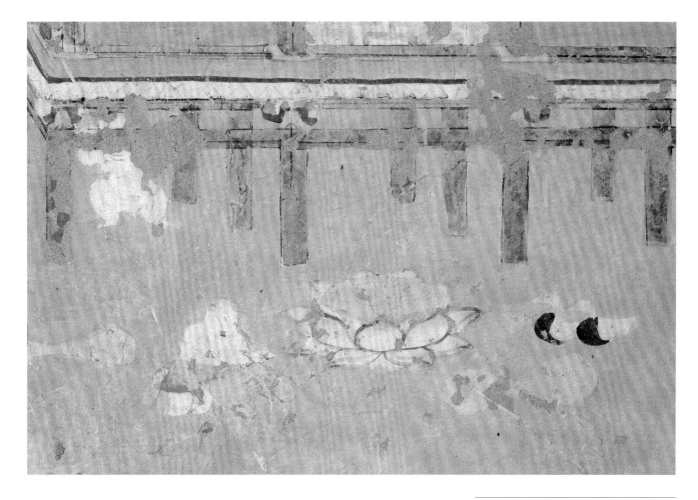

213 化生童子特寫

此畫中隨處都有化生童子，這是其中的
兩個。他們出了蓮花，正往"金橋"上
爬，兩人互相呼應。敦煌文書P. 3210c中
一首可稱"化生童子歌"的唱道："化
生童子上金橋，五色雲擎寶座搖。合掌
唯稱無量壽，八十億劫罪根消"，正與
此畫吻合。

中唐 莫159 南壁

212 淨土莊嚴相

此畫是敦煌壁畫代表作。頂部"講堂"
內坐一佛二菩薩；堂簷下，兩側掛幡；
堂外兩側坐着菩薩。這是一種全新的表
現形式，說的是無量壽佛講經說法"必
集講堂"。《觀經》並沒有這一內容，
這是受《無量壽經》的影響。

中唐 莫159 南壁

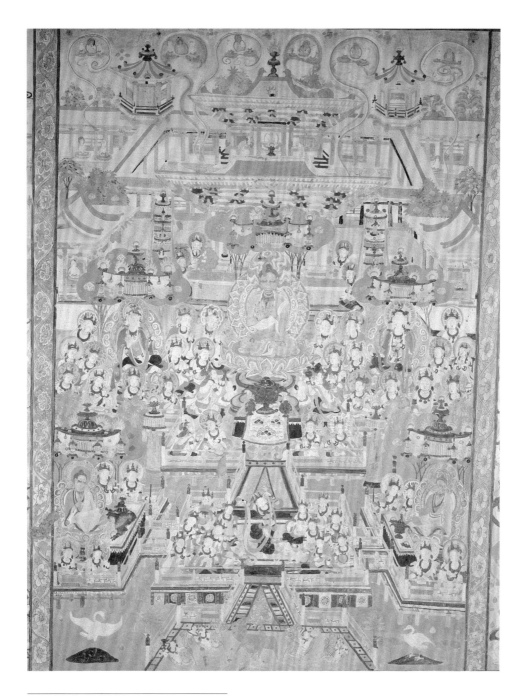

214 淨土莊嚴相

中唐時代屏風式的觀經變都不注重 "九
品往生"。此畫的七寶池、七寶地都很
寬敞，但就是不見九品往生。全畫色彩
淡雅，建築畫尤其簡潔。

中唐 莫360 南壁

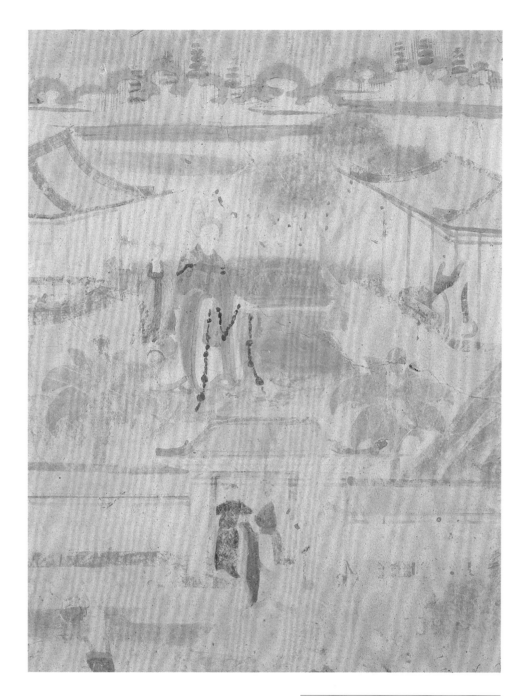

215 未生怨之夫人奉食

繪於屏風內。故事演繹得很有趣：門
外，守衛擋住韋提希夫人，不讓她入
內；院內，韋提希夫人手拿大串瓔珞，
背後有二侍女相隨。這一情節在現存經
文和注疏中都無提及。

中唐 莫360 南壁

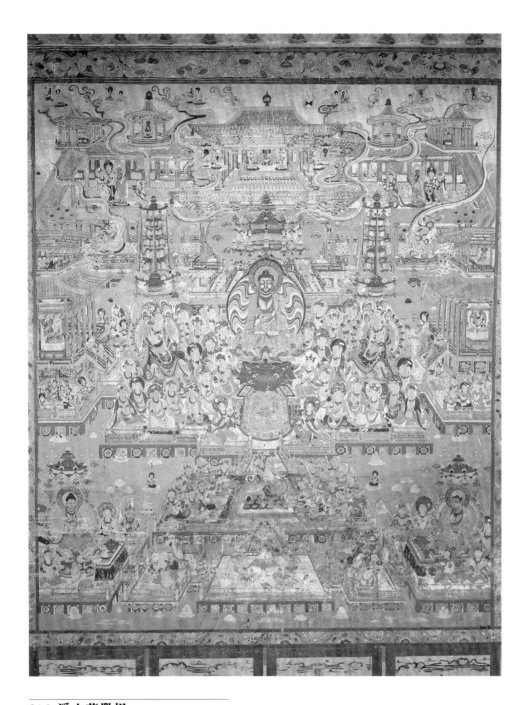

216 淨土莊嚴相

此畫的建築小而精緻,近大遠小、近高
遠低,完全符合透視法則;其界畫瓦
楞,出簷有起翹感;主尊頂光放光,無
量壽經系的影響又重現。整個淨土莊嚴
相,阿彌陀世界的風景全備。舞樂中的
"反彈琵琶"完好無損。下部為四扇屏
風畫。

中唐 莫237 南壁

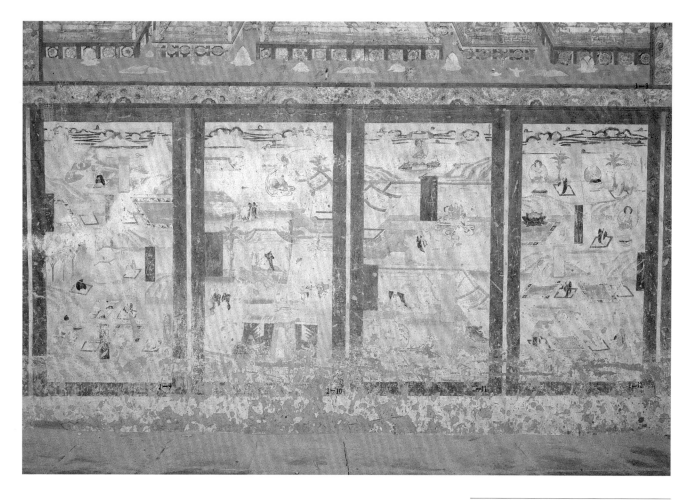

217 屏風畫

四扇屏風，中間兩扇畫未生怨，內容均
自下往上排列；左右兩扇，左邊畫十六
觀中前八觀，右邊畫後八觀。

中唐 莫237 南壁

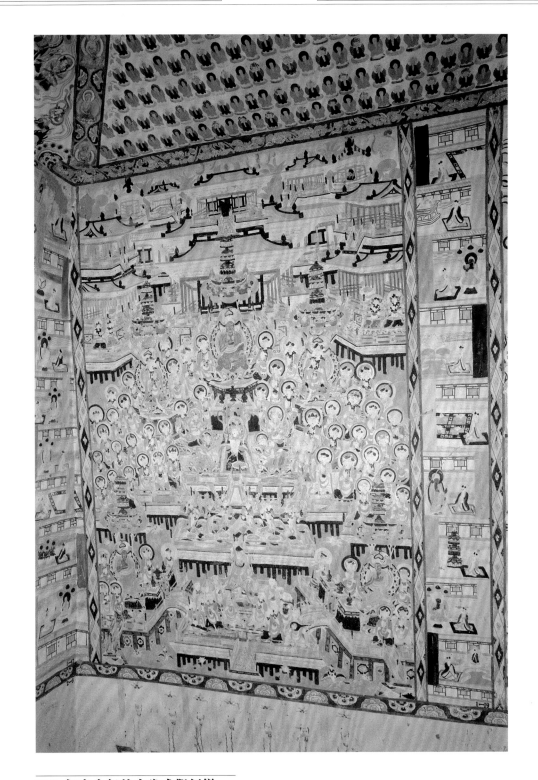

218 無未生怨的中堂式觀經變

淨土莊嚴相中,主尊高高在上,前面有
四進水上平台、三組舞樂:自上往下,
迦陵頻伽獨舞、迦陵頻伽羣舞、雙人舞
及樂隊。迦陵頻伽羣舞此後常被採用。
兩側的十六觀,其次序與眾不同,不知
所據何本。全畫色種不多,色薄,人物
只有白臉綠眉。

中唐 莫7 北壁

第四節　歸義軍時期的餘暉
晚唐至宋（公元848－1036年）

　　唐大中二年（公元848年）張議潮率軍推翻吐蕃統治，歸義唐朝，從此，敦煌政權先後為張氏和曹氏歸義軍執掌，跨越晚唐、五代、宋三朝。歸義軍統治時期，敦煌地區政治相對穩定，經濟繁榮，敦煌佛教藝術得以繼續發展，出現了一些頗具氣勢的通壁大畫；但就觀經變而言，數量不多，藝術風格亦跌入程式化的窠臼。

宥於程式的畫院創作

　　與盛、中唐相比，歸義軍時期的觀經變呈江河日下之勢：數量急劇減少，晚唐繪12鋪，五代繪6鋪，北宋僅4鋪；內容主要因襲前制，特別是歸義軍統治末期，程式化日益嚴重，在藝術上幾無可足稱道者；敦煌西方淨土變由此走向低潮。

　　晚唐觀經變雖然數量未見銳減，但已露式微的端倪，不僅少有同時期勞度叉鬥聖變那樣的通壁大畫，而且在各類經變中所佔地位也大為降低。晚唐莫高窟繪有觀經變的洞窟大都為下層洞窟（如莫15、19、132等）或"耳洞"，即大型洞窟門外的附屬小洞（如莫177、337、343、195、8等），這種洞窟不是坐北朝南，就是坐南朝北（莫高窟絕大部分洞窟坐西朝東）。下層洞窟和"耳洞"最易受風等自然外力破壞，難於保存，故莫高窟晚唐完好保存至今的觀經變並不多見。五代、北宋時期，在曹氏統治沙州地區的一百多年間（公元914～1036年），觀經變不但數量銳減，而且由於曹氏政權仿效中原在河西地區建立畫院，集中了一批畫師，形成了院派特色。人物形象千篇一律，承襲多，創新少。尤其到宋代，敦煌藝術已如殘陽夕照。

　　歸義軍時期觀經變的內容因襲前代，主要有淨土莊嚴相、十六觀和"未生怨"故事，部分洞窟還在序分部分繪有"未生怨因緣"；形式主要有兩種，一為中間淨土莊嚴相，未生怨、十六觀分佔兩側的條幅式，一為上部淨土莊嚴相，下部畫屏風的屏風式。屏風式一般只畫三扇屏風，構圖的變化不如中唐那樣豐富多樣。宋代還有一幅屬於"特殊中堂式"的孤例。118窟南壁的觀經變中間繪淨土莊嚴相，兩側均為十六觀，無序分及未生怨因緣。北壁與它相對的藥師經變則無"九橫死"。這種表現，給人以強烈的印象：窟主的心願是不要一切煩惱與痛苦，只要善良、快樂與幸福。

　　敦煌藏經洞出土的絹畫中，有一種五代時期形式特別的觀經變，即上部淨土莊嚴相，下部一條橫幅。橫幅內右段畫序分及未生怨因緣，左段畫十六觀中的九觀。其中未生怨因緣中的獵手持"獵鷹"逐兔，比壁畫中的獵兔清楚、生動。

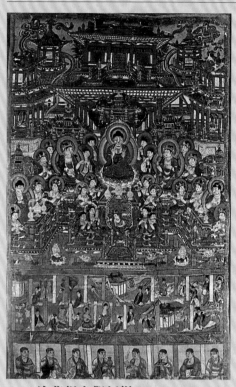

法藏絹畫觀經變（MG17673）

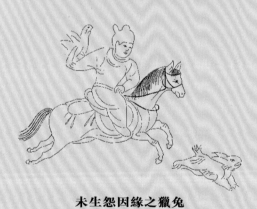

未生怨因緣之獵兔

縱觀這一時期壁畫中的觀經變，有兩點比較值得注意：

一、晚唐、五代的觀經變，都沒有"九品往生"的內容，這可能與信仰的形式轉移有關。晚唐、五代時，敦煌出現了為死人製作"九品往生輿"的民間風俗。乾寧二年（公元895年）的《僧統和尚營葬榜》，有通知諸寺各出"九品往生輿"的記載，《都僧政和尚榮葬差發帖》有"九品往生輿，仰一十六寺"的明文規定。說明當時人們根據九品往生的有關內容製作成具體器物，移植到現實的殯葬活動中，取代了壁畫僅供觀想的簡單形式。

二、畫面與榜書不符，是五代、宋時期觀經變常見的現象。如454窟的觀經變，序分部分的榜書中有"韋提希禮拜世尊，願生西方極樂世界"，畫面卻為"殺仙人"；榜書"頻婆娑羅王、韋提希夫人□西方極樂世界阿彌陀佛"，畫面又成了捉白兔；"十六觀"中也有部分榜書與畫面不符。究其原因，可能是畫者與書寫榜書者非同一人所致。

夕陽映照的晚唐兩窟

晚唐繪觀經變不少，但受自然或人為破壞嚴重，存於後世的精品甚少，可作代表的只有莫高窟第12窟和西千佛洞18窟等少數幾窟。

第12窟窟主是沙州釋門都法律金光明寺僧索義辯。敦煌遺書《沙州釋門索法律窟銘》就是修造此窟的功德記。據此窟銘，可知此窟建成於唐咸通十年（公元869年）。索氏是敦煌的望族，其所修洞窟，氣勢很足、畫工技高，壁畫保存至今讓人讚嘆。南壁正中的觀經變，上部為淨土莊嚴相，下部畫屏風三扇，除屏風畫稍有漫漶外，其餘完好。石青、石綠、土紅、幾種顏色的恰當使用，邊飾圖案的襯托，中軸線的突出及向心式的構圖，都為此畫增添不少光彩。三尊及其眷屬此時突然集中，人數增多，舞樂更接近主尊，都是此窟觀經變的特點。

西千佛洞在今敦煌城西南約30公里處。整個窟羣坐北朝南。第18窟的觀經變，中間淨土莊嚴相、兩側條幅式，畫未生怨和十六觀。此畫當年色彩較淡，千年後的今天，雖然保存尚好，但卻失去了光彩。淨土莊嚴相與過去的大同小異，右側的十六觀次序、內容與中唐一樣，有的尚待解讀。左側的未生怨及未生怨因緣，有承前啟後的新表現：殺仙人一節，採用的是國王派人請仙人，畫一草廬，其前有兩人騎馬上，仙人作躬身陳述狀。這一內容應是善導疏中的解釋，但所繪情節前所未見。抓白兔一節，出現了"獵鷹"，又可與藏經洞出土的絹畫交相輝映，前曾提及的法藏 EO. 1128 的未生怨因緣抓白兔中也有"獵鷹"。

五代的榆林二窟

五代時期的觀經變，數量不多，莫高窟除第468窟原貌尚存外，大都損壞嚴重，只有榆林窟第35窟和38窟，可資代表。

後梁乾化四年（公元914年）曹議金掌握歸義軍政權。此後曹氏政權統治敦煌近一百三十年。瓜沙曹氏家族在榆林窟建窟及重修二十八窟，是榆林窟的主體。榆林窟第35、38兩窟在榆林河西岸，坐西朝東。兩窟觀經變的形式均為中間淨土莊嚴相、一側畫序分及未生怨因緣、一側畫十六觀。第35窟觀經變繪於西壁，淨土莊嚴相與序分、十六觀之間有一條邊飾，畫眾多化佛，這是此畫最大特點。全畫漫漶嚴重，只有十六觀及化佛一條保存尚好。右側序分之上，比照第38窟，應是"未生怨因緣"。十六觀的次序，仍與現存的經、疏有別。第38窟全畫保存完好。序分之上收入了未生怨因緣中的"國王獵鹿一無所得"而遷怒於仙人的情節。

"離經叛道"的宋代觀經變

第55窟是莫高窟幾個大窟之一，修建於公元962年前後。此窟的壁畫榜書，隨處可見；但一些處於洞窟高處的榜子目前還未能識讀。

第55窟南北兩壁各並列畫四鋪經變。南壁東起第二鋪為觀經變，顏色保存較好。右側條幅的頂端榜書"南無無量壽佛觀相"，應是此時對觀經變的稱呼。中間的淨土莊嚴相，沒有甚麼特別之處，唯雙人舞中"反彈琵琶"舞者穿的"喇叭"褲，非常清楚，值得一提。右側的序分中的一些情節，與過去有所不同。其上的"未生怨因緣"故事，殺仙人採用的是國王獵鹿無所得轉而遷怒於仙人之説，獵兔一節也很清楚。左側的十六觀，十六位夫人倒是一個不少，但次序、內容有"離經叛道"之感，宋人的注疏中也找不到相近的解釋。

第76窟原修時代為唐，後經宋、元、清重修，主室現在壁畫均為宋畫。南壁西起第一鋪為觀經變，靠近西壁部分已漫漶不清，而東側的"十六觀"有的卻畫面、榜書都很清楚。其次序對我們反證以前的十六觀很有作用。具體情況是："第一日觀"、"第三青蓮花觀"、"第四水池觀"、"第二水作冰觀"、"第五寶幢觀"、"第六樹林觀"、"第七口口觀"、"第八無量壽觀"、"第十（以下不清）"、"第十一大勢至菩薩觀"、"第九（以下不清）"。可惜以下壁面已塌。現存榜書已經告訴我們：除第一、二、十一觀以外，其餘都與現存經、疏不合。這為研究者留下了研究的餘地，是十分寶貴的資料。

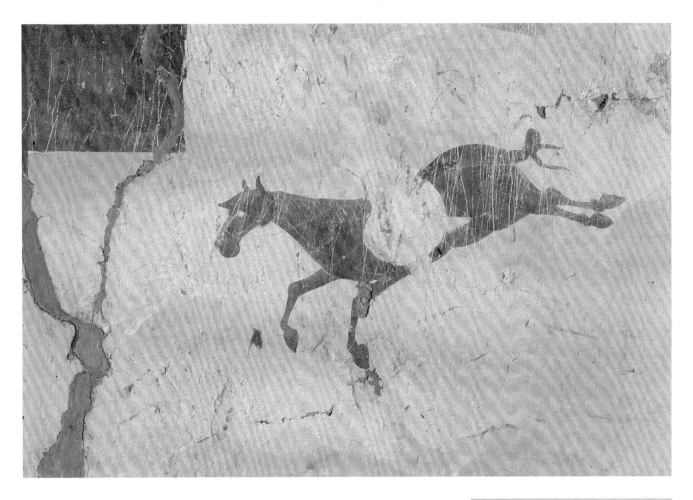

219 捉白兔特寫

未生怨因緣情節之一。獵手騎馬飛奔，
疾追白兔。獵手頭上有一隻獵鷹，藏經
洞的絹畫曾出現獵鷹，但在壁畫中是第
一次出現。

晚唐 西18 西壁

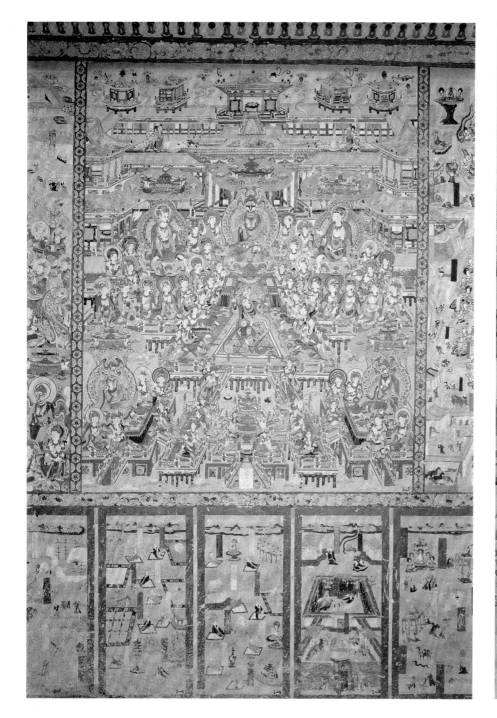

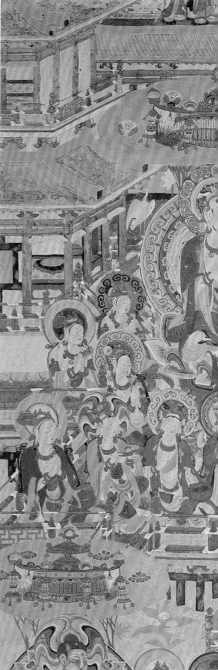

220 三扇屏風式觀經變

上部淨土莊嚴相、下部屏風畫的觀經
變，到此圖才得見廬山真面目。三扇屏
風畫中，兩扇為十六觀，一扇為序分。
序分的空間太小，因此只畫了“收執父
王”、“欲害其母”、“夫人奉食”、
“請佛”四個情節，構圖簡單。
晚唐 莫12 南壁

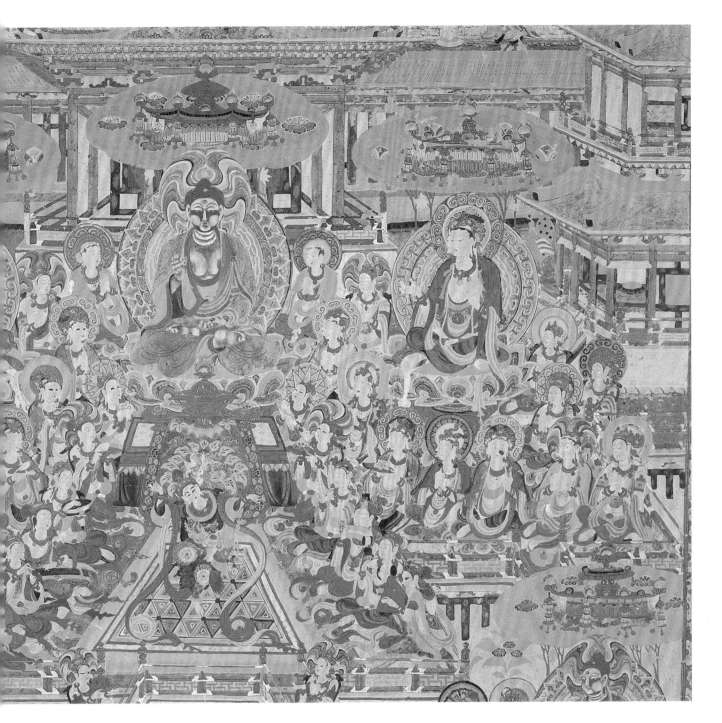

221 三尊及諸眷屬

從晚唐開始，主尊面前的供器多放在鋪
有精美幃子的"供案"上。圖中主尊臉
部及胸部的暈染，可作晚唐人物暈染的
代表；身光、圓光圖案色彩搭配考究。
此畫由於使用土紅、石青、石綠得當，
色彩柔和。

晚唐 莫12 南壁

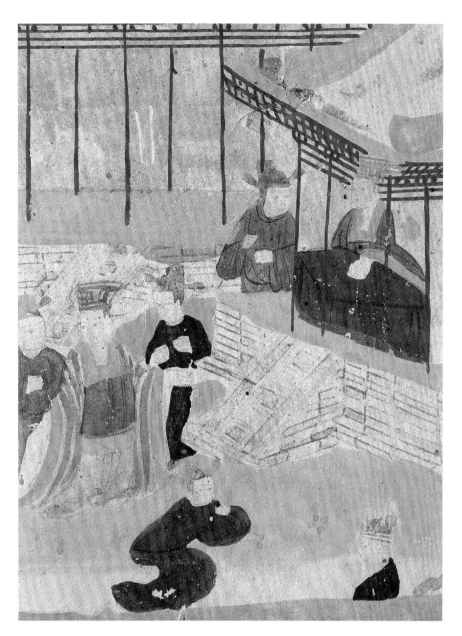

222 未生怨之收執父王

圖中的國王比例雖然有些失調，但神情
逼真：歪頭、伸兩手，欲掙脫兩邊的
人，一副不屑一顧之貌；兩邊衛兵被國
王氣勢所鎮，正縮回雙手。

五代 莫468 南壁

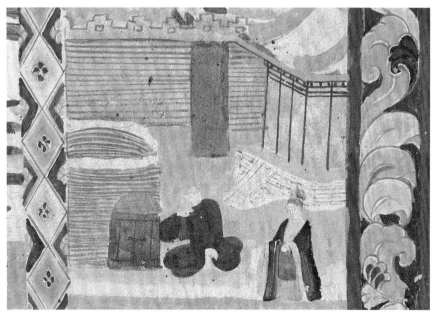

223 未生怨之夫人奉食

畫面的左下部為一監獄，韋提希夫人持
瓔珞走近。旁坐獄卒，正在打盹。監獄
的門竟比坐着的人還矮，這種誇張表
現，完全脫離經文。畫工雖拙，但頗具
戲劇性。

五代 莫468 南壁

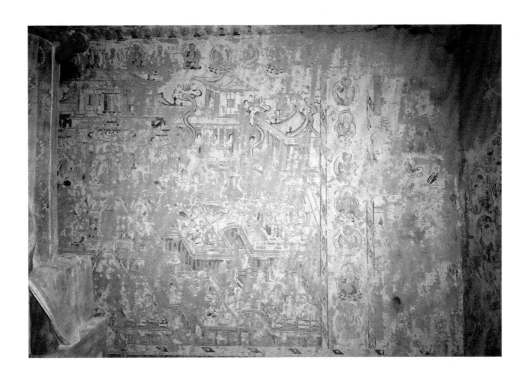

224 淨土莊嚴相及未生怨

在淨土莊嚴相與未生怨之間可以見到一
條比平常寬得多的邊飾,上畫化佛。右
側的未生怨已基本剝蝕,隱約可見草
廬,是未生怨因緣中"殺仙人"一節。
五代 榆35 西壁北側

225 淨土莊嚴相及十六觀

處於經變左側的十六觀及邊飾化佛保存
尚好。十六觀中,十六個韋提希夫人,
一個不少,但所觀對象卻沒有無量壽佛
觀、觀音菩薩觀、大勢至菩薩觀。
五代 榆35 西壁南側

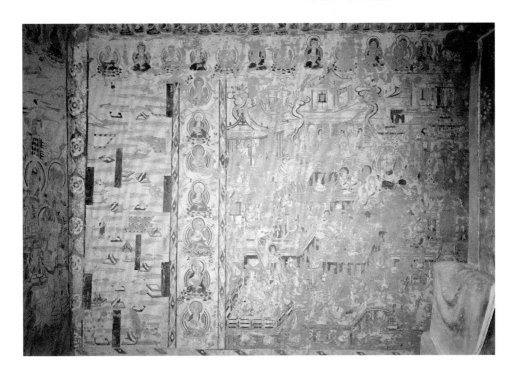

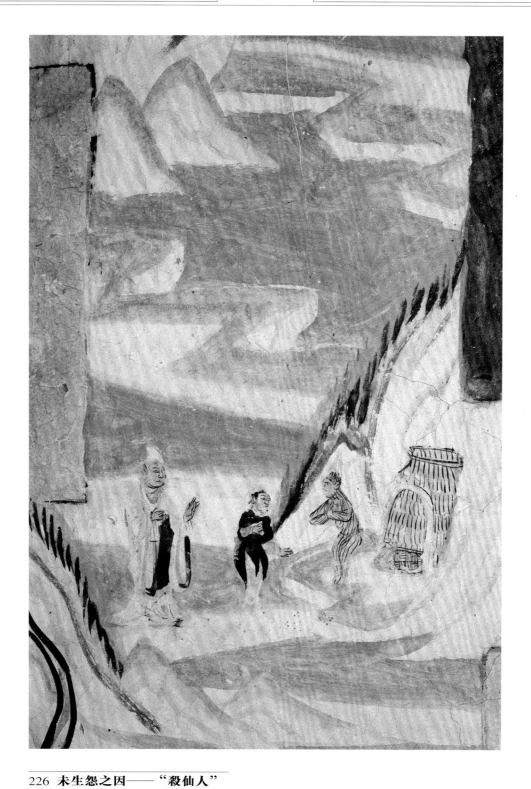

226 未生怨之因——"殺仙人"

此窟壇上有塑像,須從側面拍攝。圖中
是"國王殺仙人"的情節。國王及隨從
正向仙人詢問,仙人身後可見草廬。

五代 榆38 北壁

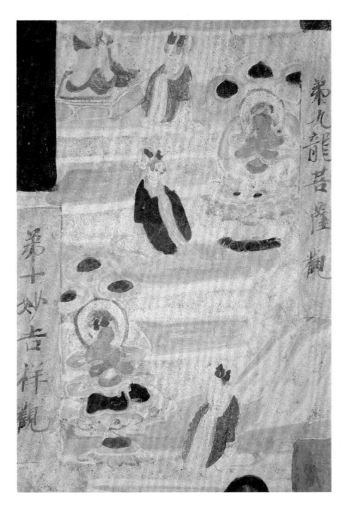

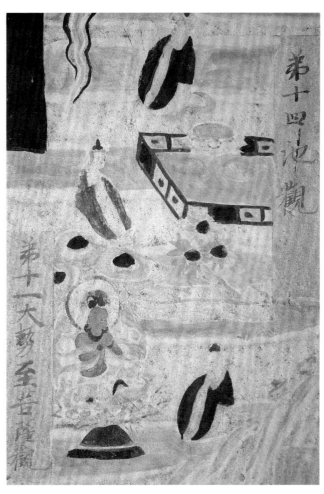

227 龍菩薩觀和妙吉祥觀

兩條榜書,一為"第九龍菩薩觀",一
為"第十妙吉祥觀"。按經文,十六觀
中第九觀為"遍觀一切色身相",亦即
觀無量壽佛;第十觀應是觀音觀,而
"妙吉祥"乃文殊師利菩薩。畫面與榜
書不符,正是宋代觀經變一大特點。

宋 莫55 南壁

228 池觀與大勢至菩薩觀

這裏的榜書也十分清楚。觀想不按次序
的排列,"第十四池觀"放在"第十一
大勢至菩薩觀"之前,為我們理解以前
的十六觀打開思路。但第十四本應是
"上輩往生"觀,榜書不知為何卻寫成
"池觀"。

宋 莫55 南壁

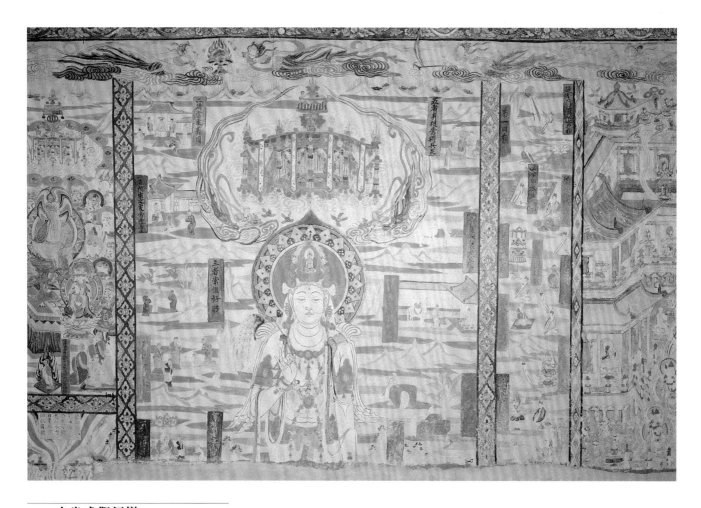

229 中堂式觀經變

宋 莫76 南壁

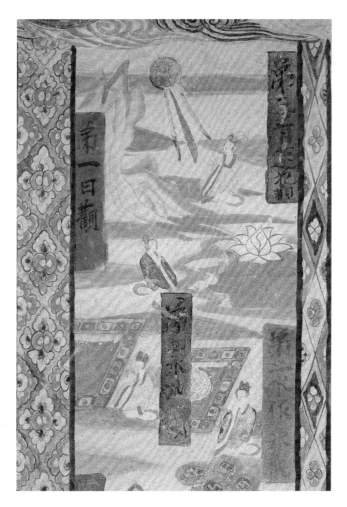

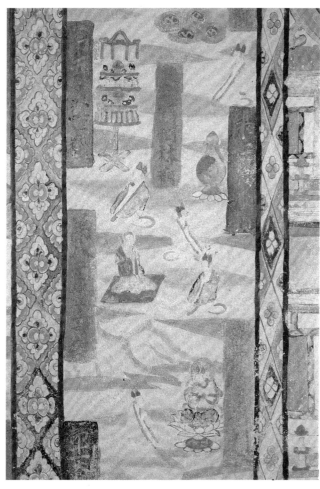

230 十六觀局部

右側已變黑的榜子上寫"第三青蓮花觀"，左側第一條為"第一日觀"，第二條為"第四水池觀"，右側未變色該條寫的是"第二水作冰觀"，四條榜書與畫面都能對上，但其次序則無規律可尋。

宋　莫76　南壁

231 十六觀局部

圖中五條榜子能看清四條："弟五寶幢觀"，"弟六樹林觀"，"弟七□□觀"，"弟八無量壽觀"。有意思的是"樹林觀"無樹，"無量壽佛觀"畫的竟不是佛像！

宋　莫76　南壁

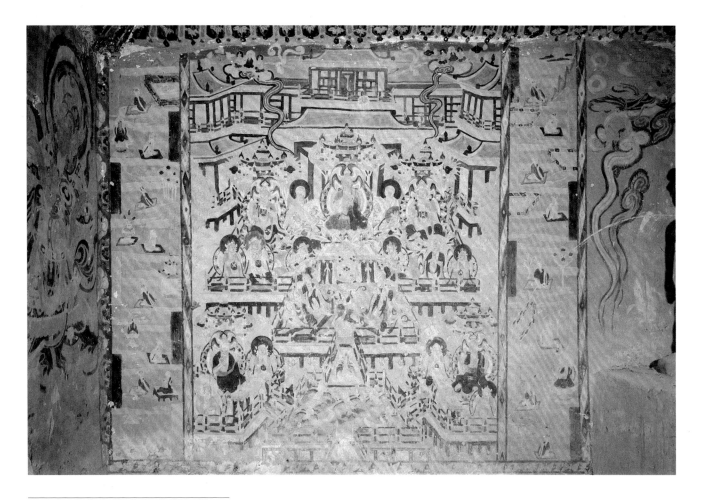

232 無未生怨的中堂式觀經變

中間為淨土莊嚴相,兩側條幅無序分,
都是十六觀,右側開頭,次序自上而
下。此畫係首次發表。

宋 莫118 南壁

第五節　榆林窟觀經變的新面目

西夏（公元 1036－1227 年）

　　十一世紀上半葉，崛起於西北邊地的黨項族以靈州、夏州為中心，建立西夏。北宋景祐三年（公元 1036 年）曹氏歸義軍政權被西夏攻滅，敦煌遂為西夏所轄。西夏王朝篤信佛教，在敦煌開鑿或重修洞窟不少，其中榆林窟的地位日益彰顯，這一時期的代表作品集中在榆林窟。西夏時的經變畫種類不多，題材多沿襲前代，雖然淨土變鋪數不少，但藝術成就卻遠不如前。可以說，經變畫的繪製此時已逐漸走向盡頭，到元朝就幾乎不復出現了。

　　在敦煌莫高窟西方淨土變的研究中，宋、西夏的分期斷代是沒有解決的問題之一，尤其是北宋後期與西夏交叉的一批洞窟分期目前仍有爭議。西夏時期，經變畫比宋代更為簡單，雖有六十多鋪定為淨土變，但畫得非常簡單，無特點可尋，故統稱為"簡單的淨土變"。因此，西夏時期的莫高窟觀經變只好付諸闕如，但是榆林窟卻有極好的表現，如榆林窟第 2、3、10、29 等晚期窟都不乏佳作。

　　榆林窟的西夏洞窟大都建於西夏統治敦煌晚期，此時西夏受吐蕃密教影響頗大，漢顯大乘佛教在敦煌的影響力減弱。因此，榆林窟藏密內容增加，形成顯、密並存局面，藝術上則反映出多民族信仰和遊牧民族獨特而豪放的審美觀，出現了風格迥異於前代的作品，沿襲大乘顯教壁畫題材的觀無量壽經變也有新表現。

　　榆林窟第 3 窟就是漢顯、藏密兩宗融於一窟的代表性洞窟，異彩紛呈，是此時期藝術最成熟的洞窟之一。窟內南壁既有藏密風格的觀音曼荼羅、胎藏界曼陀羅，也繪有顯教的觀經變。觀經變只有基本佈局與前代相通：上部為淨土莊嚴相，下部（約只佔畫面六分之一）有未生怨、十六觀。除此以外，畫面的細節與意趣都與前代有很大不同，顯現出新的風貌。就淨土莊嚴相而言，就令人頗覺陌生：固有的以淨土三尊為核心，

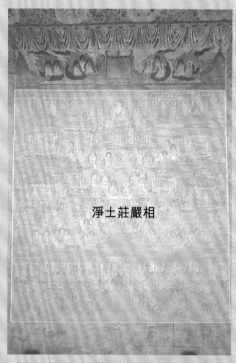

淨土莊嚴相

榆林窟第3窟"獨幅格子式觀經變"
示意圖

種種"莊嚴"盡繞之的向心模式被打破，三尊被安置在建築的後殿，很不顯眼；其餘的與會者呈 X 形散開，不朝三尊，而是面對觀眾，敞開排列。樓台亭閣也全無唐代建築的痕跡，不再有側殿，全部朝前；下部有三座建築，可以看作是寺院的三座門屋，如是表現，前所未有。舞樂也不再在主尊之前，而退居於下部門屋之中。菩薩形象，也是迥然不同於前：身材魁梧頎長，面相長圓，人物形象帶有明顯西夏風格；極樂世界中沒有化生，但有優婆夷，即信佛或在家修行的世俗女子。此畫的界畫樓台是敦煌石窟壁畫中的佼佼者，其水上平台更有特色。就十六觀而言，雖然也是安置在淨土莊嚴相的下部，但它不是屏風式，而是一條橫幅式，然後並列八豎條，再把八條分成十六格，多數畫面已不可辨。

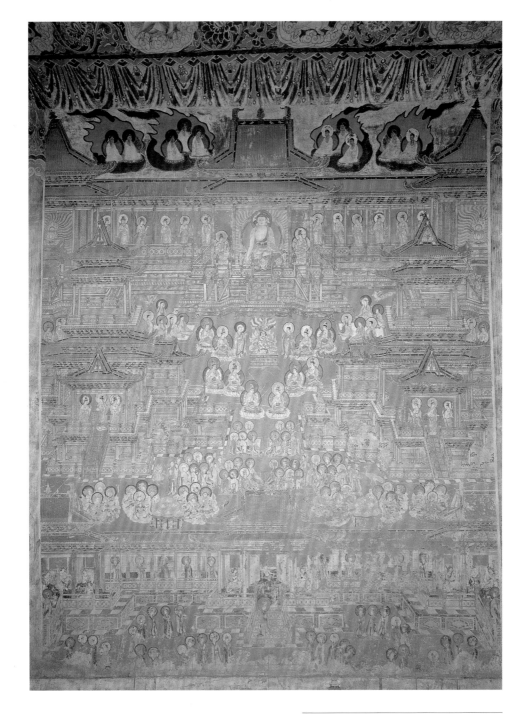

233　内容全新的淨土莊嚴相

濃重的石綠地色表示七寶池，水波紋只
在水榭中表現。主尊高高在上，聖眾散
在四處，沒有圍繞三尊。下部與會人物
全都站着。這些內容均是全新的表現。

西夏　榆3　南壁

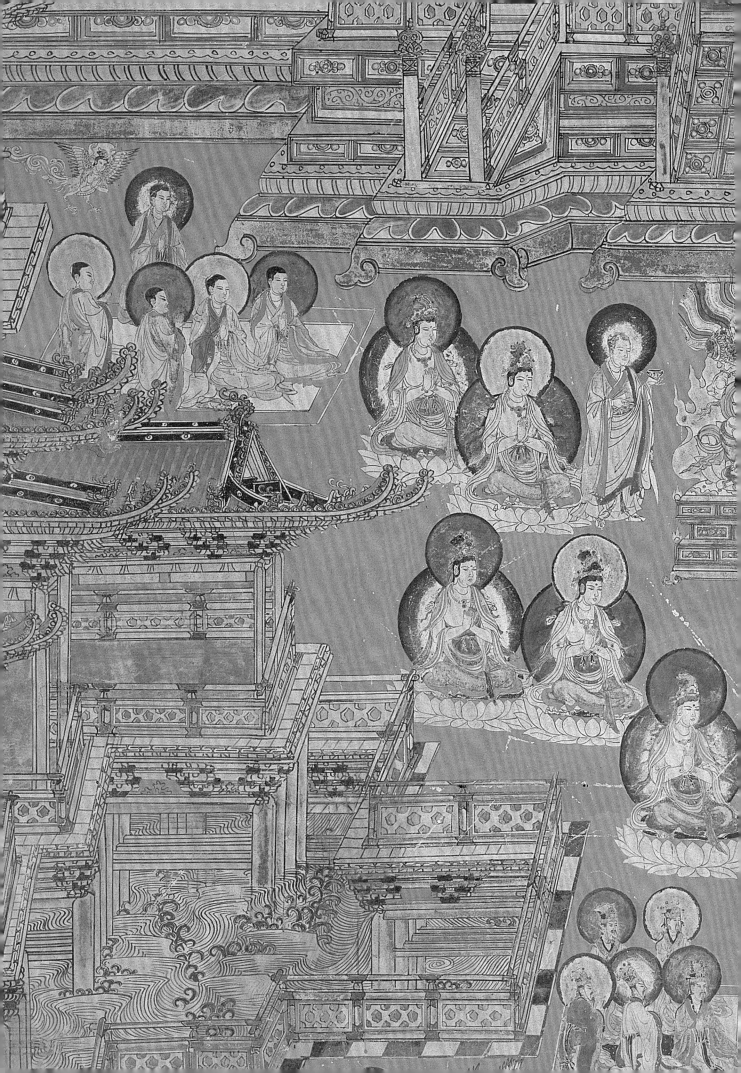

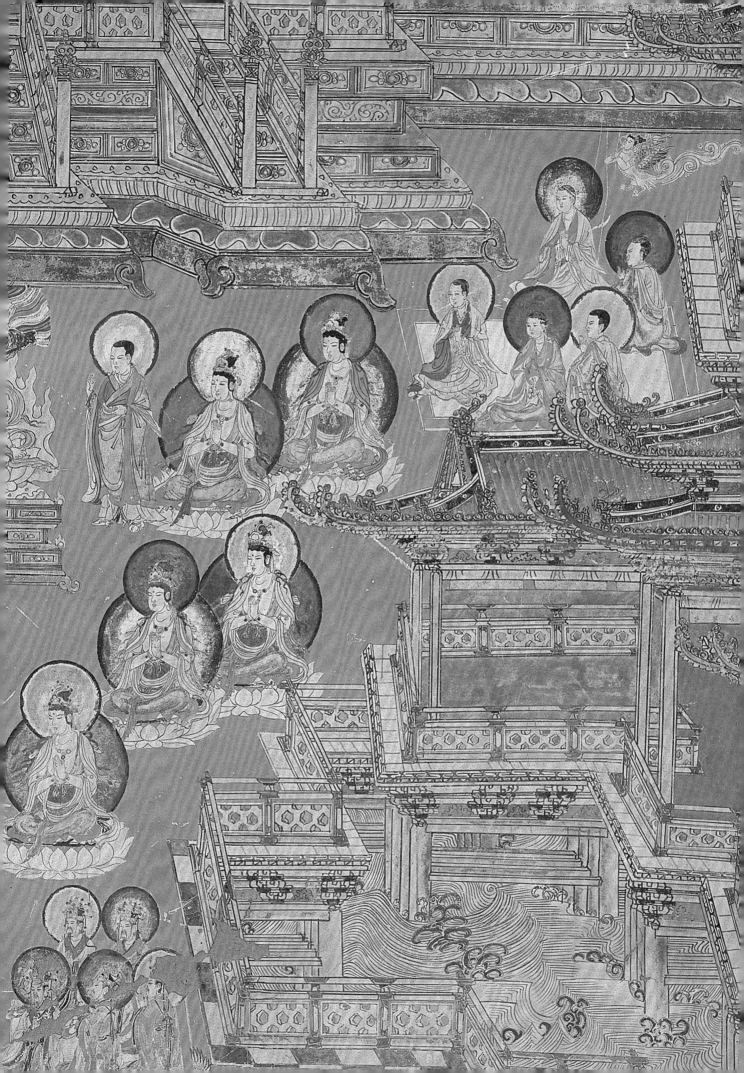

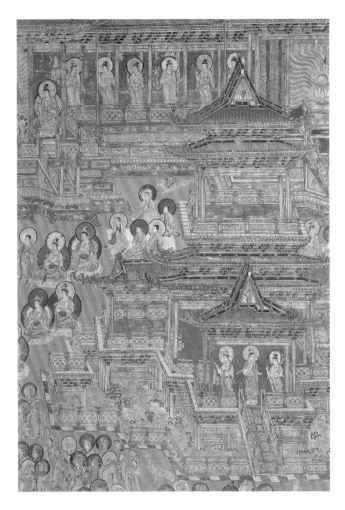

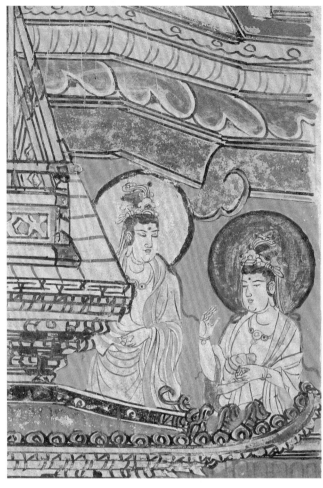

235 界畫樓台

此窟的界畫，是敦煌壁畫的界畫代表
作。建築結構刻畫具體，是研究古代建
築的珍貴資料。

西夏　榆3　南壁

236 菩薩

菩薩的臉型，與西夏供養人相同，面相
長圓。這應該是西夏藝術風格和審美觀
的表現。

西夏　榆3　南壁

234 與會聖眾　　◀見上頁

此前的西方淨土變，除第194、61等個別
洞窟外，與會者幾乎沒有弟子。此鋪的
與會者中，弟子不少。正中那位金剛一
樣的人物，目前尚無法解讀。

西夏　榆3　南壁

237 與會的優婆夷

淨土莊嚴相中出現俗人婦女，這是第一
次。圖中二位女子的衣冠服飾、手持的
供器都是研究西夏歷史的寶貴資料。

西夏 榆3 南壁

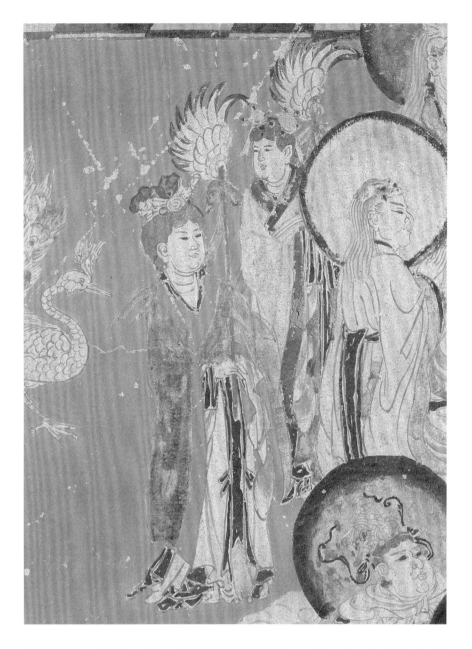

238 水榭建築特寫

重簷殿閣坐落在水中架設的平座上。以
前的經變中只能見到水上平台，而此畫
對平台下的結構亦有描繪，尤其引人注
目的是：柱子與柱子之間有很厚的方木
相連。由於柱子很多，流水激起的浪花
也很大。浪花的處理圖案化。

西夏 榆3 南壁

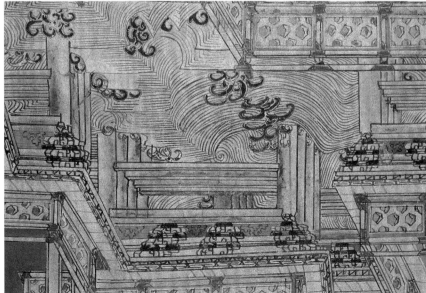

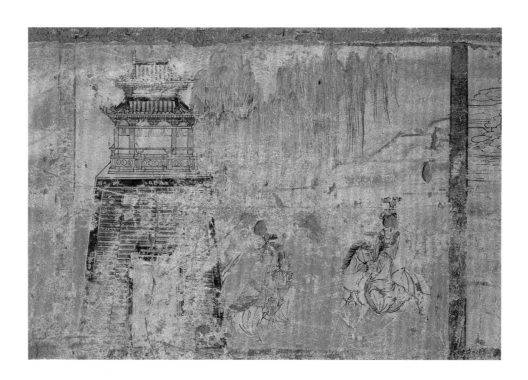

239 未生怨局部

壁畫下部原為清代的覆蓋物所埋，經清
理，露出十六方格，才確認為觀經變。
能看清的只有兩格。圖中這一格畫的可
能是阿闍世太子"隨順調達惡友之
教"，也可能是"收執父王"，因為人
物只剩二人，能肯定的只是騎馬的太
子。城門、垂柳都畫得很好。

西夏　榆3　南壁

240 日想觀

韋提希夫人跪在地上，面對落日。天
際，彩雲烘托着斜陽；身邊，綠地如
茵，花樹為伴，一片寧靜如詩的意境。

西夏　榆3　南壁

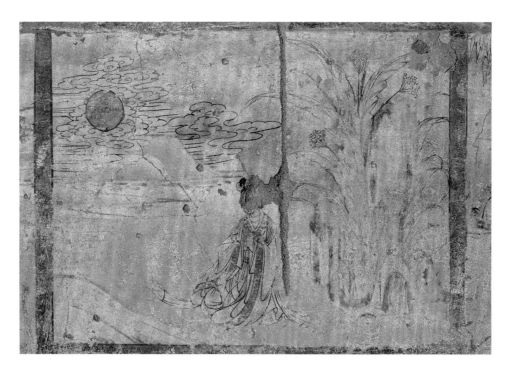

附論　阿彌陀佛五十菩薩圖

　　"阿彌陀佛五十菩薩圖"是西方淨土信仰在敦煌佛教藝術中另外一種表現形式。它不同於西方淨土諸經變，沒有繁複的情節和宏大的場面，圖像只有一佛五十菩薩各坐蓮花這內容。

　　"阿彌陀佛五十菩薩圖"的定名，目前學術界不統一，有的稱其為"阿彌陀淨土圖"，有的認為應叫作"阿彌陀三尊五十菩薩一化生二胎生圖"。但是學界對此圖繪製依據的認識一致，即其內容源自唐人道宣所著《集神州三寶感通錄》。

　　唐道宣《集神州三寶感通錄》中第三十七則故事為"隋釋明憲五十菩薩像緣"，說的是：阿彌陀佛五十菩薩像是西域天竺的瑞像。過去，天竺雞頭摩寺有一位"五通菩薩"，去極樂世界請阿彌陀佛，向佛說：娑婆世界的眾生"願生淨土"，但沒有佛的形象，"願力莫由"，請佛降臨，得佛答允。及至五通菩薩回到原處，佛像已到，"一佛五十菩薩各坐蓮花在樹葉上"。五通菩薩把這場景畫下來，各處去"圖寫流佈"。漢明帝感夢派人西行求法，獲迦葉摩騰等至洛陽。後來，迦葉摩騰姐姐的兒子作沙門，帶着這種瑞像到了中國，"所在圖之"。不久，又帶瑞像西返，因而此圖流傳不廣。魏晉以來，幾經滅法，此瑞像幾乎不見。隋文帝開禁，有一位叫明顯的沙門，從北齊道長法師那裏得到一本，於是"圖寫流佈，遍於宇內"。北齊時有畫工曹仲達，"善於丹青，妙盡梵跡，傳模西瑞，京邑所推，故今寺壁正陽皆其真範。"

　　道宣寫的是"感通錄"，不免有神秘色彩，但它告訴我們：阿彌陀佛五十菩薩像是佛教瑞像，所畫內容就是一佛五十菩薩各坐蓮花。佛教傳入中國，此圖也隨之傳來；魏晉以後，尤其是幾次滅佛以後，此圖幾乎失傳；到隋以後，此圖從北齊開始往各地傳播。

　　到目前為止，在敦煌石窟中，只知莫高窟有三鋪"阿彌陀佛五十菩薩圖"，分別繪於第23和171、332窟，其餘如榆林窟等，尚未發現。此圖在莫高窟雖然只有三鋪，且時間只限於初盛唐，但它印證了《集神州三寶感通錄》的記載。加之除敦煌以外，在其他石窟壁畫中尚未發現此圖，所以這三鋪更顯珍貴。

　　第332窟創建於唐武則天聖曆元年（公元698年）。窟內東壁的"阿彌陀佛五十菩薩圖"最早為世人所知。日本學者曾定名為"阿彌陀三尊五十菩薩一化生二胎生圖"，並認為此圖是依據《無量壽經》而畫，這一觀點很有見地。但是，從總體上看，稱其為"阿彌陀佛五十菩薩圖"更合適。因為它和道宣所記的"阿彌陀佛五十菩薩像"是一致的：蓮莖畫成樹一樣粗，五十菩薩全坐蓮花，而且都在"蓮枝"上。武則天時期的敦煌莫高窟是無量壽經變最流行的時候，畫中帶有化生、胎生形象，也是可以理解的。也有日本學者認為第332窟此圖與日本法隆寺金堂六號壁的阿彌陀淨土變相像，但從臨本來看，法隆寺金堂中的"五十菩薩"只有二十多個，相差甚遠，恐難成立。

　　第23窟屬於盛唐窟，此窟的"阿彌陀佛五十菩薩圖"位置特殊，繪於覆斗頂的北坡上。三尊位於七寶池內，眾菩薩在寶池中長出的"蓮樹"上。正中的方框，表示阿彌陀佛的西方極樂世界，從數量看，圖中菩薩不足五十，算上觀音、大勢至也只有四十九個。我們認為，此畫處於窟頂，繪畫困難，不能太苛求，更不能因此而說它不是"阿彌陀佛五十菩薩圖"。

　　第171窟也屬於盛唐窟。"阿彌陀佛五十菩薩圖"位於龕內，《敦煌莫高

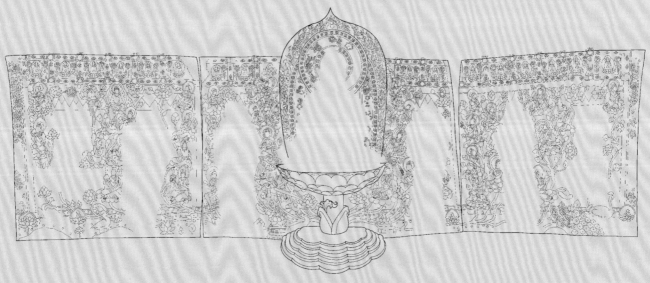

第171窟西壁龕內展開圖

窟內容總錄》及《敦煌石窟內容總錄》修訂本，原都定名為"蓮池伎樂"，近年才改定為繪塑結合的"阿彌陀佛五十菩薩圖"。龕內現有七身塑像：一佛、四弟子、二菩薩。除佛像外，其餘均為後世"好事者"添加。龕內四壁壁畫全是唐代原作，且保存尚好。按唐代原作，龕內西壁塑一佛，佛座為蓮莖主幹，由此分枝，於佛兩側共繪二十身菩薩，或坐或立於蓮花上；南北壁各繪十五身菩薩坐於蓮花上。

比較特殊的是，此鋪《阿彌陀五十菩薩圖》增加了"九品往生"的內容。在龕的最底部，沿龕底一周繪一條水帶：南段是兩個蓮花苞，內坐化生童子；正中一段，也就是佛的左右下角，繪金剛台、紫金台，台上各坐一"菩薩裝"的化生，還有一個花苞，內坐化生童子；北段有"菩薩裝"化生一、花苞一、孔雀一。現存七個化生，增添塑像時毀壞了的地段應該還有兩身，共九個化生看來不成問題。

最後，關於"阿彌陀佛五十菩薩圖"，筆者還有一個"拋磚引玉"之想：聞名遐邇的敦煌北涼第272窟，西壁龕外兩側各繪二十三位菩薩，而且全坐在蓮枝生出的蓮花上，共四十六菩薩，如結合龕內的繪塑，它也可能是"阿彌陀佛五十菩薩圖"。但由於龕內塑像為"倚坐"佛，無法確定為阿彌陀佛。故而筆者冒昧提出，並附圖版於後，以請教專家學者。

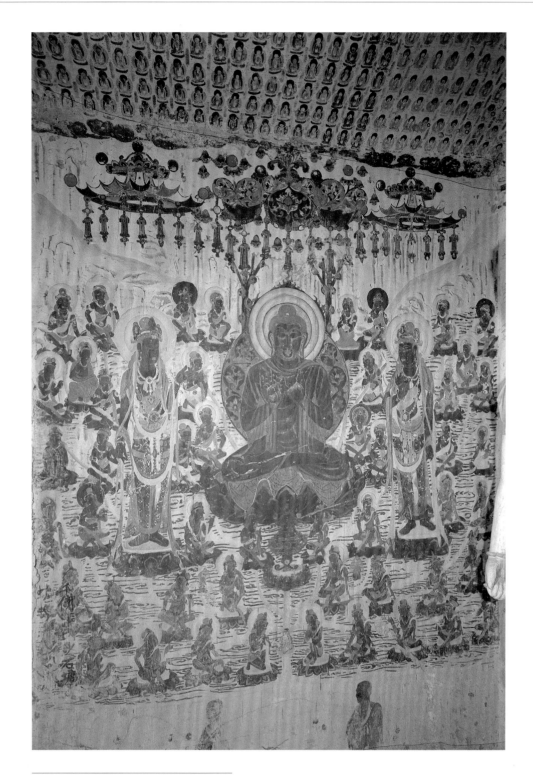

241 阿彌陀佛五十菩薩圖

七寶池中，一株蓮莖猶如樹幹，阿彌陀
佛結跏趺坐於大蓮花上，由蓮莖主幹分
出五十二枝杈、五十二朵蓮花，觀音、
大勢至二菩薩立於佛左右的蓮花上，五
十個菩薩各佔一朵蓮花，或坐或胡跪，
姿勢各異。七寶池上方的大山，或怪石
突兀，或翠綠蓋頂。整個畫面富麗堂
皇。

初唐 莫332 東壁

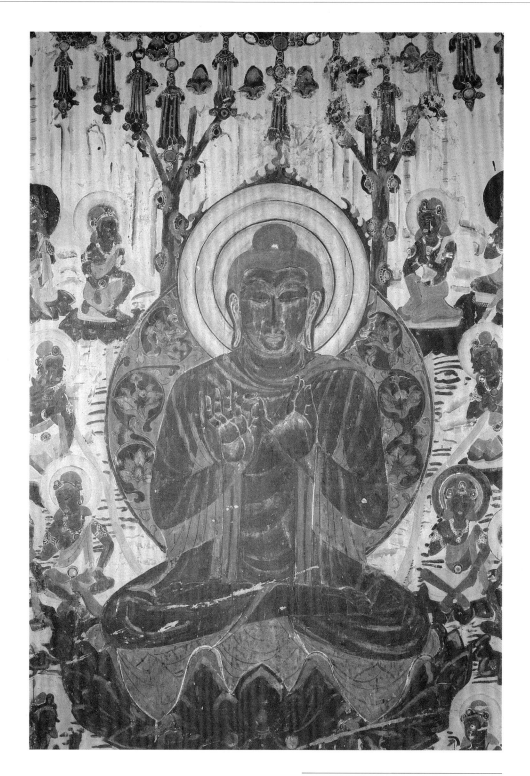

242 阿彌陀佛

主尊阿彌陀佛頭上有"頂光",肌膚變黑之後,"輕紗透體"的袈裟更為明顯。佛的手印,日本學者稱為"轉法輪印"。畫家繪製左手時似有敗筆,但結印的方法尚可辨認。

初唐 莫332 東壁

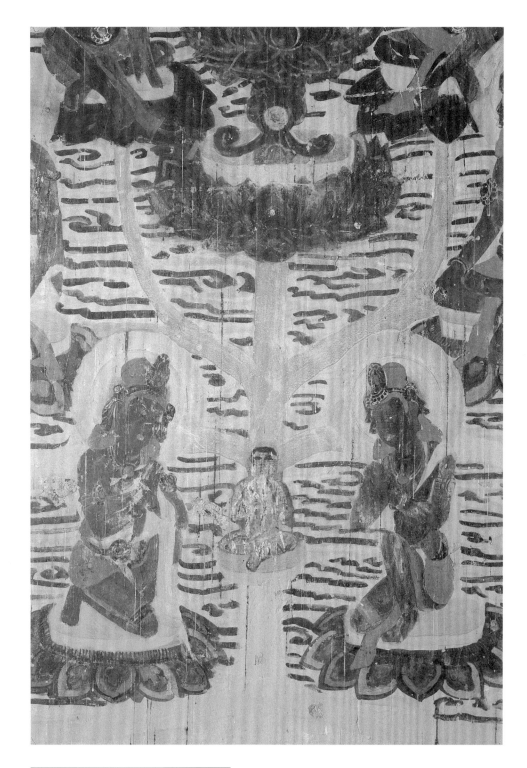

243 蓮莖主幹及菩薩

蓮莖極粗。兩身菩薩頭飾華美,只是垂
肩的那部分不知何物。左邊的那位,所
着緊身短褲,長不及膝,繡有花邊。

初唐 莫332 東壁

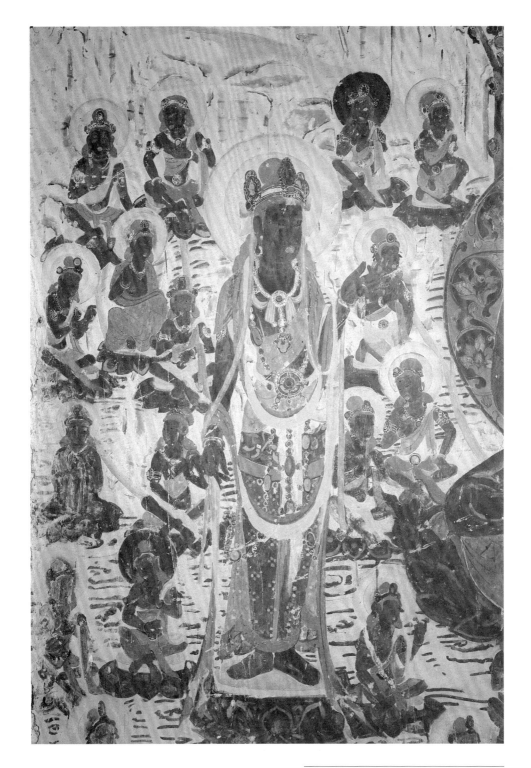

244 右脅侍菩薩等

右脅侍菩薩體態修長，細腰，出胯；佩
飾華美。兩手拇指與中指相觸，佛教稱
為"吉祥印"。菩薩着纈染的"輕紗透
體"長裙，說明當時此種染織工藝已經
達到很高的水平。眾小菩薩充滿動感，
活潑可愛。

初唐 莫332 東壁

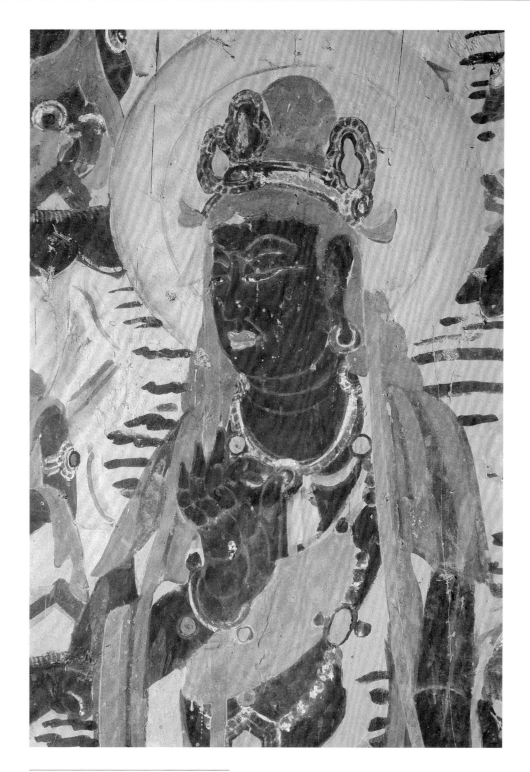

245 左脅侍菩薩

按佛經記載，阿彌陀佛的左脅侍菩薩是
觀世音菩薩，可"接引"眾生到淨土極
樂世界去。觀音右手拇指觸食指得手
印，表示"上品"接引。觀音菩薩頭頂
的肉髻，有明確的經文依據，此畫中的
觀音其肉髻"與佛無異"。

初唐 莫332 東壁

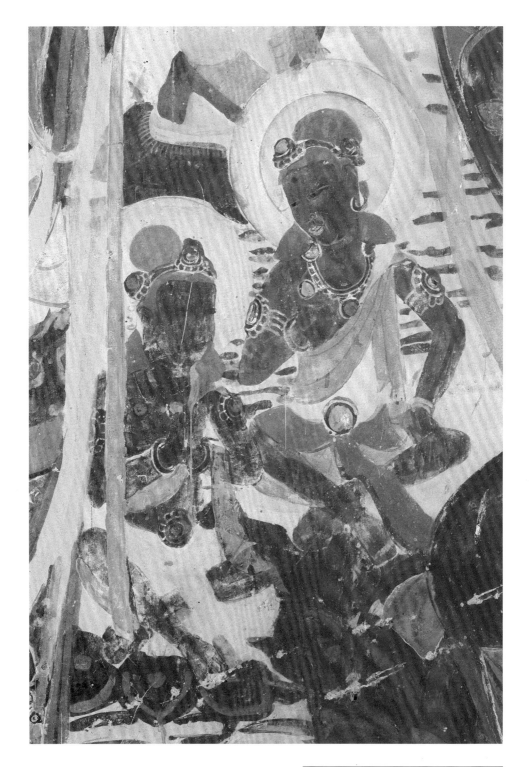

246 五十菩薩局部

由於變色，五十菩薩已眉目不清，但跪
式、坐式、手勢各不相同。圖中兩位小
菩薩，均盤腿坐蓮花上，膚色稍有不
同，佩飾清晰可見。

初唐 莫332 東壁

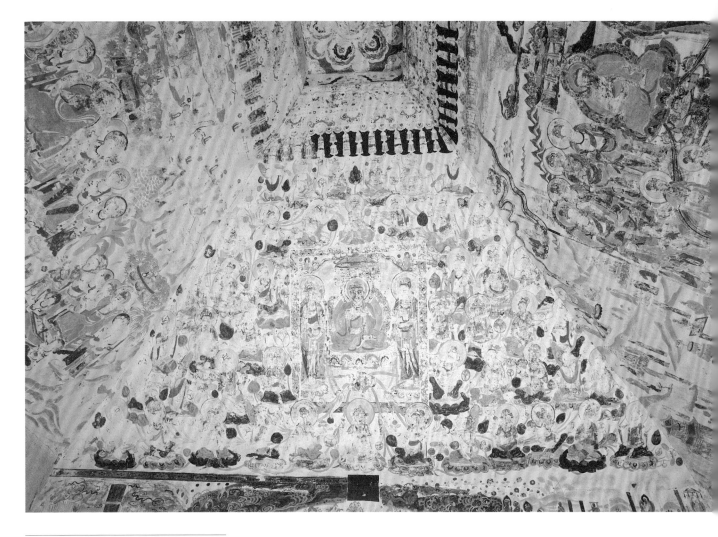

247　阿彌陀佛五十菩薩圖

正中方框，表示西方極樂世界。主尊上
方有飛來之佛，表示十方佛對阿彌陀佛
的讚嘆。主尊座下是生出無數蓮花的大
蓮莖，五十菩薩分坐在由主莖分出的支
莖蓮花上，而且到處都有花苞、荷葉，
符合《集神州三寶感通錄》上說的 "一
佛五十菩薩各坐蓮花在樹葉上"。

盛唐　莫23　窟頂北坡

248 西方三聖

阿彌陀佛居中，二脅侍分列兩旁。主尊右手微拳手指，掌心朝外，左手掌心朝上舉於胸前，這一手姿很少見。

盛唐 莫23 窟頂北坡

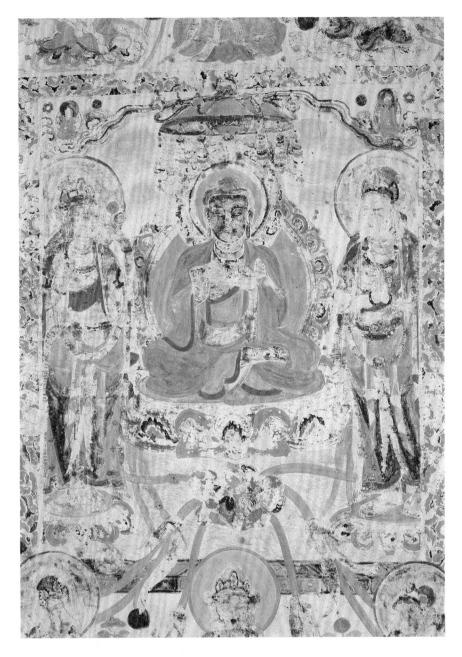

249 菩薩與蓮枝

七寶池中風平浪靜。蓮花主莖上生出的枝條，一枝枝伸向菩薩座下的蓮花。此圖漫漶嚴重，唯三身菩薩還能看見輪廓，左邊一身的纈染長裙，色彩、花紋保存完好。

盛唐 莫23 窟頂北坡

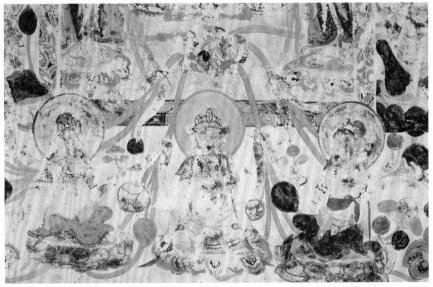

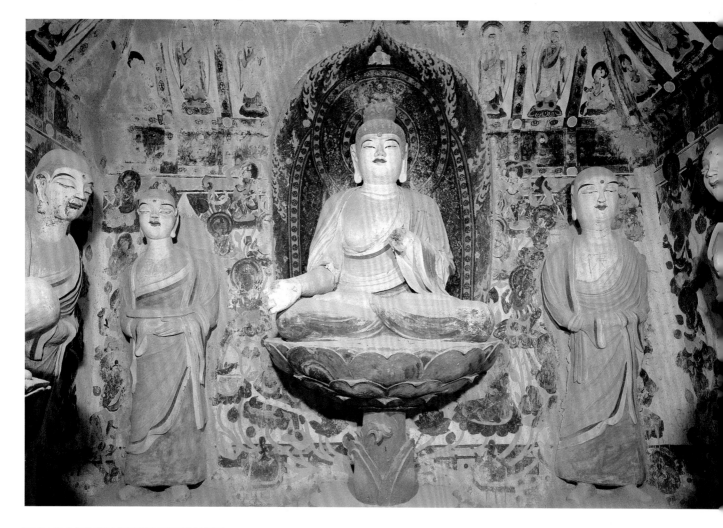

250 繪塑結合的阿彌陀佛五十菩薩圖

泥塑的蓮莖、蓮花為唐代原物,顏色經
過後代重塗。主尊的身體為原作,頭、
手為清人重裝。兩身泥塑弟子,全為清
代作品,塑造時破壞了唐代的阿彌陀佛
五十菩薩圖的部分畫面。

盛唐 莫171 龕內西壁

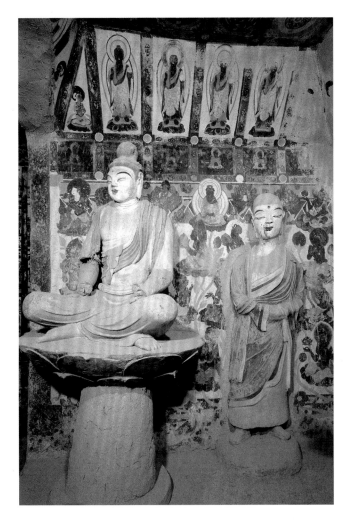

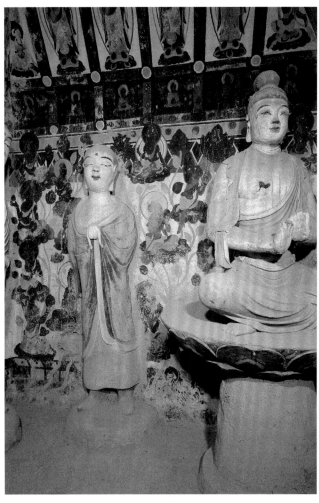

251 五十菩薩局部

塑像後面的壁畫繪十五身菩薩，皆坐蓮花上，除顏色有變以外，形象尚好。

盛唐 莫171 龕內南壁

252 五十菩薩局部

北壁泥塑菩薩後面的壁畫，亦畫十五身菩薩坐於蓮上，為唐代原作，現存仍很美，當年艷麗，可以想見。

盛唐 莫171 龕內北壁

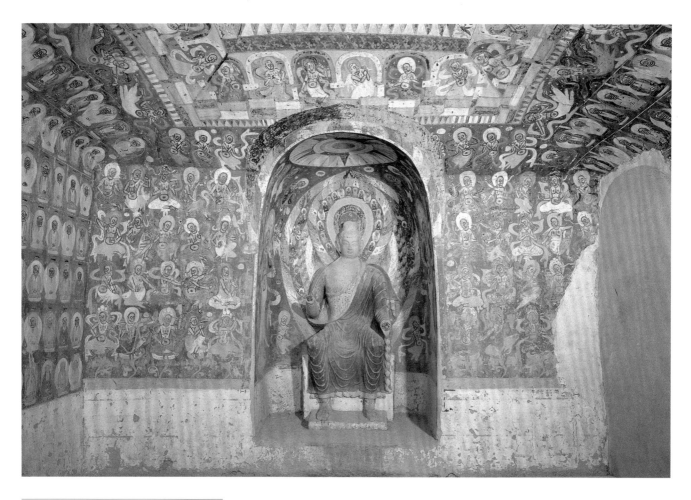

253 供養菩薩全圖

北涼 莫272 西壁

附錄　敦煌觀無量壽經變主要形式一覽表

一、長卷式

第431窟"長卷式觀經變"示意圖

得益分	下品下生	下品中生	下品上生	中品下生	中品中生	中品上生	上品下生	上品中生	上品上生	⑫⑪ ⑧ ⑥ ④ ② ／ ⑬⑩ ⑨ ⑦ ⑤ ③ ① 之走向 前十三觀 十六觀中	未生怨（全在一所大院內）	山說觀經　佛在靈鷲
	初唐畫供養人									初唐畫供養人及馬車	初唐畫供養人	
	南壁下部									**西壁下部**	**北壁下部**	

二、向心式

構圖形式		特點		代表洞窟			
		同	異	盛唐	中唐	晚唐	五代、宋、西夏
不對稱式	不對稱格子式	中間為淨土莊嚴相	左側二列畫十六觀、右側一列畫未生怨	莫113			
對稱式	"山"字式	中間為淨土莊嚴相	左側轉下沿畫未生怨，右側畫十六觀	莫103、217			
	中堂式		左右各一條幅，分別畫十六觀和未生怨。	莫45、91、116、122、148、172、176、194、208、215、218、320、446	莫44、92、117、126、129、154、155、160、180、188、191、197、199、201、236、258、379、473	莫15、19、132、177、337、343	（五代）莫22、334、468、榆35、38（宋）莫55、76、454
	無未生怨的中堂式		左右各一條幅，均畫十六觀。	莫120	莫7、111、201		（宋）莫118
	加入因緣故事的中堂式		左右各一條幅，畫十六觀及未生怨，未生怨中有因緣故事。		莫134、180、358、370、榆25	莫8、195、西千18	（五代）莫205前室
	格子式		左右各兩列，然後分若干段，分別畫十六觀及未生怨	莫66			
	棋格式		左右或三列或四列，分若干段；下沿九扇小屏風。	莫171			

三、屏風式

構圖形式		壁畫內容分佈		代表洞窟		
經變	屏風	上部內容	下部內容	中唐	晚唐	五代、西夏、宋
單鋪	三扇	淨土莊嚴相	未生怨和十六觀	莫112、145、159、238、360	莫12、18	
		淨土莊嚴相，兩側無條幅。	全畫十六觀，無"未生怨"。	莫240		
單鋪	四扇	與相鄰的經變畫之間無條幅間隔	除莫237外，有未生怨的因緣	莫147、231、232、237	莫20	
兩鋪	五扇	兩鋪經變相連，左右兩邊有條幅。右條幅屬觀經變，畫十六觀。	三扇屬觀經變（右起一扇畫十六觀，其餘兩扇畫未生怨）	莫141		
兩鋪	六扇	兩鋪經變並列，左中右均有條幅。右、中兩條幅畫十六觀。	四扇屬觀經變，畫未生怨。	莫200		
三鋪	六扇	三鋪經變相連，無條幅間隔。	三扇屬觀經變。	莫144		

圖版索引

敦煌石窟分佈圖

本全集所用洞窟簡稱：莫即莫高窟，榆即榆林窟，東即東千佛洞，西即西千佛洞，五即五個廟石窟。

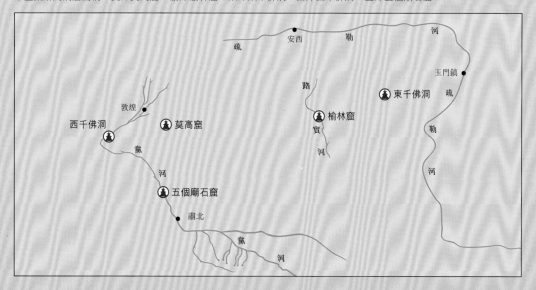

敦煌歷史年表

歷史時代	起止年代	統治王朝及年代	行政建置	備　注
漢	公元前 111 ～ 公元 219	西漢 公元前 111 ～公元 8 新 公元 9 ～ 23 東漢 公元 23 ～ 219	敦煌郡敦煌縣 敦德郡敦德亭 敦煌郡	公元前 111 年敦煌始設郡 公元 23 年隗囂反新莽；公元 25 年竇融據河西復敦煌郡名
三國	公元 220 ～ 265	曹魏 公元 220 ～ 265	敦煌郡	
西晉	公元 266 ～ 316	西晉 公元 266 ～ 316	敦煌郡	
十六國	公元 317 ～ 439	前涼 公元 317 ～ 376 前秦 公元 376 ～ 385 後涼 公元 386 ～ 400 西涼 公元 400 ～ 421 北涼 公元 421 ～ 439	沙州、敦煌郡 敦煌郡 敦煌郡 敦煌郡 敦煌郡	公元 336 年始置沙州； 公元 366 年敦煌莫高窟始建窟 公元 400 至 405 年為西涼國都
北朝	公元 439 ～ 581	北魏 公元 439 ～ 535 西魏 公元 535 ～ 557 北周 公元 557 ～ 581	沙州、敦煌鎮、 義州、瓜州 瓜州 沙州鳴沙縣	公元 444 年置鎮，公元 516 年 罷，為義州；公元 524 年復瓜州 公元 563 年改鳴沙縣，至北周末
隋	公元 581 ～ 618	隋 公元 581 ～ 618	瓜州敦煌郡	
唐	公元 619 ～ 781	唐 公元 619 ～ 781	沙州、敦煌郡	公元 622 年設西沙州，公元 633 年改沙州；公元 740 年改郡， 公元 758 年復為沙洲
吐蕃	公元 781 ～ 848	吐蕃 公元 781 ～ 848	沙州敦煌縣	
張氏歸義軍	公元 848 ～ 910	唐 公元 848 ～ 907	沙州敦煌縣	公元 907 年唐亡後，張氏 歸義軍仍奉唐正朔
西漢金山國	公元 910 ～ 914		國都	
曹氏歸義軍	公元 914 ～ 1036	後梁 公元 914 ～ 923 後唐 公元 923 ～ 936 後晉 公元 936 ～ 946 後漢 公元 947 ～ 950 後周 公元 951 ～ 960 宋 公元 960 ～ 1036	沙州敦煌縣 沙州敦煌縣 沙州敦煌縣 沙州敦煌縣 沙州敦煌縣 沙州敦煌縣	
西夏	公元 1036 ～ 1227	西夏 公元 1036 ～ 1227 蒙古 公元 1227 ～ 1271	沙州 沙州路	
蒙元	公元 1227 ～ 1402	元 公元 1271 ～ 1368 北元 公元 1368 ～ 1402	沙州路 沙州路	
明	公元 1402 ～ 1644	明 公元 1404 ～ 1524	沙州衛、罕東街	公元 1516 年吐魯番佔；公元 1524 年關閉嘉峪關後，敦煌凋零
清	公元 1644 ～ 1911	清 公元 1715 ～ 1911	敦煌縣	公元 1715 年清兵出嘉峪關收 復敦煌一帶，公元 1724 年 築城置縣

資料來源：史葦湘《敦煌歷史大事年表》等；製表：《敦煌石窟全集》編輯委員會（馬德執筆）